# 한국 근대문학의 재조명

*Research of Korean modern literature*

원종찬

2006년도
대한민국학술원
기초학문육성
"우수학술도서"
선정

저자 **원종찬**(元鍾讚)

1959년 인천 출생. 인하대 국문과 및 동 대학원 박사학위를 받음. 어린이도서연구회, 겨레아동문학연구회 등에서 활동. 현재 인하대 한국어문학과 교수.『창비어린이』편집위원.

현덕동화집『너하고 안 놀아』,『겨레아동문학선집』(1~10권), 윤복진 동요집『꽃초롱 별초롱』등을 엮었고, 평론집으로『아동문학과 비평정신』(2001)과『동화와 어린이』(2004)가 있다.

## 한국 근대문학의 재조명

1판 1쇄 발행 2005년  5월 25일
1판 2쇄 발행 2006년 10월 20일

지은이 / 원종찬
펴낸이 / 박성모
펴낸곳 / 소명출판
출판고문 / 김호영
등록 / 제13-522호
주소 / 137-878 서울시 서초구 서초동 1621-18 (란빌딩 1층)
대표전화 / (02) 585-7840
팩시밀리 / (02) 585-7848
somyong@korea.com / www.somyong.com

ⓒ 2005, 소명출판

값 14,000원

ISBN 89-5626-159-8 93810

# 한국 근대문학의 재조명

*Research of Korean modern literature*

원종찬

소명출판

현덕(玄德)의 삶과 문학으로 책을 내려고 하니, 지난 10여 년 간 현덕을 마음에 품고 지내온 일들이 주마등처럼 스친다. 현덕을 처음 알게 된 것은 인천지역과 관련된 문학을 공부하고자 전교조 인천지부에서 마련한 인하대 최원식(崔元植) 선생님의 강연을 통해서였다. 그처럼 뛰어난 작가를 세상이 외면해왔다는 사실은 내게 충격과 동시에 부끄러움을 주었다. 그때 나는 해직시절이었고 사회운동에 매달려 생활은 강퍅해질 대로 강퍅해져 있었는데, 작가의 순결함이 그대로 묻어 나오는 현덕의 소설들로 해서 한동안 접어둔 문학의 꿈을 다시 지피고픈 힘을 얻을 수 있었다.

나는 틈날 때마다 현덕의 체취를 좇아 대부도(大阜島), 인천항, 서울 동대문 밖 일대를 구석구석 돌아다녔다. 소년시절 현덕이 마음에 상처를 받고 하염없이 바라보던 대부도 바닷가의 붉은 저녁노을, 청년시절 현덕이 말없는 표정으로 거닐던 월미(月尾) 부두의 소금기 머금은 바람, 그리고 수없이 셋방살이를 옮겨 다니던 낙산(駱山) 줄기의 창신동 골목을 채운 아이들 웃음소리…… 일본 대판(大阪)으로 품을 팔러간 현덕이 흙보구니를 지지 못하고 쓰러지고 쓰러지고 하다가 결국 감독에게 쫓겨난 뒤 울다 웃다 탄식하며 걷던 요도가와[淀川] 둑에도 가 보았다. 겨울인데도 그 날 비가 주룩주룩 내려서 하천 둑은 빗물에 젖어 있었다.

현덕의 삶을 복원해보려고 결심했으나 도무지 남아 있는 기록이 없고, 연고자들도 찾을 수 없어 오랫동안 막막했다. 현덕이 다녔던 대부초등학교와 경기고등학교를 여러 차례 가보았으나 현덕에 대한 기록은 나오지 않았다. 그때의 막막한 심정은 도리어 간절한 염원을 품은 현덕의 마음과도 겹치는 것 같았다. 그런 생생한 느낌 때문에 나는 현덕 연구를 포기할 수 없었다. 마침내 현덕의 학적부를 찾아내고 이어서 호적부도 찾아냈다. 월북작가인 탓에 아무에게나 자료를 내보일 수 없다고 해서 뒤늦게 박사과정을 등록하기까지 했다. 호적부 기록을 좇아 구청으로 동사무소로 돌아다니던 중에 소중한 연고자들도 만났다. 또 묻혀버린 작품을 찾아내고자 자료더미와 씨름하다가 현덕의 주옥같은 동화를 잇달아 발견했다. 그때부터 아동문학에 빠져들었다. 이런 인연으로 나는 어느새 아동문학 전공자로 알려지게 되었다.

현덕동화집이 새로 출간된 이후로 아동문학 쪽에서 현덕의 위치는 확고해졌다. 아마도 현덕의 동화와 소설 속에 나오는 '노마'는 한국문학이 창조한 가장 매력적이고 잊을 수 없는 캐릭터의 하나로 오래 기억될 것이다. 가끔 사람들로부터 우스갯소리를 듣곤 한다. 원종찬이 현덕을 살려낸 거냐, 아니면 현덕이 원종찬을 살려낸 거냐는. 그런 소리를 들을 때마다 무척 외람되지만 둘 다라면 얼마나 좋겠느냐고 생각하면서 나도 웃곤 한다.

이 책의 1부는 박사학위논문 「현덕 연구」를 조금 손질한 것이고, 2부는 「오장환론」과 「일제시대의 민족협동전선과 절충주의 문학론」으로 되어 있다. 문학운동과 창작의 문제를 둘러싸고 어느 정도는 서로 연관이 있다고 여겨지는 것들이다.

학문의 길을 선택하고 밟아오는 과정에서 내게 깨달음과 힘을 준 분들이 참 많다. 인천에서 최원식 선생님과 조용명(趙容明) 선생님을 가까이 대하는 행운이 없었더라면, 내 삶은 지금보다 훨씬 못했을 것임을 고백하지 않을 수 없다. 이 자리를 빌려 깊은 감사의 마음을 전한다. 또 학위논문 심사과정에서 도움말을 아끼지 않고 많은 자극을 준 현길언(玄吉彦)·홍정선(洪廷善)·김만수(金挽秀)·황종연(黃鍾淵) 선생님들께도 감사드린다. 오늘의 내가 세상에 얼마나 큰 빚을 지고 사는지 잊지 않고, 인간다운 삶을 일구는 학문의 발전을 위해 작은 힘이나마 보탤 것을 약속드린다.

2005년 5월
원 종 찬

1. 북한에서 간행된 소설집 『수확의 날』(1962)에 실린 작가 현덕의 초상화

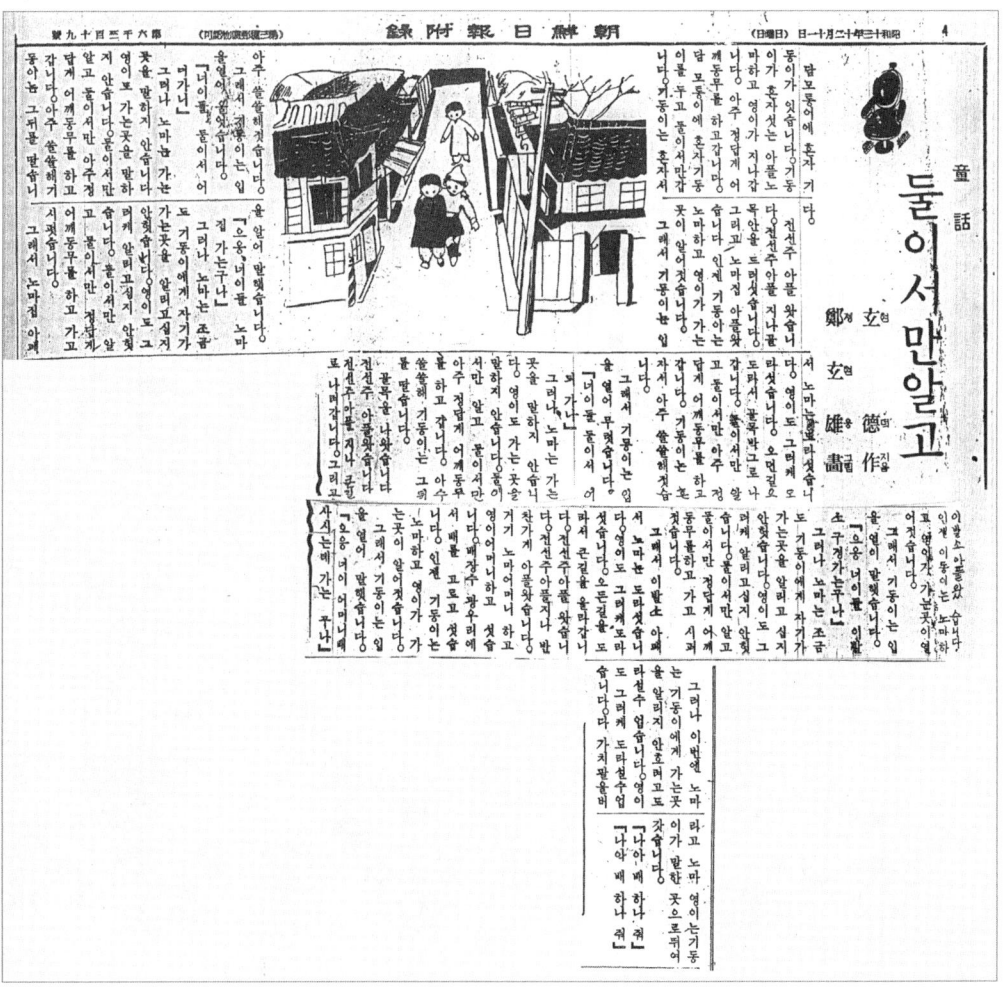

① 3

戶籍簿用紙 (甲)

本　籍　서울特別市鍾路區 通義洞路 參八 番地

前　戶　主

戶籍簿 (甲)

서울特別市鍾路區

主　戶

父　玄興澤　男延州

母　鄭氏

前戶主와의關係　玄

出生　西紀壹千八百人拾五年 貳月 貳拾 日

玄東轍

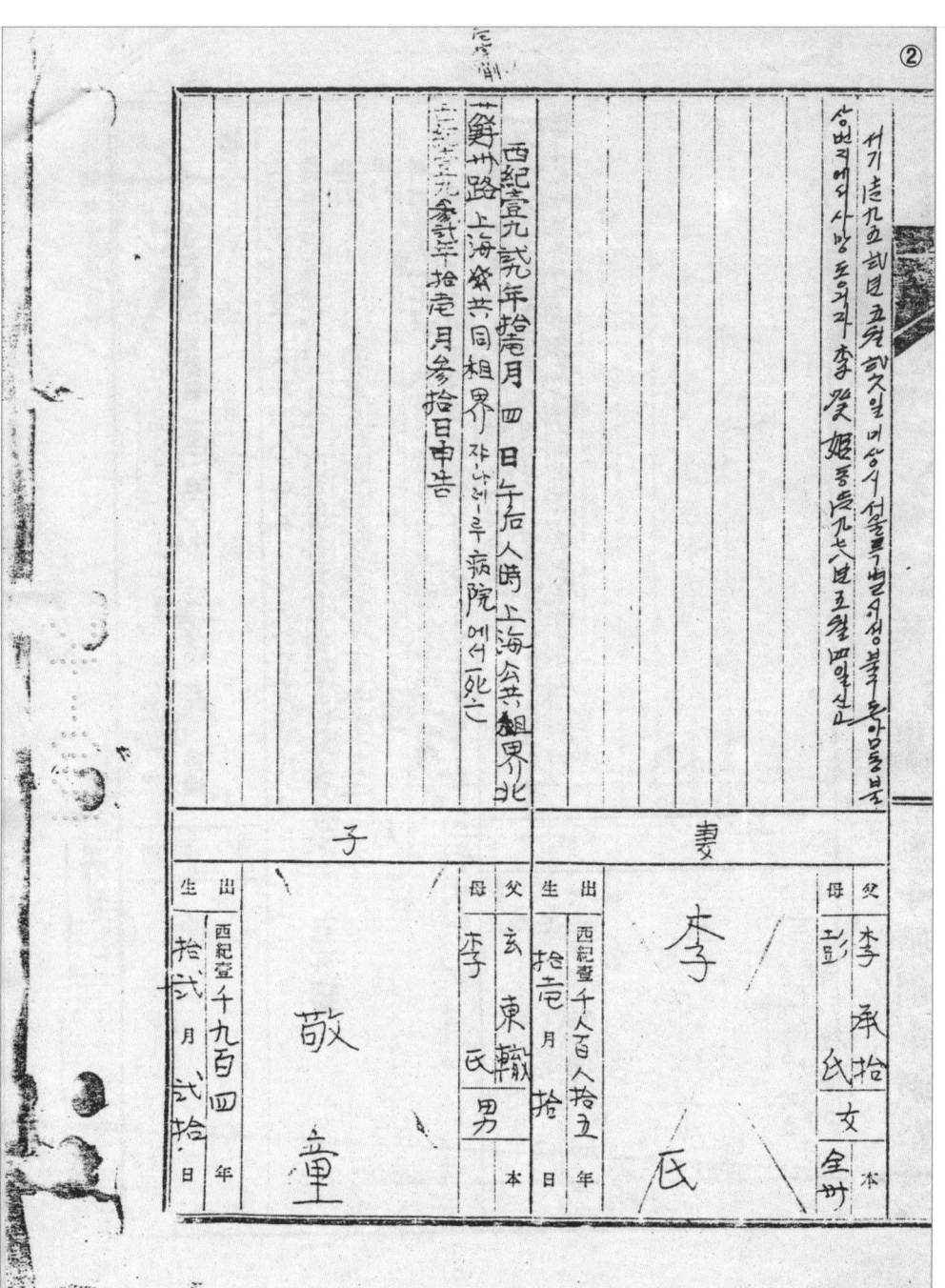

서기 一九五五년 五월 十六일 서울에서 사망으로 신고되어 있음 李癸姬 등록 一九七八년 五월 四일신고

西紀壹九五式年拾壹月四日午后八時上海公共租界北

蘇州路上海發共同租界잔나리루病院에서死亡

西紀壹九五式年拾壹月參拾日申告

| | 子 | | 妻 | |
|---|---|---|---|---|
| 出生 | 西紀壹千九百四拾年 拾式月式拾日 | 出生 | 西紀壹千八百拾五年 拾壹月拾日 | |
| 父 | 玄東轍 男 本 | 父 | 李承拾 | |
| 母 | 李氏 | 母 | 彭氏 女 全卅 本 | |
| | 敬童 | | 李氏 | |

戶籍用紙(乙)

楊州郡隱縣面通下里 七四番地 李源華

外婚姻 西紀壹九參貳年 拾壹月 多拾日申告 隱縣面長

婚姻 西紀壹九參貳年 拾壹月 多拾日 申告

西紀壹九參貳年 拾貳月 之 日 送付除籍

서기一九五○년 九월 二七일 ○○시 ○○○○○○○○○○○○○ 李 ○姬 서기一九七八 묘五원 四일 신고

지에서 사망 ○○자 李 ○姬 서기一九七八 묘五원 四일 신고

| | 子 | | 子 |
|---|---|---|---|
| 生 | 出 | 母 | 父 |
| | 西紀武千九百九○ 年 | 李 氏 | 玄 李東職男 玄 |
| 武 月 拾五 日 | 參 月 拾壹 日 玄 | 李 氏 | 玄 李東職文 |
| 敬允 | | | 敬姬 |

戶籍謄本(乙) 서울特別市鍾路區

④

京城府北部順化坊樓閣洞 參統 五戶에서 出生 ㅎ호

玄東轍西紀壹九貳四年 貳月 拾貳日申告

李癸姙外 婚姻西紀壹九五拾年 壹月 九日申告

八出귀에서 사망동두자 李 癸 姙 쉬기壹九七八日五월四일壹모

京城府通義洞 參人番地에서 出生 室 玄東轍

西紀壹九四四年 貳月 拾貳日申告

全羅北道扶安郡茁浦面茁浦里五番地 金鳳玉

과 婚姻西紀壹九四拾年 九月 壱 日申告 茁浦面長今月

拾八日 送付除籍

| | | | 子 | | | | 子 | | |
|---|---|---|---|---|---|---|---|---|---|
| 出生 | 母 | 父 | | | 出生 | 母 | 父 | | |
| 西紀壹千九百拾八年 | 李氏女 | 玄東轍 | 敬娘 | | 西紀壹千九百拾貳年 | 李氏女 | 玄東轍 | 在德 | 太 |
| 拾壹月 貳拾貳日 | | | | | 拾 月 拾七日 | | | | |

戸籍簡用紙 (乙)

〆

出生西紀壹九五拾壹年壹月九日申告

婚姻西紀壹九五拾年壹月九日申告

서기一九五○日參월拾七日출生하야

西紀壹九五拾年 ㅊ月拾七日申告

청량리로상주로옴音서청동參五번지의壹로주朱祥畹의

特別市鐘路區苑南洞五拾番地의貳에서 出生父

| | | 子 | 父 | 李 | 鐘 | 昊 |
|---|---|---|---|---|---|---|
| 婦 | | 의關係 | 崔 | 氏 | 慶州 | |
| | | 家族과 | | | | |
| | | 子玄在德 妻 | | | | |

| 殯 | | | 婦 | | | |
|---|---|---|---|---|---|---|
| 出生 | 生 | 父 玄在德 | | 出生 | | |
| 西紀壹 | 西紀 | 母 李癸姬 女 | | 李 | | |
| 千九百五拾 | 千九百五拾 | 本 | | 癸 | | |
| 貳 | 貳 | | | 姬 | | |
| 月拾貳 | 月拾 | | | | | |
| 日 | 年 | | | | | |
| 英娥 | | | | | | |

出生西紀壹千九百貳拾參年九月貳拾四日

子玄在德 妻

## 大阜公立普通學校兒童學籍簿

| 備考 | 第學年 | 第學年 | 第學年 | 第學年 | 第學年 | 第三學年 | 第學年 | 第學年 | 科目 學年 | 學業成績 | | 氏名 兒童 |
|---|---|---|---|---|---|---|---|---|---|---|---|---|
| | | | | | | 二〇〇一〇 | | | 修身 國語朝鮮 算術 日本歷史 地理圖畫 唱歌 體操裁縫 | | 本籍 富川郡大阜面□□里 番地 | 玄敬秀憶 |
| | | | | | | 九二〇九 | | | 操行 計 平均 合 | | 生年月日 明治四二年 二月 八日 | |
| | | | | | 六八一〇甲三三二三二八五 | | | | 在學中ノ出席及缺席 缺席日數 病氣 出席日數 | | 退學ノ理由 退學年月日 卒業年月日 入學前ノ經歷 入學年月日 | |
| 尺寸分 貫十 分寸尺 | 尺寸分 貫十 分寸尺 | 尺寸分 貫十 分寸尺 | 尺寸分 貫十 分寸尺 | 尺寸分 貫十 分寸尺 | 四大八〇〇〇九四三二乙 | 尺寸分 貫十 分寸尺 | 尺寸分 貫十 分寸尺 | 尺寸分 貫十 分寸尺 | 身體ノ狀況 身長 體重 胸圍 發育概評 營養 脊柱 左右 眼 聽耳 齒牙 神力 疾力 疾病狀況 備考 | | 速成科 大正 年 月 日 大正十四年 六月九日 大正十一年 四月 日 | |

| ��氏名 玄東淳 | 職業 農業 | 兒童トノ相互關係 叔父 |
|---|---|---|

① No 202
23

# 學籍簿

京城第一高等普通學校

| | 庭 | | | 家 | | 入學前ノ學歷 | 入學 | 人證保<br>係ノ生徒 | 人證保<br>係ノ生徒 | 人證保<br>係ノ生徒 | 生徒 | 生徒及保證人民名 |
|---|---|---|---|---|---|---|---|---|---|---|---|---|
| 卒資<br>賞審 | 宗教 | 結婚 | 族 | | 家 | 富川郡大阜面大阜公立普通學校 | 大正四年四月四日 第一學年無試驗入學 | 父 玄東轍 | 玄龍德 | 戶主玄東轍ニ男丙辰 | 父 玄東轍 | 明治四拾年 月十五日生 大正 玄城先 |
| | | 大正 年 月結婚 | 祖父 祖母 | 實父 兄二人 | 其他同居家族 | 二二年修了 | | | | | | |
| | | | | 實母 | | | | | | | | |
| | | | | 養母 | 弟二人 | | | | | | | 身分 職業 現 住 原籍 |
| | | | | 庶母 | 姉一人 | | | | | | | |
| | | | | 繼母 | 妹一人 | | | | | | | |
| 五万円 六万円位 | | 子女 人 | | | 下男一 下女一 | | | | | | | |
| 狀態 | 中ノ | 在家 | 生徒 | 志望後卒業 | 卒業 大正 年 月 日 卒業 | 轉退學 大正 年 月 日 (事由) | | | | | | |

| 體格檢查 | | | | | | | | | | | | 性行及勤惰情 | | | | | | | | | 學業 | | | | | | | | | | | | | 學年度 |
|---|---|---|---|---|---|---|---|---|---|---|---|---|---|---|---|---|---|---|---|---|---|---|---|---|---|---|---|---|---|---|---|---|---|---|

（學年度欄）大正　年度第　學年／大正　年度第　學年／大正　年度第　學年／大正　年度第　學年／大正　年度第　學年

**體格檢查**：年度學年身長・體重・胸圍・常時盈虛ノ差・脊柱・體格・視力・眼疾・聽力・耳疾・齒牙・疾病

**性行及勤惰情**：年度學年　性質　行狀　長所　短所　其他　賞罰　授業日數　缺席日數　缺課時數　遲刻度數

**學業**：年度學年

- 修身
- 國語及漢文：國語、作文漢讀書習、文法文讀、字語文辭、書方
- 英語：讀方及、譯解、習字、作文、語
- 歷史地理
- 數學：算術、代數、幾何、三角
- 博物：植物、動物、生理、鑛物、通論
- 物理及化學：物理、化學
- 法制及經濟
- 實業：農業、商業、圖畫
- 唱歌（樂器）
- 體操
- 手工
- 總計、平均、定席、次

①

一九五〇年 七月 八日

南朝鮮文學子蒙同盟

書記長 安 懷 南

分室市臨時人民委員公会委員長 앞

社會團体登錄의 関한件

首先委員会「告示三號」의 依호야 左記如히 登錄함

記

一、名稱　　　南朝鮮文學子蒙同盟

二、所在地　　分室市忠武路二街二

三、代表者 姜義

　　住所　　　分室市玉仁洞一二五番地

　　姓名　　　安懷南　四三歲　一八九九年十一月二日生

536

③

四、委員名簿 （別紙）

五、綱領規約 （別紙）

婦女員名簿

第一書記長　安懷南

第二書記長　玄德

組織部　部長　羅善榮

部員　趙蘇元　常民　尹壯圓　柳道順

宋影　淳　金東逸　金文煥

宣傳部　部長　李庸岳

部員　姜立求　石殷　金光現　李明善

尹泰雄　白皓

事業部　部長　市子彙

部員　趙仁行　蔡奎哲　金炳逵　朴哲

非仪壯元　慎鏞泰　姜利弘　渙完杓

田昌道　楊哲　高性源

朝鮮文學家同盟印

⑤

別紙(二)

綱領

進步的民主主義國家의 建設過程에 있어서 朝鮮文學子의
自由와 創造로 健全한 發展을 爲하여 左의 綱領을 提示함.

一, 日本帝國主義殘滓의 掃蕩
二, 封建主義殘滓의 淸算
三, 國粹主義와 排擊함
四, 進步的 民族文學子의 建設
五, 朝鮮文學子와 國際文學子와의 提携

規約

第一條 本同盟은 朝鮮文學家同盟이라 稱함

第二條　本同盟은 綱領의 實現을 爲하야 創造的 實踐的 任務力을 遂行함으로써 其目的으로함

第三條　本同盟은 其目的을 達成키 爲하야 左의 事業을 行함

一. 文學의 依한 民主々義精神의 昂揚

二. 文學의 依한 科學的 啓蒙活動

三. 文學의 人民的 基礎의 確立을 爲한 大衆活動

四. 新進作家特히 人民層으로부터의 作家의 成長과 育成及援助

五. 文學의 藝術的 思想向上發展을 爲한 活動

六. 朝鮮古典文學作品의 紹介及批判的研究

七. 外國文學의 紹介及批判的研究

八. 機關紙及必要한 單行本의 出版配布

九. 綱領遂行上 必要한 集合行事及其他事業

第四條　本同盟은 朝鮮人으로서 文學子의 創造及實踐活動에
從事하는 左의 盟員及盟友로써 組織함

一.　加盟申請에 依하여 中央執行委員会에서 審査承認한 盟員
二.　盟員二人以上의 適当한 資格으로 認定하여 推薦된 盟友

第五條　本同盟機關은 大会及中央執行委員会로써 構成함

第六條　大会는 本同盟의 最高機關으로 每年一回九月, 會期二
週日以前에 中央執行委員会이을 召集하고 左의 事項을
議定함

一.　中央執行本委員長及同副委員長及 同本委員及文化懇議機
関의 出參하 議員의 選任
二.　宣言、綱領、規約의 制定改廢
三.　文學運動狀況의 報告 批判及運動方針의 討議決定

四 其他必要 或은 重大하게 認定되는 事項

本同盟은 盟員의 半數以上 또는 中央執行委員數 三分의 二以上

의 要求가 있을 때는 臨時大會를 開催함

大會는 全盟員의 半數以上 出席함으로써 成立함 但定定數에

達치못할 때는 出席盟員의 假決議로 이를 書面에 依하

여 缺席盟員의 通告하여 決定施行함을 得함

第七條 中央執行委員會는 本同盟運營執行機關으로 隨時

必要에 따라 委員長이 이를 召集하고 必要한 事項을 議決함

中央執行委員會는 委員現員數의 半數以上 出席함으로 成立함

中央執行委員會 召集은 적어도 會日 三日以前에 書面 또는 口

頭로 集會日時, 場所, 議件을 委員에게 通知함으로 要함

中央執行委員會는... 本委員長 一名 副本委員長 若干名 本會

542

25

若干名으로 構成함

第八條 本同盟은 文學運動의 円滑한 運營을 期하기 爲하여

中央執行委員會에 左의 各部 委員會 小委員會를 設定함

一. 小說部 委員會 (委員長 一名 委員 若干名으로 構成함)

二. 詩部 委員會 (委員長 一名 委員 若干名으로 構成함)

三. 評論部 委員會 (委員長 一名 委員 若干名으로 構成함)

四. 戱曲部 委員會 (委員長 一名 委員 若干名으로 構成함)

各部 委員長은 當該部 委員會에서 選任함

第九條 本同盟은 文學運動의 円滑한 運營을 期하기

爲하여 中央執行委員會의 左의 各 特殊委員會를 置함

一. 農民文學委員會 (委員長 一名 事務長 一名 委員 若干名으로 構成)

二. 兒童文學委員會 (委員長 ...

三、外國文學委員分科(委員長 一名、事務長 一名、委員은 若干名으로 構成)

四古典文學委員分科(

前條 第三項 規定은 前項의 境遇에 이를 適用함

第　條 委員의 任期는 滿 一年으로 함.

任期中 或 缺員으로 말마아마 不得已 補選한 때 補選된 委員의
任期는 前任者의 殘餘任期間으로 함 委員改選은 再選도 無妨함

第十條 本同盟의 事務를 處理하기 爲하여 서울市内에 書記局
을 置함

書記局에 書記長을 置하고 中央執行委員中에서 中央
執行委員會의 으로 選任함

書記局의 關한 規定은 中央執行委員會가 別定함

第十一條 本同盟은 乙人以上의 盟員이 居住하는 道、府에 支部를

①

一九五〇年 Ⅹ月四日

朝鮮文化団体總聯盟

書記長 金 南

서울市臨時人民委員會委員長 앞

社會団体登録에 關한 件

黃委員會「告示三号」에 依하여 左記와 如히 登錄함

記

一、名稱　朝鮮文化団体總聯盟

二、所在地　서울市中区太平路一街六一番地

三、代表者名　住所　서울市鐘路区嘉會洞二의Ⅹ九番地

姓名　金南天　年令四一　一九五〇年三月一九일生

四、委員名簿（別紙와 如함）

五、綱領規約（別紙와 如함）

639

朝鮮文化団体總聯盟 綱領及規約

綱領

民族文化의 民主主義的 發展을 爲하여

一. 日本帝國主義 殘滓의 掃蕩

二. 封建的 遺害의 淸算

三. 國粹主義的 傾向의 排除

을위라며 鬪爭하며 固有文化의 正當的 繼承과 外國文化의 批判的 攝取를위라며 民族文化와 人民的 基礎를 構築한다.

規約

署

③

조선문화단(제종편)맹총망위원회

위원 명부

부위원장  림 화

서기장  김 남천

도직부장  리근로

선전부장  리상선

예술사업부장  안명일

기술사업부장  최명철

도직부원  리원장  소파면  황영화  김세진

김반선(문학가동맹지도원)  윤용규(영화  ")

도명률(연극동맹지도원)  정동원(음악  ")

박분원(미술  ")  리장규(사진  ")

계수남 (가극동맹지도원)　홍구 (국악무용 ")

김복득 (보건 ")　권호섭 (체육 ")

조종식 (금편 ")　조남령 (어학회 ")

악규봉 (법학과학 ")

선전부원　련기창　손영기　리정운　리남건　변두갑

예술사업부원　림창국　리선을
리재련　김명석　리건우　윤용규(검)
서강현

서기국원　박찬모 · 김경관　성윤경　김종환

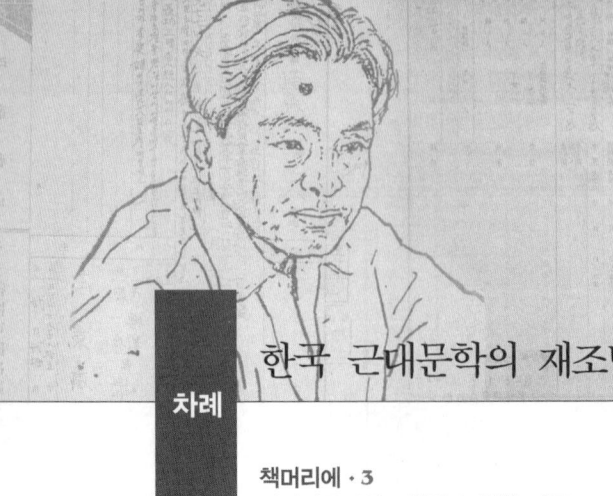

# 한국 근대문학의 재조명

# 현덕 연구

# 제 1 장
## 작가 현덕의 문제성

## 1. 현덕이 주목받지 못한 이유

현덕(玄德)은 잘 알려져 있는 작가는 아니다. 그런데 그가 창조한 '노마'를 모르는 사람은 거의 없다. 특히 아동문학에서 현덕의 자리는 매우 크다. 비록 그의 수많은 동화 작품들은 뒤늦게 발굴 소개되었으나, 이제 '노마'가 없는 우리 아동문학은 상상조차 하기 힘들다.

그렇다면 현덕이 충분히 주목받지 못한 이유는 무엇일까. 무엇보다 그가 월북문인이라는 점이다. 그의 작품은 1988년에 이뤄진 정부의 월북문인 해금조치 이전까지 금기의 영역에 갇혀 있었다. 그런데 월북문인 해금조치 이후로도 현덕은 다른 월북문인들에 비해 거의 주목받지 못했다. 사실 1980년대 민족문학 운동의 흐름 안에서는 해금조치 이전에도 카프 (KAPF, 1925~35)문학을 중심으로 월북문인에 대한 연구가 자못 활기를 띠고 있었다. 하지만 현덕은 카프에 소속된 작가가 아니었고, 월북 후에는 북한에서 작가활동의 제약을 받았다. 이 때문인지 남한의 월북문인 연구서와 북한의 문학사 저서에서 현덕의 이름을 찾아보기 어렵다.

현덕의 작품활동은 1930년대 말 2년 남짓한 기간에 주로 이루어졌다. 이 시기는 우리 근대문학의 성격을 규정해온 리얼리즘과 모더니즘, 혹은 이른바 '사회파'와 '순수파'가 나름대로 소통했던 때다. 분단이 고착된 이후로 두 경향은 다시 나뉘어져 상호 배타적인 '진영'을 이루었는바, 1930년대 문학을 바라보는 시각도 예외가 아니어서 상호 소통적인 교집합 부분에 대해서는 양쪽 모두 냉담한 편이었다. 일찍이 신경림(申庚林)은 현덕의 문학에 대해 "카프 계열로부터는 그 완벽한 예술성 때문에, 예술지상주의로부터는 그 결연한 역사의식 때문에 경원당했다"[1]고 지적했는데, 바로 이런 사정을 엿보게 해주는 대목이다.

최근 리얼리즘과 모더니즘을 재인식하려는 일련의 논의들 속에서 우리 근대문학을 "작품의 실상"에서 살피는 일의 중요성이 제기되었다. 작품을 떠난 이론의 관념성도 문제겠지만, 정론적(政論的)인 비평의 대립에 따른 이론의 폐쇄성이 그동안 우리 근대문학의 실상에 다가서는 일을 가로막아왔다. 최원식(崔元植)은 "작품의 실상으로 직핍하면, 리얼리즘의 최량의 작품들은 통상적 리얼리즘을 넘어서는 순간 산출되었으며, 모더니즘의 최량의 작품들도 통상적인 모더니즘을 비월하는 찰나에서 생산되었다는 것", 다시 말해 "최고의 작품들이 생산되는 그 장소에서는 이미 '리얼리즘'과 '모더니즘'이 회통의 경지"에 이른다는 점을 주목하고, "작품으로 귀환할 필요가 절실하다"고 지적하였다.[2]

'리얼리즘'과 '모더니즘'의 회통은 분단시대 민족문학의 과제와도 직결되어 있다. 카프가 등장한 이후 이념적·미학적으로 극심한 대립을

---

1) 『한국문학대사전』, 문원각, 1973, 668면.
2) 최원식, 「'리얼리즘'과 '모더니즘'의 회통」, 『문학의 귀환』, 창작과비평사, 2001, 57~58면.

보인 우리 근대문학은 1930년대 후반에 "모더니스트의 자기비판과 카프의 자아비판이 해후"함으로써 조선문학가동맹(1945~48)의 바탕이 마련되었던 것인데, 해방과 거의 동시에 출범한 이 좌우문인들의 결집체도 "안팎의 상황 악화와 당의 외곽조직이라는 협소한 입지로 말미암아 그 합작이 더욱 높은 수준으로 발전하지 못한 채, 6·25의 전화 속에서 풍비박산해버렸으니, 이 또한 미완의 과제"로 남아 있는 것이다.3) 1930년대 후반기의 '신세대작가'로 등장해서 해방 후 조선문학가동맹의 주요 구성원으로 활약한 현덕은 이와 같은 사정에 비추어보면 더 한층 문제성을 띤다고 하지 않을 수 없다. 그는 남북한 양쪽에서 정당한 평가가 외면되어 온 작가의 한 사람인 것이다.

한편, 일제시대에는 작가들이 아동문학에 참여하는 일이 지금보다 훨씬 자연스러웠고, 그들의 활약은 아동문학의 질적 향상에도 적지 않게 기여했다. 현덕은 아동문학 분야에서 남다른 성과를 남겼다. 하지만 이 분야에 대한 연구는 매우 부진하다. 아동문학은 학문의 대상에서 배제돼온 탓이다. 성인문학 쪽에서는 아동문학을 작가 연구의 보조수단으로 잠깐씩 언급할 뿐이다. 그런데 현덕의 아동문학은 문학적 성과로서도 중요하고, 자기 시대에 대한 작가적 실천을 살필 수 있는 자료로서도 소설과 어깨를 나란히 한다는 점에 주목해야 한다.

작가론은 한 작가의 문학활동 전체를 총괄함으로써 완성된다. 현덕에 관한 한, 남북한 이념의 갈등, 리얼리즘과 모더니즘의 대립, 성인문학과 아동문학의 단절 등의 사정이 함께 작용함으로써 온전한 작가 연구가 방해받았다. 더욱이 남한에는 그의 연고자들이 거의 없기 때문에 생애조차 복원되지 않고 있다. 다행히 1990년대에 들어서면서 카프 이후의 작가들에 대한 관심이 부쩍 높아졌고, 현덕의 아동문학 작품들이 새로 발굴 소개되기도 해서 그에 대한 연구도 꾸준히 쌓여 가는 추세다. 그러나 아직

---

3) 최원식, 「한국문학의 근대성을 다시 생각한다」, 『생산적 대화를 위하여』, 창작과비평사, 1997, 35면.

까지 그의 삶과 문학 전체가 제대로 규명되었다고는 할 수 없다.

본고는 현덕의 삶과 문학 전반을 다루는 작가론의 구성에 일차적인 목표를 두고, 이를 통해 카프와 그 이후시대 그리고 해방기와 분단시대의 문학사적 전개에서 드러나는 연속성과 비연속성, 미학적 대립과 소통의 문제 등을 바라보는 기존의 시각을 보정(補正)할 수 있게 되기를 기대한다.


## 2. 현덕에 대한 서로 다른 평가들


현덕에 대한 연구는 다른 작가에 비할 때 퍽 소략한 편이므로 우선 지금까지 이루어진 모든 논의를 한자리에 끌어 모아 시기별로 그 양상을 정리해볼 필요가 있다. 크게 세 시기로 나누어 살펴볼 수 있는데, 첫째는 일제 말 작품활동 당시, 둘째는 해방 직후부터 월북하기까지, 셋째는 월북 이후의 시기다.

당대의 논의에는 등단작 「남생이」에 보인 문단의 관심과 2년 남짓한 작품활동 기간 중에 이루어진 짤막한 논평들이 있다. 현덕은 등단과 동시에 안회남(安懷南)과 박태원(朴泰遠)으로부터 화려한 조명을 받는다. 안회남은 "오늘날까지의 현상당선소설뿐만 아니라 우리 조선문학을 송두리째 톡톡 털어놓아도 그중 「남생이」 일편이 우리의 전문학적 수준을 대표할 만한 작품"[4]이라고 극찬했다. 또한 박태원도 "이러한 이가 이제껏 문단에 나오지 않고 그 해 평가들은 부질없이 문단이 침체하였느니

---

4) 안회남, 「현문단의 최고 수준」, 『조선일보』, 1938년 2월 6일자. 본고의 모든 인용문은 원문 그대로 옮기는 것을 원칙으로 하였으나, 띄어쓰기와 일부 표기법은 오늘날의 맞춤법에 따랐다. 한자도 한글로 옮기고 필요한 경우는 괄호에 넣어 병기했다.

어쨌느니 그랬을 것인가"[5] 하고 현덕을 추켜세웠다. 이들의 발언은 신문사에서 주관한 자사 당선작 독후감이라는 점을 감안해서 읽더라도, 중견작가들이 자기 이름을 걸고 내린 평가라는 점에서 신인작가 현덕의 출현에 대한 문단의 놀라움과 기대를 엿보게 해준다. 안회남과 박태원은 현덕의 작품에서 김유정(金裕貞)의 체취를 읽고 있는 점에서도 공통점을 보인다.

윤규섭(尹圭涉)·임화(林和)·백철(白鐵)은 연간평에서 현덕을 주목한 경우다. 윤규섭은 "신인 현덕 씨의 「남생이」와 「경칩」이 보여준 작가의 유니크한 세계는 신진의 박력을 유감없이 보여"준 것이라고 했고[6] 임화는 현덕이 "만만치 않은 개성을 가진 작가"라 여겨져 "당선작 이후 주목하는 사람"이라면서,[7] "조선문학 위에 새로운 재산을 가져오지 않을까 생각"한다고 했다.[8] 백철은 제재에 임하는 작가적 태도와 소년을 주인공으로 하는 사실을 들어 현덕을 주목했다. "흔히 제재에 임하여 흥분하는 다른 신인들의 태도"와 견줄 때, 현덕은 "모든 것을 냉정히 관찰하고 치밀하고 치밀히 묘사해가는 태도"를 보여주었다는 것이고, "우리 기성작가 중에도 소년을 주인공으로 하는 이가 없지 않았으나 참되게 소년을 이해하고 등장한 작가는 현덕 씨가 처음"일 것이라는 지적이다.[9]

안회남은 현덕과 친분이 있는 관계로 지속적인 관심을 드러낸다. 그는 과거 프롤레타리아문학이나 부르주아문학의 한계를 넘어서려는 문단의 흐름 속에 현덕의 작품을 놓고, 별다른 성과가 없는 '보고문학'보다는 박태원의 「천변풍경」과 현덕의 「남생이」가 보여준 '묘사문학'을 시험하자고 제안했다.[10] 그러나 세태소설과 내성소설의 분열을 지적하면서 그

---

5) 박태원, 「우리는 한갓 부끄럽다」, 『조선일보』, 1938년 2월 8일자.
6) 윤규섭, 「무인(戊寅) 일년간 창작계 총제(總題)」, 『비판』, 1938년 12월.
7) 임화, 「몽롱 중에 투명한 것을」, 『조선일보』, 1938년 6월 26일자.
8) 임화, 「소화13년(1938년) 창작계 개관」, 『문학의 논리』, 학예사, 1940.
9) 백철, 「금년간의 창작계 개관」, 『조광』, 1938년 12월.
10) 안회남, 앞의 글.

통일로서의 본격소설을 주장하고 있던 임화는, 현덕의 「남생이」를 일단 세태소설의 테두리에 넣어서 평가했다.[11] 이후 안회남도 현덕의 일부 작품에 대해 우려를 표방한다. 그리는 데 너무 골몰하다보니 이야기가 부족하다는 것, 무엇을 보기만 할 것이 아니라 비판해야 한다는 것, 이를테면 「잣을 까는 집」 같은 작품은 빈궁한 사람이 많다는 상식을 그린 데에 그친 종래의 빈궁소설과 차이가 없다는 것이다.[12]

김남천(金南天)은 현덕을 박태원이나 채만식(蔡萬植)과 합쳐서 세태세계의 묘사가로 간주하는 것에 이의를 제기하면서, 현덕의 「남생이」가 외부묘사에 비범한 수완을 발휘한 점은 사실이나 "그것이 그렇게 매력 있게 비춰진 것은 그 가운데 심리의 기민(機敏)을 적당히 배치한 탓"이라고 보았다. 이 심리의 기민을 포착하는 재주는 「경칩」에도 나타났는데, 여기서 중요한 역할을 하고 있는 것은 "소년 노마의 어린 심리"라고 지적했다. 그래서 아이의 심리만으로 재주를 부린 「두꺼비가 먹은 돈」에 이르면 그것은 벌써 어른의 문학이 아니고, 「골목」에서처럼 어린아이를 뽑아버릴 때의 외부묘사는 파탄을 드러낸다고 평가했다. 「녹성좌」의 경우는 주인공이 가족과 연극단원 사이에서 방황하는 심리를 그려 펼쳐 보일 때에 큰 매력을 느꼈으나, 중도에 초점을 놓쳐버리고 극단원 전부의 심리동향을 따라가면서 작품이 뿌리째 흩어져 버렸다고 아쉬워했다.[13] 뒤에 김남천은 "가장 촉망을 받아오던 신진작가" 현덕이 1년 간 작품을 쓰지 않은 것에 대해서 "'노마' 소년의 심리를 떠나서 지나치게 한계를 넓혀 보려는 데서 생겨난 결과"로 보인다고 언급하기도 했다.[14]

현덕은 해방이 되고부터 월북하기까지 소년소설 외에는 소설을 한 편도 쓰지 못했다. 그래서 이 시기에 이루어진 현덕 논의는 일제시대의

---

11) 임화, 「세태소설론」, 『동아일보』, 1938년 4월 1~6일자.
12) 안회남, 「묘사와 비판」, 『조선일보』, 1939년 4월 8일자.
13) 김남천, 「신진소설가의 작품세계」, 『인문평론』, 1940년 2월.
14) 김남천, 「산문문학의 일년간」, 『인문평론』, 1941년 1월.

작품을 모아서 펴낸 소설집의 발문과 동화집에 대한 서평, 그리고 문학
사 서술 등에서 찾아진다.

김남천은 소설집 『남생이』의 발문에서 현덕 소설의 장점으로 "정확
한 묘사력과 충분한 산문성과 그리고 위태롭지 않은 형상력"을 들었다.
그리고 현덕의 이 묘사력은 우리 소설문학이 충분히 터득치 못한 것이
어서 그 방면에 전력을 다하고 있던 자신을 분발시켰다고 했다. 그런데
"풍부한 묘사에 비하여 주관의 형상화가 빈약한 것"이 아쉬운 점이고,
그런 의미에서 중단되고 만 「녹성좌」라는 작품을 주목했다고도 밝힌다.
김남천은 "카프 해산 이후 중일전쟁과 태평양전쟁 중이라는 것이 여러
가지로 현덕의 문학에 영향하고 있었던 것"을 상기해서 『남생이』의 문
학사적 평가가 이루어져야 한다고 지적했다.[15]

근·현대문학사를 정리한 백철은 '1930년대 주조 상실기의 신세대작
가' 항목에서 현덕을 누구보다 비중 있게 다뤘다.

1938년 초에 「남생이」를 갖고 문단 제일보를 확실하게 내디딘 현덕은 일언하
면 진실일로를 걸어간 작가이다. 소재를 체험에까지 끌어올릴 것, 그 양자간에
간격을 두지 않으려고 현덕만치 노력한 작가가 드물다. 이 작가가 고작(苦作)을
한 것과 그 소재가 어떤 국한된 세계였다는 것은 주로 이 작가의 소재에 대한
책임의 소위(所爲)이다. 그러나 소재를 체험에까지 끌어올린다고 그의 작품엔
작가자신의 얼굴을 내진 않았다. 그는 이 시기의 사소설, 신변소설이 아니고 근
대의 실험소설이 가진 리얼리즘 문학의 정통을 존중한 작가리라. 또 그의 체험
의 문제는 소재를 주체화해서 적극적인 모럴을 가진 작가도 아니다. 이 작가가
임화에게 세태소설가로 소평(所評)된 점이 여기에 있다.[16]

인용문에서 "소재를 주체화해서 적극적인 모럴을 가진 작가도 아니

---

15) 김남천, 「발문」, 현덕, 『남생이』, 아문각, 1947. 이 글에서 김남천이 중단되었다고 본
「녹성좌」는 신문지상(『조선일보』, 1939년 7월 26일자) 연재가 완료된 것으로 나와 있다.
16) 백철, 『조선신문학사조사-현대편』, 백양당, 1949, 366~367면.

다"는 구절은 세태소설로서의 한계를 지적한 임화의 평가나 주관의 형상화가 빈약함을 지적한 김남천의 평가를 염두에 둔 것으로 보인다. 그러나 동시에, 현덕의 소설이 긍정적인 인물을 통해 계몽의 입장을 분명하게 드러낸 프로문학과는 일정하게 차이점을 보인다는 지적이기도 하다. 백철은 현덕 작품의 국한성(局限性)은 모든 작품의 무대가 영세민 부락인 것과 관련되며, 당대의 경박한 저널리즘의 유행성과 영합하지 않고 관찰하는 세계를 일층 순수하고 진실하게 하기 위해 소년의 눈을 통해 작품세계를 그려 보인 점은 귀하게 평가할 수 있다고 했다.17)

월북 이후로 현덕은 오랫동안 논의될 수 없었다. 그런데 1970년대 초반에 현덕을 다룬 문학사전이 하나 보인다. '현덕' 항목은 시인 신경림이 서술했다.

> 그가 발표한 작품은 소수이긴 하나 처녀작 「남생이」를 비롯, 「두꺼비가 먹은 돈」(38), 「골목」(39), 「잣을 까는 집」(39), 「경칩」 등 단편과 중편 「군맹」 등은 그 내용이나 형식에 있어 거의 완벽한 것으로서 한국 문학이 도달한 가장 높은 수준을 보여주고 있다고 평가되고 있다. 대체로 이 작품들을 통해 그는 일본제국주의에 의한 인위적 자본주의화 과정에서 창출된 농민적 생활의 붕괴, 새로운 산업주의의 대두에 따른 임금 노동자계급의 생성과 그 역사적 의의, 자본주의 자체의 제모순 등을 사실주의적 방법으로 추구함으로써, 기능면에 있어 한국 문학의 폭을 넓히는 데도 공헌했다. 특히 중편 「군맹」은 일제에 의한 토지 조사 등으로 땅을 잃고 도시로 몰린 실향민의 생활을 극명하게 드러내고 그들이 안고 있는 문제점을 파헤침으로써 당시의 사회상의 단면도를 보여 주었고, 여기서 채용한 사실주의적 방법은 한국문학에 있어서 최초의 사실주의의 승리로 평가되어 마땅하다.18)

현덕 소설의 주요 성격을 정확하게 잡아낸 내용이다. 다만 여기에 쓰

---

17) 백철, 위의 책, 같은 곳.
18) 『한국문학대사전』, 668면.

인 몇몇 어휘는 구체적인 작품의 범위를 넘어서 사회적인 의미를 너무 크게 부각시킨 것에 해당한다. 이를테면 「남생이」와 같이 농촌에서 뿌리 뽑혀 도시로 흘러든 자유노동자를 가리켜 "새로운 산업주의의 대두에 따른 임금 노동자계급의 생성"이라고 한 것, 그리고 「군맹」의 토막민을 가리켜 "일제에 의한 토지 조사 등으로 땅을 잃고 도시로 몰린 실향민"이라고 한 것은 작품 외적으로 확대된 해석이다.

이어서 신경림은 "카프 계열로부터는 그 완벽한 예술성 때문에, 예술지상주의로부터는 그 결연한 역사의식 때문에 경원당했다"면서 현덕에 대한 관심이 희소한 이유를 설명했는데, 이는 문단 대립의 폐해가 낳은 현덕 평가의 문제점을 예리하게 간파한 것이다. 카프문학에 대한 관심이 높았던 1980년대의 월북문인 연구서들이 대부분 현덕을 빠뜨리고 있고, 아동문학의 역사를 체계적으로 정리한 이재철(李在徹)이 그의 문학사 저서에서 현덕을 제외했다가 뒤에 작가론에서 현덕의 작품세계를 계급주의 도식에 따른 공식적 수법으로 일관하고 있다고 평가[19]한 것은 일찍이 신경림이 제기한 문제의식의 중요성을 다시금 확인시켜 준다.

월북문인 해금조치 이후로 단편적인 언급을 넘어서는 논의가 나타나기 시작했다. 임헌영(任軒永)은 카프 계열의 임화와 김남천이 아쉬움을 표했던 현덕 소설의 한계를 리얼리즘의 입장에서 더욱 엄격하게 비판했다. 그는 현덕의 미학적 감성대가 "향토색 짙은 모더니즘적 기법"이기 때문에, "깔끔한 장인의식을 느끼게" 할지라도 이는 어디까지나 카프시대의 역사인식에서 후퇴한 것이라고 지적한다. "동심의 눈으로 본다는 자체가 순수성의 한계 때문에 사회와 삶의 근본적인 갈등과 모순에 이르지 못함을 예시"하는 것이고, "못사는 사람들끼리 서로 물고 뜯고 하는 구조를 취"하기 때문에 "식민지 관료와 이에 결탁한 지주를 악의 갈등 구조로 보았던 카프 문학에 대한 비판 작업을 전제로 한 문학수업"

---

19) 이재철, 『한국현대아동문학사』, 일지사, 1978; 『한국아동문학작가론』, 개문사, 1983.

에 해당한다는 것이다.[20] 그런데 이런 시각은 모더니즘을 리얼리즘과 대척적인 자리에 놓고, '순수성, 서정성, 토착성, 장인의식' 등을 '사회인식, 역사인식'의 대립물이거나 부속물로 보는, 신경림이 지적한바 '카프 리얼리즘'에 가깝다.

강진호(姜珍浩)도 현덕이 카프작가와 다른 점을 강조하면서 현덕 소설을 비판했다. 그는 "현실의 문제가 간접화되고 대신 어린이의 순수한 시선과 독특한 분위기가 두드러진다"는 점에서 현덕은 "프로작가와 구별"되며, "오히려 문장의 밀도와 기교를 중시하는 부르조아 작가에 근접하는 모습을 보여준다"고 했다.[21] 또한 현덕 소설이 어린아이에 의해 관찰되고 묘사되는 까닭에 "공간은 상대적으로 협소하며, 인물의 사회적 갈등이나 깊은 내면의 세계는 포착되지 못"하고, "민중적 현실에 대한 피상적 묘사와 모호한 동경심으로 일관하게 되"었다고 보았다.[22] 현덕이 해방 후 조선문학가동맹에 참여했다가 월북한 것도 "천진한 세계에 대한 동경심"일 뿐이어서 어디까지나 돌출적인 행위로 파악된다.[23] 강진호 역시 현덕에 대해 '카프 리얼리즘'에서 크게 벗어나지 않은 시각으로 평가한 것이다.

반면에 김하철(金河喆)은 현덕 소설이 식민지 현실에 대한 작가 특유의 대응방식을 보여준다면서 이를 적극적으로 평가했다. 그에 따르면 "현덕은 작중 인물의 성격의 창조를 통하여 현실 인식의 태도나 방향을 객관적으로 제시할 수 있었던 한국 문학사에서는 희귀한 작가 중의 한 사람"[24]이다. 여기에선 방법의 문제가 더욱 중요하게 부각된다.

---

20) 임헌영, 「현덕─서정적 장인의식의 작가」, 『북으로 간 작가선집─현덕·송영 편』, 을 유문화사, 1988.
21) 강진호, 「탈이념과 신세대 소설의 분화 과정」, 『민족문학사연구』 4호, 1993.
22) 강진호, 「1930년대 후반기 신세대작가 연구」, 『한국근대문학작가연구』, 깊은샘, 1996, 142면.
23) 강진호, 위의 글, 152면.
24) 김하철, 「박노갑·현덕·현경준 소설의 작중인물연구」, 서울대 석사논문, 1989, 46면.

그의 소설은 작가와는 아무런 관계를 맺지 않는 단순한 외부 세계의 재현도 아니며, 그렇다고 단순히 심경적인 사소설적인 소설도 아니며, 또 작가가 자신의 모랄(윤리의식)을 직접적으로 개입시키는 소설도 아닌 것이다. 그의 소설은 인물의 객관적인 성격과 행동을 통하여 작가의 윤리의식을 드러내고 있는데, 여기서 주목할 점은 그의 소설의 인물은 작가의 의도에 의해 짜맞추어진 인형에다 옷을 걸쳐놓은 것과 같은 인물이 아니라 현실의 객관성에 충실한 살아있는 인물이라는 점에 있다. 즉, 그의 소설은 작가의 주관성을 위하여 작품세계의 객관성을 손상시키지도 않으면서, 소설 세계의 객관성이 작가의 주관성을 간접적으로 드러내주는 독특한 성격을 지니고 있는 것이다.[25]

김하철은 현덕 소설의 '노마' 시점이 작가의 주관성을 간접적으로 드러내주는 주요 장치라고 보았다. 바로 이 장치가 현덕 소설을 비판하는 요인으로 많이 거론되는 부정적 인물과 현실에 대해 아이러니 효과를 자아낸다는 것이다. 김하철은 어린아이가 등장하지 않는 「군맹」의 결말에서도 절망적인 현실에 대한 자각이 극복과 수용의 어느 한편으로 기울지 않고 "판단 중지 상태"로 나타나고 있음을 보는데, 이 또한 "한계이면서도 동시에 현실성"[26]이라고 평가했다. 이러한 시각은 현덕 소설을 리얼리즘의 성취로부터 떼어놓는 평가와 대조를 보이는 것이다.

또한 김하철은 현덕의 "동화, 소년소설, 소설은 상보적으로 현덕의 문학적 성격을 드러낸다"[27]면서, 그때까지 거의 주목되지 않은 아동문학을 소설과의 관계에서 파악한 논문도 발표했다. 이는 현덕 연구의 시야를 넓힌 것일 뿐만 아니라, 현덕이 장르를 달리해서 발표한 작품세계를 각각 온전히 자리매김하기 위해서도 필요한 일이다. 동화, 소년소설, 소설이라는 장르 특성에 따라 어떠한 작품세계가 만들어졌느냐 하는 점은 독자의 문제로 이어지는 작가적 실천과 관련되는 사안이다.

---

25) 김하철, 위의 글, 47면.
26) 김하철, 위의 글, 71면.
27) 김하철, 「현덕소설론」, 『한국학보』 57집, 1989년 겨울, 219면.

1930년대의 현실 변화에 따른 현덕 소설의 대응 방식을 김하철과 비슷한 관점에서 의미 있게 평가한 것으로 박덕은(朴德根)·정현기(鄭顯琦)·홍점숙·조기철(曹基喆)·염희경(廉憙璟)·박선애(朴善愛)·이상화·전명희·이강언 등의 논문을 묶어서 볼 수 있다.[28] 박덕은과 정현기는 현덕 소설에 그려진 도덕적 파탄과 절망의 현실에서 비판적 태도와 아이러니가 나타난다고 했다. 염희경과 박선애는 현덕 소설을 현실에 대한 비판적 인식과 문학적 자의식 또는 미적 근대성이 결합한 성과로 보았다.

이밖에도 정재석(鄭在錫)은 김남천·현덕·황순원(黃順元)의 유년 시점 작품을 비교해서 각각의 특질을 밝혔다.[29] 유년 시점의 서사 의도를 서술자, 인물, 독자간 상호 관계에서 치밀하게 분석한 것이다. 분석에 따르면 김남천의 유년 인물은 현실과의 관계에서 훼손되고 그로 인해 현실의 문제가 부각되며, 황순원의 유년 인물은 현실과의 관계에서 갈등을 일으키고 그로 인해 성장한다. 이에 비해 현덕의 유년 인물은 "현실에서 유리되어 방관적이고 목격자적인 역할"을 하면서 현실의 가난한 세태를 적나라하게 드러낸다. 정재석의 논문은 세 작가의 유년 시점 작품을 대비해서 각각의 특징을 부각시킨 장점이 있지만, 현덕 소설의 유년 시점을 객관적인 현실 묘사의 수단으로만 보고 있기 때문에 여타의 의도와 효과는 간과되는 문제점이 드러난다.

이미림(李美林)은 현덕 소설의 특징을 "일제 검열 하의 우회적, 간접적 표현으로 인한 소년 시점 모티브, 아동심리 묘사, 모더니즘 경향"[30]으로

---

28) 박덕은, 「현덕의 작품세계」, 『금호문화』 47호, 1989.5; 정현기, 「김사량·현덕·석인해의 작품세계」, 『한국해금문학전집』 13, 삼성출판사, 1989; 홍점숙, 「현덕소설연구」, 경남대 석사논문, 1991; 조기철, 「현덕의 '남생이' 연구」, 인하대 석사논문, 1993; 염희경, 「1930년대 후반기 현덕 소설 연구」, 연세대 석사논문, 1996; 박선애, 「1930년대 후반의 신세대작가 연구」, 숙명여대 박사논문, 1996; 이상화, 「현덕소설연구」, 상명대 석사논문, 1996; 전명희, 「현덕 소설의 일고찰」, 『국어국문학연구』 25집, 영남대 국어국문학과, 1997; 이강언, 「현덕-동심 모티프와 서사전략」, 『1930년대 한국소설의 방향』, 홍익출판사, 2003.
29) 정재석, 「한국 소설에서의 유년시점 연구」, 서강대 석사논문, 1994.

정리했다. 곧 소년 시점 모티브는 검열을 피하면서 작품을 써야 했던 하나의 문학적 장치이고, 「골목」·「녹성좌」·「군맹」은 다른 것들과 대별해서 모더니즘 경향을 보여준다는 것인데, 여기엔 문제가 없지 않다. 당대의 현실을 효과적으로 파악하기 위한 문학적 방법과 검열을 의식한 대응은 마땅히 구별돼야 하는 것이며, 도시적 배경에 착안하여 「골목」·「녹성좌」·「군맹」을 모더니즘 경향으로 파악하는 것은 이들 작품의 차이점을 염두에 둘 때 지나친 단순화다. 또 '노마'라는 이름을 서구 취향과 연결지어 모더니즘 경향의 사례로 끌어들였지만,[31] 이 이름은 낮은 신분의 아이를 부르는 말인 '이놈아'에서 유래한 것이다.[32]

해방기에 이루어진 백철의 문학사 저술 이후 사라졌던 현덕을 다시 문학사에 올린 저술이 1990년대 초반에 나온다. 1980년대 후반부터 고조된 민족문학연구의 성과를 일정하게 반영한 『한국근대민족문학사』는 현덕을 리얼리즘의 관점에서 높이 평가하고 있다. 우선 이 저술은 1930년대 신세대작가와 카프의 거리를 다소 부정적으로 바라보는 강진호와 차이를 보인다.

> 1930년대 후반에 작품활동을 시작한 신인작가들은 그 이전 시기에 격렬하게 전개되었던 문학이념의 대립을 직접적으로 자기문제로 삼지 않고 비판적 거리를 유지하면서 자신의 처지와 개성에 따라 다양한 작품활동을 벌였다. 그 중에서도 당대 현실에 밀착하여 생활의 문제를 정면으로 다루고자 노력했던 이근영 현덕 김유정 현경준과 같은 작가들은 그 이전 시기 카프작가들이 범했던 도식적인 경향을 극복하고 생활을 진실하게 반영한 단편소설들을 내놓았다.[33]

---

30) 이미림, 「'노마'의 눈으로 본 식민지 말기의 세상 읽기-현덕론」, 『월북 작가에 대한 재인식』(채훈 외), 깊은샘, 1995, 131면.
31) 이미림, 「'남생이' 구조분석」, 『강릉어문학』 7집, 1992, 70면.
32) 아동문학가 어효선(魚孝善)과의 면담, 2004년 2월 7일. 이밖에도 필자가 만난 대부분의 면담자들이 '노마'를 '이놈아'에서 유래한 말이라고 했다.
33) 김재용·이상경·오성호·하정일 공저, 『한국근대민족문학사』, 한길사, 1993, 644면.

현덕을 카프의 비판적 계승의 자리에 놓은 점이 주목된다. 「경칩」을 평가하는 데에서도 임헌영과 강진호가 소작농민 사이의 갈등을 강조하면서 프로문학에서의 후퇴를 지적했던 데 비해, "크게 볼 때 지주와 소작농민 사이의 갈등이 그 전체의 핵을 이루고 있고 그것이 현실에 구체적으로 드러날 때 소작농민 사이의 조그만 갈등으로 매개된 것"[34]이라면서 갈등의 근원을 놓치지 않고 있다. 그리하여 현덕을 이근영(李根榮)·김유정·현경준(玄卿駿) 같은 작가들과 함께 "리얼리즘의 진전을 이룩하고 있는 것으로 평가할 수 있다"[35]고 했다. 그런데 바로 이어서 "이들 신진작가들은 이 시기에 이르러 대두한 모더니즘의 폐해로부터 벗어나 리얼리즘 소설의 한 경지를 개척하여 민족문학의 진전에 크게 이바지한 것으로 평가된다"[36]고 하는 데에서 드러나듯, 모더니즘과의 관계를 부정적인 시각에서 일면적으로만 파악하고 있다.

한편, 현덕의 아동문학은 이 분야의 비평과 연구가 취약했던 관계로 해방 후에 와서야 동화집 서평이 나타났다. 박산운(朴山雲)은 동화집 『포도와 구슬』에 대한 서평에서 "과거에 아동문학이란 것이 있었다면 그 태반이 극히 관념적인 그것도 황당무계한 우화류에서 벗어나지 못"하고 있었는데, "동화에 대한 진솔한 태도와 구슬을 닦듯 아끼는 무서운 애착심"을 보인 현덕에 와서 비로소 동화의 교훈성과 리얼리티가 조화를 이루었다고 보았다. 즉 작가 현덕은 "얄미웁도록 첨예한 관조자로 우선 어디까지든지 아동이 하는 양으로 맡겨"두는 것이니, 이런 "냉혹한 응시"와 아울러 "표현 뒤에 숨은 따뜻한 해답"이 천박한 교훈주의를 넘어서게 했다는 지적이다.[37]

이후로 현덕의 아동문학에 대한 논의는 오랫동안 사라졌다가 1980년

---

34) 김재용·이상경·오성호·하정일 공저, 위의 책, 694면.
35) 김재용·이상경·오성호·하정일 공저, 위의 책, 691면.
36) 김재용·이상경·오성호·하정일 공저, 위의 책, 같은 곳.
37) 박산운, 「현덕 저 동화집 '포도와 구슬'」, 『현대일보』, 1946년 6월 20일자.

대에 들어와서야 조금씩 이루어지기 시작했다. 이재철은 카프작가와 월북문인 대부분에 대해서와 마찬가지로 현덕의 소설과 소년소설이 한결같이 계급주의 도식에 갇혀 있다고 보고, 특히 "소년소설에서는 그 작가적 역량을 의심할 만큼 졸렬한 주제의 처리, 흥미를 잃게 하는 천편일률적인 구성"[38]으로 별다른 성과를 내지 못했다고 혹평했다. 반면에 김학선(金學善)은 현덕을 비롯한 1930년대 후반기 동화작가들은 전반기를 특징짓는 "현실비판적 리얼리즘"의 한계를 극복한 "동심지향적 리얼리즘"의 작품성과를 내놓았다고 평가했다.[39] 김학선의 논문은 1930년대 전·후반기 리얼리즘의 특징을 각각 '현실비판'과 '동심지향'이라는 말로 대비시키고 있기 때문에 자칫 현덕의 아동문학을 현실비판과 대조를 이루는 동심지향으로 보게 할 소지가 없지 않은데, 그럼에도 현덕이 동심을 탐구함으로써 전시기의 계급적 도식을 극복하고 더한층 아동문학의 본질에 육박한 작품성과를 낳았다고 파악한 점은 한걸음 나아간 시각이다.

유한근(兪漢根)은 동심 구조를 주목하여 「남생이」를 아동문학의 영역에서 다뤘다. 그는 현덕이 "해방 공간에서 좌익계 문학 단체를 친분에 의해 가담한 후 동화에 전념했다"고 보고, "동화로 귀착할 수밖에 없었던 이유"가 작중인물의 성격구조에서 찾아진다면서 「남생이」를 분석했다.[40] 그러나 현덕이 뒤에는 동화에만 전념했다거나 동화로 귀착되었다고 여기는 통념은 사실과 다르다. 더욱이 이를 근거로 해서 작가의식을 좁게 파악하려는 것이 문제다. 분석 가운데 「남생이」가 "이중의 서사구조" 속에서 효과를 충족시키고 있다는 점, "삶의 리얼리티적 시각"과 "삶의 동심적 시각"을 교직시킨 작가의 의도가 주목된다는 점, 나아가

---

38) 이재철, 『한국아동문학작가론』, 개문사, 1983, 144면.
39) 김학선, 「한국 창작동화·아동소설 연구」, 단국대 석사논문, 1985.
40) 유한근, 「현덕의 소설 '남생이'의 동심구조」, 『한국아동문학작가작품론』(이재철 편), 서문당, 1991.

"동심적 시각의 효과를 통해서 삶을 미래 지향적이고 밝게 표현하려는 작가의 긍정적 태도를 읽을 수 있"다고 한 점은 어느 정도 타당하다.[41] 그런데 잘못된 가설을 논증하고자 노마의 동심적 성격에 과도한 해석을 부여한 문제점이 보인다. 이를테면 「남생이」를 "노마를 주인공으로 하는 동화에 가까운 소설"이라고 규정한 것, 노마가 나무에 올라갈 수 있게 된 날 아버지가 세상을 떠나는 대목에서 "어린이의 예언적 특성 또는 신비적 특성을 추출"할 수 있다고 본 것 등이 그러하다.[42]

이재복(李在馥)은 현덕을 "동심천사주의 문학과 계급주의 문학의 한계를 극복하고 뭔가 새로운 아동문학의 전형을 보여 주려던 천재적인 작가"[43]라고 평가했다. 이는 현덕의 소년소설을 살핀 결과다. 그런데 작가의식을 파악하는 자리에서는 연구자 자신이 동심천사주의 시각으로 현덕의 소설을 바라보는 문제점을 드러내고 있다. 이재복은 「남생이」와 「경칩」에 대한 분석을 통해 현덕이 카프작가들과 다르게 민중의 "내면적인 각성" 또는 "소외된 자 내부에 대한 자기점검"에서 혁명적인 변화를 구했으며, 여기서 동심이 어른들한테 "양심의 불을 다시 지피게 하는 심오한 파수꾼" 역할을 맡고 있다고 지적한다.[44] 현덕이 "일제로부터의 해방은 어린이들다운 동심에서 온다고 믿"[45]었고, 따라서 "아이들을 소설 속에 끌어들여 순수한 동심의 세계를 어른들이 나갈 전형으로 제시"[46]했다는 것인데, 말하자면 '동심의 전망'을 작가의 세계관이자 현덕 소설의 핵심으로 파악한 것이다. 이러한 시각에 따르면 작가의식을 높이려는 원래 의도와 다르게 현덕은 리얼리스트가 아닌 동심천사주의자가 되고 만다. 그러나 현덕은 "모두가 어린이의 진실된 마음으로 되돌아가야만 해방이

41) 유한근, 위의 글, 231면.
42) 유한근, 위의 글, 237면.
43) 이재복, 『우리 동화 바로 읽기』, 한길사, 1995, 214면.
44) 이재복, 위의 책, 192~193면.
45) 이재복, 위의 책, 190면.
46) 이재복, 위의 책, 214면.

온다고 생각"47)할 만큼 순진한 작가가 아니다.

1990년대 들어서 동화작가 현덕에 대한 관심은 부쩍 높아진다. 이는 현덕의 동화가 새롭게 발굴 소개되었을 뿐만 아니라,48) 아동문학에 대한 사회적 관심이 높아지고 있는 추세의 반영이다. 아동문학 분야에서 현덕은 최고 작가의 반열에 올라서 있다. 서민성과 현실성을 강조하면서 리얼리즘 아동문학론을 확립한 이오덕(李五德)은 현덕의 유년동화를 한국 아동문학의 유산 가운데 가장 뛰어난 고전으로 평가했다.49) 그는 『너하고 안놀아』에 실린 총 37편의 작품을 글감·인물·짜임·표현·문장에 이르기까지 매우 자세하게 검토한 뒤에 "현덕 이전은 말할 것도 없고 현덕 이후 60년이 지난 오늘날까지도 이만한 유년동화를 쓴 작가는 나오지 않았다"고 결론지었다. 이오덕은 현덕 동화의 뛰어남을 크게 세 가지로 나누어 설명했다. 첫째는 놀이, 먹는 것, 장난감, 자연 등 아이들 세계를 잘 드러내는 글감으로 되어 있다는 것이고, 둘째는 아이들의 집안 형편과 어른 사회의 모순이 제대로 반영되어 있다는 것이며, 셋째는 깨끗하고 넉넉한 우리말로 씌어져 있다는 것이다.

최승은(崔升銀)은 현덕 동화와 소년소설의 특질을 각각 밝혔고, 김명순은 현덕 동화의 교육적 가치를 분석했다.50) 김종필은 현덕 동화의 리얼리즘의 양상에 주목했다.51) 이인숙(李仁淑)은 문체론의 방법으로 현덕 동화에 두드러진 짧은 문장, 반복표현, 현재시제, 풍부한 상징어(의성·의태어), 중부방언 등의 주요 특질을 밝혀냈다.52) 김상욱(金尙郁)은 아동문학

---

47) 이재복, 위의 책, 197면.
48) 원종찬, 「현덕의 아동문학」, 『민족문학사연구』 6호, 1994; 「아동문학과 리얼리즘」, 『삶 사회 그리고 문학』, 1995년 가을; 「현덕의 동화연구」, 『아침햇살』, 1996년 여름; 현덕, 『너하고 안놀아』(원종찬 편), 창작과비평사, 1995.
49) 이오덕, 「다시 살려야 할 뛰어난 유년동화의 고전 1~3」, 『삶 사회 그리고 문학』, 1996년 여름~겨울.
50) 최승은, 「현덕의 동화와 소년소설 연구」, 성균관대 석사논문, 1996.
51) 김종필, 「현덕 아동문학에 나타난 리얼리즘 연구」, 전주대 석사논문, 1999.
52) 이인숙, 「현덕동화의 국어학적 연구」, 숙명여대 석사논문, 2000.

을 떠받치는 주요 요소를 현실성·계몽성·낭만성으로 보고, 현덕의 소년소설을 이 세 요소에 비추어 1920년대 아동문학으로부터의 발전으로 평가했다.[53]

지금까지 검토한 현덕 연구의 양상은 현덕 소설의 특질을 밝힌 것, 신세대작가들과 비교 연구한 것, 유년 시점의 소설을 분석하거나 다른 작가의 유년 시점 작품들과 비교 연구한 것, 아동문학에 관한 연구, 특히 유년동화의 세계를 집중 조명한 것 등으로 요약된다. 현덕 소설에 대한 평가는 다시 창작방법의 개척에 비중을 둔 것과 작가의식의 한계에 비중을 둔 것으로 나뉜다. 후자는 카프 계열의 임화와 김남천이 지적한 현덕 소설의 한계를 더욱 근본적인 문제점으로 부각시킨 평가라 하겠는데, 리얼리즘 편에서 모더니즘을 대립관계로 보는 입장이다. 이들 논의와 평가들은 관점에 따라 다르기도 하고 또 서로 겹치는 부분들도 있지만, 아직 종합적이고 본격적인 작가 연구는 이뤄지지 않은 셈이다. 특히 현덕의 생애와 월북 이후의 활동에 대해서는 거의 접근이 이뤄지지 않고 있다.


## 3. 현덕 연구의 과제


현덕 논의를 모두 한자리에 놓고 보면 이제 수적으로는 적다고만 할 수 없는데도 현덕은 여전히 사람들에게 낯설고 문학사에서도 소홀하게 다뤄지고 있다. 대부분의 논의가 현덕 문학의 독자적인 성격을 밝히는 데에는 미치지 못한 탓이다. 그러나 현덕의 삶과 문학 전체를 우리 근대

---

53) 김상욱, 『숲에서 어린이에게 길을 묻다』, 창작과비평사, 2002.

문학사의 전개과정에 비추어 면밀히 검토해 보면 작가적 위상이 다르게 나타날 것이라 믿는다.

우리 근대문학 연구는 20세기 한국사회를 관류해온 이념의 성격과 맞물려 있다. 그 일은 식민지와 분단으로 말미암은 파행의 근대성을 극복하려는 정신사적 흐름의 한 구성 부분인 동시에, 바로 그 파행의 근대성이라는 시대의 제약으로 말미암아 '근대부정'과 '근대추종'의 양극 논리를 벗어나기가 쉽지 않았다. 이와 관련하여 근대문학을 연구할 때마다 늘 마주치는 것이면서 연구자들 사이에 뚜렷한 차이를 드러내는 대목은 리얼리즘과 모더니즘에 대한 시각의 문제일 것이다. 개별 작가와 작품에 대한 평가도 크게 보면 이들 시각에 의해 좌우된다. 따라서 리얼리즘과 모더니즘의 시각을 둘러싼 문제야말로 파행의 근대성을 극복하려는 지향과 관련되면서 바로 파행의 근대성에 결박된 모습을 보여주는 대표적인 사례라 할 수 있다. '근대 이후'를 지칭하는 '현대'라는 용어를 놓고 각기 다른 이데올로기적 함의로 부딪치고 있는 근・현대문학사 저술에서 이런 사실은 집약적으로 드러난다.

> 그리하여 두 개의 '현대'론에 입각하여 두 개의 '현대'문학론이 구성되었으니, 좌파에게 '현대'문학이 근대부르주아문학의 리얼리즘을 비판적으로 계승한 프롤레타리아문학의 사회주의 리얼리즘(또는 그 변형들)을 뜻한다면, 우파에게 '현대'문학은 근대부르주아문학의 리얼리즘을 해체한 모더니즘(또는 그 변형들)의 등장이 그 주요한 지표가 되었던 것이다. 신경향파의 등장을 획기로 '신문학사(新文學史)'를 근대편과 현대편으로 나눈 카프(KAPF) 출신의 백철(白鐵)이 전자에 속한다면, 1930년대 모더니즘의 등장을 강조하면서 아예 근대문학사를 '현대문학사'로 고쳐 부른 청년문학가협회 출신의 조연현(趙演鉉)은 후자의 맹장이다. 두 개의 현대와 두 개의 현대문학 사이에 드러나는 이 엄격한 상동성은 한국사회에서 문학적 담론이 얼마나 정치투쟁과 직접적으로 맺어져 있는가를 단적으로 웅변하는 것이다.[54]

---

54) 최원식, 「'리얼리즘'과 '모더니즘'의 회통」, 앞의 책, 44~45면.

20세기 한국문학은 "리얼리즘과 모더니즘 및 이 두 담론에 기원한 변형담론들 사이의 단속적인 전쟁상태"[55]를 지속해왔다는 말이다. 이렇듯 마주 부딪치면서도 "상동성"을 보이는 두 시각의 문제점을 어떻게 극복할 것인가? 이에 대해 최원식은 "우리 근대문학 전체상 속에서 프로문학의 주류성을 이제 진정으로 해소"하고, "1930년대 모더니즘에 대한 시각을 재조정"하자는 견해를 제기한 바 있다.[56] 카프와 모더니즘의 등장은 각각 1920년대와 1930년대의 상황에 대응하는 문학사적 필연성을 지니고 있다. 전자가 3·1 운동 이후 민족사회 운동에 임하는 각 세력의 계급적 분화를 반영한다면, 후자는 대륙 진출을 목표로 1930년대의 식민지자본주의가 추진한 산업화·도시화 현상과 더불어 모습을 드러낸 새로운 일상 현실을 반영한다. 이런 역사성에 기반하고 있는 것이기에 카프는 계급론에 입각한 리얼리즘을 내세워 한동안 맹위를 떨쳤고, 느슨한 동인 성격의 구인회(九人會)도 모더니즘을 내세워 카프 이후에 영향력을 행사할 수 있었던 것이다. 그러나 카프의 리얼리즘이나 구인회의 모더니즘은 그 계급적·물질적 기반이 미약했던 관계로 양자의 차이를 강조하면 할수록 선취된 관념에 빠져들 수밖에 없었다. 결국 1930년대 후반에 이르러 양자는 일정한 자기 반성을 전제로 합류하게 되었던 것인데, 작품의 실상에서 보면 이 점을 더욱 뚜렷이 확인할 수 있을 것이라 기대된다.

문학사는 각 시대를 구획하는 주된 경향과 개별 작가의 작품들이 서로 관계를 맺으며 전개된다. 크게 볼 때 우리 근대문학은 1920년대에는 민족과 계급의 대립 구도를 보이고 있었다. 이 이념적 구도는 1930년대 들어 미학적 대립 구도로 바뀌는데, 리얼리즘과 모더니즘의 대립이 그것이다. 물론 1920년대 문학의 대립 구도가 1930년대 문학의 대립 구도로 수평 이동한 것은 아니다. 1930년대 문학의 미학적 구도는 그 성격이

---

55) 최원식, 위의 글, 같은 곳.
56) 최원식, 「한국문학의 근대성을 다시 생각한다」, 앞의 책, 33면.

1920년대 문학의 이념적 구도와 차이를 드러내는 것이다. 1930년대는 1920년대에 비하면 문학의 자율성이 신장돼가던 시기였다.[57] 1930년대 리얼리즘은 1920년대 리얼리즘의 단순 연장일 수 없고, 1930년대 모더니즘 또한 1920년대 리얼리즘과 단절된 것은 아니다. 1920년대 문학이 일정하게 민족을 계급으로 조정하면서 현실에 대한 심화된 인식으로 나아갔듯이, 1930년대 문학은 일정하게 리얼리즘을 모더니즘으로 조정하면서 문학에 대한 심화된 인식으로 나아갈 수 있었다. 전자의 계기에 카프가 존재했다면 후자의 계기에는 구인회가 존재했다. 민족과 계급이 그렇듯이 리얼리즘과 모더니즘도 근대성이라는 한 개 동전의 양면이다. 결국 1930년대 문학은 좋든 싫든 카프와 구인회라는 두 계기를 통과하면서 성립한 것이다.

그런데 카프 이후에 등장한 '신세대작가'를 바라보는 데에서도 그 동안 두 개의 시각이 부딪쳐 왔다. 리얼리즘의 관점에서 부정적으로 평가하거나, 모더니즘의 관점에서 긍정적으로 평가하는 것이다. 물론 이 반대의 경우도 있다. 어떤 경우든 "정치적 후퇴에 대한 예술적 보상"[58]이라는 표현이 그러한 현상을 단적으로 요약해준다. 하지만 1930년대 모더니즘의 등장은 안으로 카프의 문학적 한계와 이어져 있고, 밖으로 새

---

57) 이점에서 '현실을 도피하고픈 심정에서 문학을 선택'했다는 작가의 말을 근거로 현덕의 문학을 '현실 도피적인 순수성의 세계'라고 규정하는 강진호의 논리는 범주의 오류에 가깝다(강진호, 앞의 책, 133면). 현덕뿐 아니라 김유정을 비롯한 많은 작가들이 현실을 이를테면 '직장과 제도에 매어달린 생활인'으로서 감당하기 어려워 문학의 길을 택했는바, 이런 현실에 대한 염오감이 그대로 사회 현실을 '외면'하는 문학으로 나타난 것은 아니다. 오히려 그런 태도는 현실에 대한 '비판'의 문학으로 나아가게 하는 추동력이 되곤 했다. 따라서 1930년대 신세대작가를 '지식인 문학관'과 대비되는 '문인 문학관'의 자리에 놓고 강조하는 발언(같은 책, 15면) 역시 조심스러워야 한다. 우리 근대문학 전체로 보아 우국지사형(憂國之士型)의 '지식인 문학관'은 약간의 상대적인 차이를 보일 뿐, 한국 문인의식 전반의 특성이라 할 만하다. 이태준·박태원 같은 구인회 작가들과, 현덕·허준·유항림·최명익·이근영·박노갑 등 적지 않은 신세대작가들이 월북한 이유도 일정하게는 이에 비추어 생각해볼 수 있다.
58) 염무웅, 「1930년대 문학론」, 『한국근대문학사론』(임형택·최원식 편), 한길사, 1982, 435면.

로운 근대적 풍경과 이어져 있다. 그러니까 일제시대의 모더니즘은 관념론으로 경사된 카프 리얼리즘을 쇄신하는 문학적 과제와 근대성과의 대결이라는 역사적 과제를 일정하게 감당했던 것이다. 사실 "정치적 후퇴에 대한 예술적 보상"이라는 말은 '사회성'과 '예술성'을 둘로 나누어 보는 입장에 가깝다. 과연 사회성과 분리되어서 높은 예술성이 보장될 수 있는가? 이점에서 구인회의 "사회성"을 주목하는 것에서 한 걸음 더 나아가, "1930년대를 프로문학의 퇴조기로만 파악하는 기존의 문학사상(像)"[59]에 의문을 표시한 최원식의 문제제기는 중요하다. "1930년대에 프로문학자들이 카프시기보다 더 절실한 이론과 작품들을 생산한 반어"[60]를 보아서도 그러하지만, 카프의 문제의식은 구인회의 그것과 함께 1930년대 신세대작가의 문학에서도 의연히 발현되고 있는 사실을 확인할 수 있기 때문이다.

　문학사·문학이론·문학작품은 서로 넘나들고 보완하면서 자기를 정립해간다. 우리 근대문학은 각 시기마다 계기적으로 발전을 이루어온 것이니만큼, 필자는 문학사의 연속성과 비연속성, 특히 1930년대 문학의 중층성을 염두에 두어야 한다고 생각한다.

　이런 점에 유의하면서 본고는 우선 역사주의 방법으로 기초연구를 충실히 수행하여 현덕 논의의 초석을 마련하고자 한다. 얼핏 보기에 몇 개 단편소설만으로 논의돼온 현덕은 군소작가들 가운데 하나일 뿐이라는 느낌이 들 수도 있다. 그런데 기초연구가 부실하다보면 잘 알려진 몇 개 단편소설을 제외하고는 작가의 생애와 문학 전반에 대한 접근이 더욱 어려워지는 악순환에 빠져들어, '「남생이」의 작가 현덕'이라는 고정관념을 넘어서는 보다 폭넓고 깊이 있는 논의 자체가 불가능한, 심지어는 불필요한 작가라는 인상이 굳어지기에 이른다. 「남생이」는 다만 우연의 소산일 뿐인가? '노마의 작가 현덕'이라고 할 때는 어떤 새로운 의

---

59) 최원식, 「프로문학과 프로문학 이후」, 『민족문학사연구』 21호, 2002, 27면.
60) 최원식, 위의 글, 같은 곳.

x

미가 생겨나는가? '1930년대 문학에서의 현덕', 나아가 '우리 근대문학사에서의 현덕'은 '「남생이」의 작가 현덕'과 같은 크기인가? 작가가 살았던 시대나 생애와 관련한 것들은 비록 작은 단서일지라도 작품 해명의 소중한 실마리가 될 수도 있는 것이기에 기초적 사실의 복원에 최선노력을 경주해야 한다. 하나의 실마리는 연쇄적이어서 그동안 볼 수 없고 생각지 못한 수많은 새로운 사실들을 건져 올리게 해준다. 작가의 본명과 생년월일, 가계(家系), 교우관계, 월북과정, 아동문학과 월북 이후의 작품 등등…… 이와 같은 전기와 창작 연보를 정확하게 고정하는 일이야말로 작가 연구의 진정한 출발점이라 할 수 있다.

텍스트 문제 또한 일차적인 해결 과제다. 필자는 한동안 빛을 보지 못한 수많은 아동문학 작품들과 북한에서조차 사라진 월북 이후의 소설집 등을 발굴·입수하여 현덕 연구의 범위를 넓힐 수 있었다. 본고는 이런 새로운 자료들에 근거하여 현덕 연구를 기존의 논의에서 한걸음 진전시키려 한다. 작가론으로서 실증적인 방법으로 현덕의 생애와 연보를 보강할 것이며, 작품론으로서 시기별·장르별로 현덕의 소설과 아동문학, 그리고 월북 이후의 소설들을 차례로 살필 것이다. 작품이 사회 현실과 맺는 관계, 작가의 의도와 작품의 효과, 아동문학의 장르적 특성 등을 고려하여 작품을 분석하고, 그 결과를 종합하여 최종적으로 작가 현덕이 우리 근대문학사의 전개에서 주고받은 영향과 그 문학사적 위치를 가늠해보고자 한다.

# 현덕의 삶

## 1. 출생과 성장

현덕의 본명은 현경윤(玄敬允)이다. 그는 현동철(玄東轍)과 전주(全州) 이씨(李氏)의 3남 2녀 중 둘째아들로, 1909년 2월 15일 서울에서 태어났다.[61] 본적은 서울 종로구 통의동 38번지다. 위로 경동(敬東, 1904년생), 경

---

61) 현덕의 이름자를 가지고서는 작가로 등단하기 이전의 행적을 찾을 수 없다. 그래서 「자서소전」의 기록과 일치하는 대부(大阜)초등학교의 현씨(氏) 학적부를 찾아내고, 거기에 기록된 당숙 현동순의 호적부을 통해서 현덕의 본명이 현경윤임을 확인했다. 경기고등학교의 퇴학자 학적부에서 또한 현경윤의 기록이 나왔고, 이를 통해 그의 부친 현동철과 조부 현홍택의 호적부를 찾아볼 수 있었다. 현덕의 출생년월일은 부친 현동철의 호적부에 따른 것이다. 조부 현홍택의 호적부에도 똑같이 나와 있다. 그런데 대부 공립보통학교 학적부에는 1909년 2월 8일, 경성제일고등보통학교 학적부에는 1909년 2월 15일, 『조선일보』(1938.1.7) 신춘문예 당선작가 소개란과 일제시대의 「조선문예가총람」(『문장』, 1940.1)에는 1911년 2월 8일로 되어 있어 조금씩 차이가 난다. 그동안 현덕

희(敬姬, 1906년생), 아래로 재덕(在德, 1912년생), 경랑(敬娘, 1918년생)이 있다. 그의 집안은 어떠한가?[62]

> 출생은 삼청동 지금 세균검사소 뒤 별장에서 하였다는데, 거기 대한 기억이
> 라고는 어느 때 푸른 잔디 위에서 저물어가는 하늘을 바라보며 오래오래 울던
> 것이 머리에 남았을 뿐, 부친이 황하마루 지금 광화문 근처로 신접살이를 나왔
> 을 때는 이미 가세가 기울어진 때여서, 그때부터 사글세집으로 형편이 볼성모
> 양이었다.[63]

현덕이 손수 작성한 「자서소전(自敍小傳)」의 처음 부분이다. 여기서 '삼청동 별장'은 무관으로 종2품까지 오른 조부 현흥택(玄興澤, 1856~1924)의 위세를 반영하는 것이다.

현흥택은 민영익(閔泳翊, 1860~1914)의 수하에 있었다. 민영익은 명성황후의 조카라는 강력한 배경을 지닌 구한말 정치권력의 핵심 인물로, 1881년 5월 우리나라 최초의 현대식 군대 별기군을 창설했다. 아마 이때 현흥택이 무관으로 진출했던 것 같다. 현흥택은 민영익의 수행인 자

---

의 출생년도는 1911년(신경림, 조기철, 박선애), 또는 1912년(권영민, 이재철, 임헌영, 박
덕은, 정현기, 이미림, 홍점숙, 이강언)으로 기재돼왔다. 1911년은『조선일보』신춘문예
당선작가 소개란과 「조선문예가총람」에 의한 것으로 보이지만, 1912년이라는 근거는
어디에서도 찾아볼 수 없다.
62) 현덕의 가계(세로쓰기)

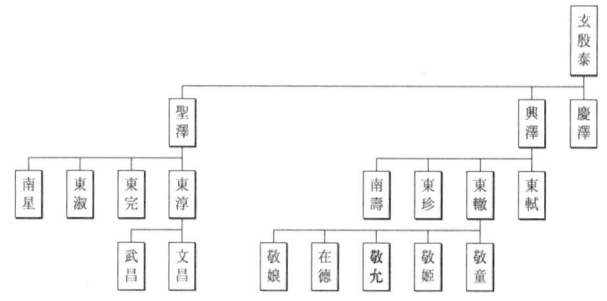

63) 현덕, 「자서소전」,『신인단편걸작집』, 조선일보사 출판부, 1938, 2면.

격으로 1883년 7월 최초의 대미외교사절단 보빙사(報聘使)에 참여한다.[64] 그 뒤로 수안(遂安) 군수를 거쳐 1890년 3월 광무총국(鑛務總局) 감리(監理)가 되었다.[65] 1895년 6월에는 시위대(侍衛隊) 연대장에 임명된다. 당시의 군제는 훈련대(訓練隊)와 시위대로 조직되어 있었다. 청일전쟁에서 승리한 일본은 조선의 군사권을 장악하고자 육군의 편제를 재편성하여 훈련대를 설치하고 군대를 일본식으로 훈련 육성했다. 시위대는 이에 대항하고자 미국인 군사교관 다이(William M. Dye) 장군의 지휘 아래 만들어진 것으로 궁중을 호위하는 임무를 맡고 있었다. 현흥택은 1895년 9월 4일 개국기원 경절을 주관하는 장원사장(莊園司長)에 임명되었고, 이 행사를 성공적으로 치른 공로를 인정받아 종2품의 지위에 오른다.[66]

김홍집(金弘集) 내각이 성립한 뒤로 친일파와 친러파 세력 간에 알력이 깊어지면서 훈련대와 시위대 간에는 충돌이 잦았다. 현흥택은 명성황후를 중심으로 한 정동구락부(貞洞俱樂部)의 친러파에 속해 있었다. 궁궐 수비를 담당한 현흥택은 명성황후 시해사건(1895.10.8) 당시 곤욕을 치른 것으로 알려져 있다. 일본의 계략으로 시위대는 변변한 무기도 갖추지 못하고 있었기 때문에, 일본군의 궁궐 침입 당시 그대로 패주할 수밖에 없었다.[67]

현흥택은 정동구락부의 일원으로서 독립협회(1896)에도 참여한다. 그의 이름은 독립협회 발기인 14인과 위원 8인의 명단에 올라 있다.[68] 정동구락부는 외국에 체류한 경력을 바탕으로 서울 정동에 밀집한 각국 외교관과 교류하면서 정계의 세력 확장을 꾀한 친목단체다. 이 단체의

---

64) 최문형, 『제국주의시대의 열강과 한국』, 민음사, 1990, 52면.
65) 김원모, 『한미수교사』, 철학과현실사, 1999, 354면.
66) 김원모, 위의 책, 355면.
67) 최문형 외, 『명성황후시해사건』, 민음사, 1992, 96~114면 참조. 현흥택은 명성황후의 소재를 추궁하는 일본군에게 폭행을 당하다 간신히 목숨을 건져 미국공사관으로 피신했다. 피신 도중에 명성황후의 시신이 불태워지고 있는 장면을 목격하는데, 결국 일본군의 궁궐 침입을 막지 못하고 증언자로만 남게 되었다.
68) 신용하, 『독립협회 연구』, 일조각, 1976, 86면.

핵심인물은 박정양(朴定陽)·이완용(李完用)·이채연(李采淵)·이하영(李夏榮)·이상재(李商在)·윤치호(尹致昊)·서광범(徐光範)·서재필(徐載弼)·이범진(李範晉)·민영환(閔泳煥)·민상호(閔商鎬)·이윤용(李允用) 등인데, 친미·친러·반일적 색채로 연합의 형태를 띠고 있었지만, 양반출신이 아니거나 과거를 거치지 않고 관직에 진출한 자가 다수 포함되어 있는 등 정치·사회·교육적 배경이 다양하여 언제든 분화 대립할 소지를 갖고 있었다. 이들은 춘생문사건(1895.11.28)과 아관파천(1896.2.11)을 주도했고, 김홍집 내각이 해산된 후 정부의 요직을 차지했다. 이때 일본인이 간행하는 『한성신보』에 대항하려는 의도에서 『독립신문』의 창간(1896.4.7)을 후원했다. 이어서 독립문 건립에 대해 고종의 재가를 받아내고, 독립협회의 창립(1896.7.2)에 깊숙이 관여했던 것이다.[69]

한편, 을미사변 직후 시위대는 훈련대에 편입되었으며, 다시 훈련대를 폐지하여 친위대(親衛隊)와 진위대(鎭衛隊)가 설치됐다. 현흥택은 1901년 상원(祥原) 군수로 재직하다가, 1903년 친위대 혼성여단 보병 제1연대장이 된다.[70] 친위대는 한국군 해산 3개월을 앞두고 시위대로 개칭된다. 현흥택이 1907년 7월 31일 군대해산 때까지 연대장으로 계속 근무했는지는 알 수 없지만, 부령(副領)에서 정령(正領)으로, 또 참장(參將)으로 승진했고, 친위대 혼성여단장을 역임했다.[71] 그러니까 현흥택은 수도 서울의 치안총수이자 왕성 수위의 총책임자를 거친 셈이다. 그는 친위대 혼성여단장 직책을 수행하다가 친위대가 시위대로 개편될 때에 관직에서 은퇴한 것으로 보인다.

이처럼 주요 관직을 두루 거쳤지만, 현흥택은 애초 민영익의 재산을 관리하는 집사 성격의 하인이었고, 그의 아우 성택(聖澤)이 상업활동에 종사[72]한 것으로 보아 중인층으로 보는 게 타당할 것이다. 그렇다면 구

---

69) 한철호, 『친미개화파 연구』, 국학자료원, 1998 참조.
70) 김원모, 앞의 책, 361면.
71) 김원모, 위의 책, 362면.

한말의 사회적 격변기에 보인 현흥택의 행보는 어떻게 평가할 수 있을까? 민영익과의 관계, 정동구락부와 독립협회에서의 활동이 주목되는데, 뚜렷한 정치적 활동은 찾아볼 수 없다. 다만 민영익과의 관계에서는 흥미로운 변화가 보인다.

한러밀약설과 국왕폐립음모에 연루되어 1886년 홍콩으로 망명한 민영익은 고종으로부터 인삼전매권을 위탁받아 홍콩과 상해를 오가면서 홍삼거래를 독점하고 있었다.73) 그런데 민영익은 엄청난 축재를 하고도 고종황제에게 약속한 판매대금을 납부하지 않아 황실과의 사이가 벌어졌다. 지불이행이 지연되자 마침내 승녕부(承寧府)는 민영익을 고발하고 재판에 관한 모든 업무를 현흥택에게 맡긴다. 절친한 주종관계가 원고와 피고의 관계로 바뀐 것이다. 승녕부 대리인이 된 현흥택은 1907년 2월 승녕부 총관 조민희(趙民熙)를 원고로 하고, 민영익을 피고로 하여 소송을 제기한다. 그 결과 재판소에서는 민영익의 집을 압류하는 동시에 민영익이 은행에 예치한 저축금을 몰수하는 재산압류 조치를 취했다.74) 그러나 민영익이 출두를 기피하는 바람에 재판은 장기화되고 소송도 미제사건으로 남게 되었다.75) 『매천야록』은 당시에 현흥택이 민영익의 재산을 상당 부분 차지했다고 기록하고 있다.

현흥택이 청국 상해로 들어가 민영익에게 빚을 받으려고 상해재판소에서 재판을 하였다. 이때 민영익이 은행에 저축한 돈 절반은 현흥택에게 돌아갔다. 현흥택은 민영익의 옛 하인이다.76)

---

72) 최응순(崔應淳)과의 면담, 1996년 2월 20일. 현덕과 외가쪽으로 육촌관계인 최응순에 따르면, 현흥택의 아우 성택은 상해 등지를 오가는 인천상선무역업을 했다고 한다.

73) 이무렵 현흥택은 민영익과 만나기 위해 중국을 자주 오가면서 윤치호(尹致昊, 1865~1945)와도 교류했다. 1885년 2월부터 1888년 10월까지 중국 상해의 중서(中西)학원에서 공부하던 당시의 윤치호 일기에는 현흥택과의 만남이 자주 나온다. 송병기 역, 『국역 윤치호일기』 1, 연세대 출판부, 2001 참조.

74) 김원모, 앞의 책, 365면.

75) 김원모, 위의 책, 366면.

76) 황현, 김준 역, 『완역 매천야록』, 교문사, 1994, 715면. 현흥택이 왕실의 대리인이었음

대한제국이 멸망한 뒤로 현홍택에 관한 기록은 더 이상 찾아볼 수 없다. 이는 그가 친일로 기울지 않았다는 역설일 수 있는데, 그렇다고 그를 '반일과 항일운동에 앞장선 인물'[77]로 보는 건 무리다. 그는 민영익을 수행하면서 미국과 중국을 드나들었고, 정동구락부의 일원으로서 자연스럽게 친미·친러파에 속해 있었다. 민영익을 배경으로 해서 구한말 무관으로는 최고 지위에 올랐으면서도 한순간에 민영익과의 관계가 역전되는 것을 보면, 현홍택은 뚜렷한 정치적 소신에 의해서라기보다 상황에 의해 부침했던 인물이 아닐까 여겨진다. 정동구락부는 외국인과 조선인 실력자들이 모여 조정에 영향을 미치려는 일종의 사교클럽이었고[78], 그들 대부분이 가입한 독립협회도 초기에는 민중의 사회단체가 아니라 사교적인 성격이 짙은 "고급관료클럽"이었다.[79]

현덕이 태어난 삼청동 별장은 바로 조부 현홍택의 사교 장소였다.[80] 일제가 토지조사사업으로 궁장토(宮庄土)를 정리할 때, 현홍택은 황해도 용정궁(龍井宮)의 도장(導掌)으로서 보상을 받은 기록도 보인다.[81] '도장'은 궁방의 산하에서 토지의 지배권과 관리권은 가진 민간인으로서 "궁장토의 수조(收租)와 관리를 담당"[82]하는 중간지주다. 이런 점으로 보아 현홍택이 상당한 지위와 재산을 누린 점만은 확실하다. 그는 한국기독

---

을 감안할 때, 이 돈을 과연 개인이 차지했는지에 대해서는 분명하게 판단하기 힘들다.
77) 김원모, 앞의 책, 368면. "그는 철저하게도 배일감정이 강한 인물이므로 1895년 을미사변 전후기에 이완용·이범진 등 친미·친러파 인물이 중심이 되어 한국 최초의 배일적 정치단체 정동구락부를 결성했는데, 현홍택은 시위대 연대장 자격으로 이에 가담, 반일운동에 앞장섰다. 그는 특히 국왕구출작전 춘생문사건(春生門事件)에서 실패하자, 미국공사관에 피신하면서 미국공사의 보호를 받으며, 항일운동을 전개, 마침내 아관파천에 성공했다."
78) 문일평, 『한미50년사』, 탐구당, 1978 참조.
79) 신용하, 앞의 책, 88면.
80) 이계희(李癸姬)·현영아(玄英娥)와의 면담, 1996년 2월 11일. 제수 이계희와 조카 현영아가 현덕의 누이 현경희에게 들은 바에 따르면, 현홍택이 삼청동 별장에서 외국손님을 접대하는 모습과 별장에 있던 앵무새 같은 게 기억난다고 했다.
81) 조선총독부 임시재산정리국, 『임시재산정리국사무요강』, 1911, 191면.
82) 신용하, 『토지조사사업연구』, 지식산업사, 1982, 189면.

교청년회(YMCA : 처음 이름은 황성기독교청년회)의 창립에도 일정하게 관여했으니, 종로의 기독교청년회관 건물(1907년 착공, 1908년 낙성)을 지을 때, 자신이 소유한 그곳의 대지 절반을 기부했다.[83]

이처럼 재력이 있는 위세가 당당한 집안에서 태어났음에도 현덕은 자신을 밑바닥 인생과 하나로 여기고 살았다. 그가 어렸을 때 부친 현동철이 사업을 한다면서 가산을 모두 탕진해버린 탓이다. 현덕은 부친에 대해 "패가한 호화자제의 전형이어서, 사대주의요, 투기적이요, 또 극히 호인이며 낙천가여서 자기는 매사에 실패를 거듭하면서도 사업사업 하고 사업을 꿈꾸며 경향으로 돌고 가사엔 불고하였다"[84]고 쓰고 있다. 어버이 두 분은 "사이가 불화해서 늘 공기가 따뜻지 못했다"[85]고 한다. 부친이 생존해 있을 당시에 이렇게 기록한 것을 보면 현덕은 자기 집안에 대해 어떠한 자긍심이라든지 기대도 품지 않았다고 볼 수 있다. 그렇더라도 그의 집안은 대한제국의 흥망과 깊이 관련되어 있었기 때문에 일제의 식민통치에는 호의적일 수 없었을 것이다. 문제는 그의 부친이다. 정해진 직업이 없었고 변변한 기록도 남아 있지 않아서 더 이상 논의를 진전시킬 수 없지만, 부친에 대한 현덕의 콤플렉스는 그의 문학적 특질을 해명하는 주요 단서일 수 있다.[86] 현덕의 소설과 아동문학 작품

---

83) 전택부, 『한국기독교청년회운동사』, 정음사, 1978, 117면. 이 집안은 기독교청년회와 인연이 깊다. 현흥택의 조카 동순은 한때 선천(宣川)기독교청년회의 교사로 초빙되었다는 기록이 있고(270면), 동완은 중앙의 간부로 크게 활약한다(445면). 현흥택의 아들 곧 현덕의 부친 동철도 1908년 대한황성종로기독교청년회 조직의 친접부(親接部)에 이름이 올라 있다(103면).

84) 현덕, 앞의 글, 2면.

85) 현덕, 위의 글, 같은 곳.

86) 윤석중(尹石重)과의 면담, 1995년 2월 2일; 전승묵(全承默)과의 면담, 1995년 2월 25일. 현덕의 부친은 자신의 사업이 실패한 뒤로 일정한 직업 없이 밖으로 돌며 중개인 노릇을 했던 것 같다. 동시인 윤석중이 전하는 말에 의하면, 춘원은 1937년 감옥에 있을 때 잡범으로 들어온 현덕의 부친을 봤다고 한다. 또한 일제 말 현덕과 같이 근무한 시인 전승묵은 현덕이 다니던 와카모도(若素)제약회사가 해방 직후에 부도에 직면했을 때 현덕 부친의 소개로 목포의 정태술이 회사를 인수해서 사장이 되었다고 한다.

들에서 가장 매력적인 주인공인 '노마'에게 아버지의 존재감은 매우 각별하게 느껴지기 때문이다.

현덕은 가난 때문에 매우 힘겨운 어린 시절을 보낸다. 오로지 모친 한분의 손으로 유지해가던 집안 살림은 비참한 것이어서 "이리저리 집을 옮긴 수가 이십여회, 살림을 고만두고 식구가 각자도생으로, 헤어지길 수삼, 그럴 때마다 나는 조부의 집으로 당숙의 집으로 돌며 몸을 붙였다"[87]고 한다.

> 그 중 당숙의 집인 인천 근해의 섬 대부도(大阜島)에서 보내던 삼사년간의 소년시절이 가장 꽃다운 때여서, 거기서 처음 중산계급의 의식주에 근심이 없는 생활도 맛볼 수 있었고, 학교교육도 여기서 받은 이년간이 제대로 받은 교육이었다. 그러나 성격은 썩 꼬부러져가기 시작하여, 당숙이 혹 육촌동생들과 자기를 구이양복 같은 것도 똑 같은 걸 해주면, 구별하지 않는 그것에 의혹을 갖고, 이 사람 저 사람 눈치를 보며 몸에 입기를 즐기지 않았다. 혹 명절이나 잔치때 같은 남들이 즐기는 날이면, 자기는 자리를 피해 한종일 해변에 나가, 고적을 즐기다가 날이 저물어 사람이 찾아 나오길 기다리고 하였다.[88]

그의 성장과정에서 당숙의 집은 커다란 영향을 미친 것으로 보인다. 당숙 현동순(玄東淳)은 대부도와 남양주 일대에 땅이 많았고, 인천에서 미곡상을 관리하는 객주를 하고 있었다.[89] 동순의 부친 성택(聖澤)도 인천에서 상해 등을 오가는 상선무역을 했으니, 인천을 통해 해외를 드나들던 현흥택과 더불어 이 집안은 인천과 긴밀한 연고를 맺고 있는 셈이다. 현동순은 문창(文昌, 1912년생), 무창(武昌, 1915년생) 두 아들을 두었다. 무창이 인천공립보통학교(현재의 창영초등학교)로 전학할 때(1926) 대부에서 인천으로 이사하는데, 용강정(龍岡町 : 현재의 화평동)에 방이 7~8개 딸린

---

87) 현덕, 앞의 글, 2면.
88) 현덕, 위의 글, 2~3면.
89) 최응순과의 면담.

큰집이었다.[90) 현덕이 1938년 『조선일보』 신춘문예로 등단할 당시의 주소(인천 용강정 78번지)는 바로 여기를 가리킨다. 현덕은 대부도 당숙 집에서 보통학교를 다니고 서울 집으로 옮겨 고보를 다닌 후에도 한동안은 인천 당숙의 집을 오가며 생활했다. 인천 부두를 배경으로 한 「남생이」와 안산 일대가 바라보이는 대부도 근방의 농촌을 배경으로 한 「경칩」은 당숙의 집에서 살았던 체험과 관련된다.

현덕의 친척 가운데 조부 현홍택 이상으로 사회활동을 보인 인물은 당숙 현동완(玄東完)이다. 현동완은 일제시대의 거의 전 기간을 기독교청년회 간부로 활약했다.[91) 그는 1927년 2월 15일 신간회 창립총회에 기독교측 대표의 한 사람으로 참여했고,[92) 1930년 11월 9일 신간회 중앙집행위원회에서 중앙 검사위원으로 선임되었으며,[93) 1920년대 말부터 1930년 초기 사이에 다시 활기를 띠는 듯했던 조선물산장려회의 간부로서 활약했다.[94) 이런 활동으로 말미암아 국가 독립유공자 공훈록에는 그의 이름이 올라 있다.[95) 현동완은 신간회 해소론이 대두할 무렵 본부의 온

---

90) 최응순과의 면담.
91) 선우기성, 『한국청년운동사』, 금문사, 1973, 588면; 전택부, 앞의 책, 445면. 선우기성은 현동완이 총무를 맡았다고 기술했으며, 전택부는 신간회 해소 이후 기독교청년회는 내분에 의해 신흥우 총무가 사퇴한 1935년부터 총무 자리를 공석에 두었는데, 이때 중앙의 간사를 맡았던 현동완이 총무 대행으로 일제 말까지 활동했다고 기술했다.
92) 『한국독립운동사』 제8권, 국가보훈처, 1978, 590면.
93) 『독립운동사자료집』 14집, 국가보훈처, 1978, 339면.
94) 『독립운동사자료집』 14집, 362면.
95) 『독립유공자공훈록』(제7권, 국내독립운동, 국가보훈, 1990)의 국내독립운동 참여자 명단 참조. 흥미롭게도 『독립유공자공훈록』(제6권, 한생운동·문화운동)의 문화운동 참여자 명단에는 현덕의 이름도 나온다. '소속, 당시 연령, 출신지(활동지)'란은 비어 있고 거증(擧證)문헌으로 '『한국독립운동사』 제10권, 국가보훈처, 1978, 1,101~1,102면'이 제시되어 있다. 거증문헌을 찾아보니, 1938년 12월 조선일보사 출판부에서 펴낸 『조선아동문학집』에 실린 작가와 작품이 나열되어 있다. '일본이 조선어말살정책을 펴면서 황민화운동에 열을 올렸던 때에 우리 아동문학을 총결산한 문헌'으로서 『조선아동문학집』의 가치를 인정한 것이다. 『조선아동문학집』에는 현덕의 동화 「물딱총」, 「고양이」, 「포도와 구슬」, 소년소설 「고구마」 등 네 편이 실려 있다. 총 31명의 동시, 20명의 동화, 3명의 동극, 6명의 소년소설을 뽑아 실은 『조선아동문학집』에서 현덕의 작품 4편은 가장 많은 편수다.

건화 노선을 적극 옹호했던 인물이다.[96] 해방 후에는 조선민족당을 거쳐 한국민주당에 참여한다. 그런데 좌우합작위원회에서 발표한 '합작7원칙'(1946.10.7)에 대해 토지 문제 등을 이유로 한민당이 반대하는 성명을 내자, 현동완은 7원칙에 찬성하면서 탈당(1946.10.9)을 한다.[97] 6・25 동란 중에는 서울중앙기독교청년회의 대표를 맡았다는 기록이 보인다.[98]

현덕이 현동완에게서 어떤 영향을 받았는지는 구체적으로 알 수 없다. 그렇더라도 현동완은 현덕이 어릴 적부터 가까이에서 지켜볼 수 있는 매우 유력한 인사였다. 현덕의 소년소설에서 불우한 고학생과 함께 늘 등장하여 정신적・물질적으로 힘을 주는 '삼촌'의 모델은 현동완의 존재와 무관하지 않을 것이다.

초등학교 시절 현덕은 몸이 허약했어도 학교 성적은 뛰어났다. 대부공립보통학교(1921년 설립) 학적부를 보면, 본적은 숙부의 주소인 '부천군 대부면 북리'로 적혀 있고, 보호자 씨명은 '현동순', 아동과의 관계는 '숙부'라 되어 있다. 1923년 4월에 입학, 1925년 6월 9일 집안 일 때문에 중도 퇴학했다. 입학전 경력에 속성과를 거쳤다고 기록되어 있으며, 온전히 학업을 받았던 3학년 때의 성적만 나와 있는데 평균 '10점'에 조행 '갑'을 받았다(수신, 국어, 조선어, 산술, 창가 5과목은 모두 10점, 도면과 체조 2과목은 9점). 발육개평은 '을'이다.

그는 1924년 중동학교를 거쳐 1925년 4월 4일 제일고보에 입학했으나

<hr>

96) 이균영, 『신간회 연구』, 역사비평사, 1993, 390면.
97) 현동완은 1945년 8월 28일 조선민족당 발기인, 1945년 9월 4일 한국민주당 발기인, 1945년 9월 16일 한국민주당 창당시 당무부원이 된다(심지연, 『한국현대정당론』, 창작과비평사, 1984, 206~209면). 그런데 현동완은 1946년 10월 9일 한민당을 탈당한 중앙위원 16인에 포함되어 있다. 조선민족당 계열의 한민당 총무 원세훈이 탈당하자 함께 탈당한 것으로 보인다(심지연, 『한국민주당연구』, 풀빛, 1982, 94면). '합작7원칙' 파동과 관련하여 일제 때 직간접으로 지조를 지켰던 인사들이 대거 탈당함으로써 이후의 한민당은 민족개량주의자・지주・대자본가를 대표하는 당으로 강화되었다(서중석, 『한국현대민족운동연구』, 역사비평사, 1991, 470~475면 참조).
98) 오제도 편, 『1950.9 서울시임시인민위원회 정당・사회단체등록철』, 한국안보교육협회, 1990, 512면.

어려운 집안형편 때문에 1년을 채 못 다니고 중도 포기한다.[99] 제일고
보 입학 시기는 보통학교에 다닌 때와 겹친다. 아마 1923년까지만 보통
학교 수학을 하고, 중동학교 1년을 거쳐 제일고보에 입학했는데, 보통학
교의 퇴학 처리가 늦게 된 것이라 추측된다. 제일고보 학적부에는 결석
일수가 많아서인지 성적란이 비워져 있고, 판정란에 '낙제'라 기재되어
있다. 호주 현동철의 2남. 주소는 '경성 관수동 45'. 입학전 학력란은 '대
부공립보통학교 3년 수료', '중동학교 1년간 수학'으로 되어 있다. 수업
일수 245일, 결석일수 165일, 결과시수 2, 지각일수 4일이다. 결석일수가
많은 건 집안형편 때문일 것이다.

현덕은 보통학교 시절에 말을 더듬었다고 한다.[100] 그를 기억하는 이
들은 그가 한결같이 말이 없고 조용한 성품인 점을 강조한다. 어린 나이
에 집을 떠나 친척집을 돌며 살았던 만큼 자신감이 결여된 내성적인 성
격이 자리 잡기 쉬웠을 것이다. 그의 소설에 짙게 배인 우수와 고적감,
힘없고 불쌍한 사람에 대한 이끌림과 배려의식은 그런 성품의 반영으로
보인다. 특히 그의 소년소설에는 가난한 고학생이 많이 나오는데, 이 역
시 실제 체험과 관련된다. 불우한 소년이 수학과정에서 겪는 좌절감을
어떻게든 격려해주고픈 마음이 앞섰을 것이다.

그런데 현덕의 불우한 어린 시절과 관련해서 한 가지 생각해볼 점이
있다. 그의 집안이 부친의 사업 실패로 몰락한 뒤에 식구들이 각자도생
으로 흩어졌다고는 하지만, 배후에 넉넉한 형편의 친척들이 있었다는
사실은 현덕의 성장기가 여느 가난한 집의 자제와는 달랐을 것임을 시
사한다. 곧 현덕은 자의식으로 가난을 더 크게 체험했던 것이니, 이런

---

99) 전국의 수재들이 모인 제일고보는 입학도 어려웠지만 졸업도 어려웠다. 제일고보는
1925년 관립에서 공립으로 바뀐다. 그래서 명칭도 관립 경성제일고등보통학교였던 것
이 1925년부터 경성제일공립고등보통학교로 바뀌었다. 1925년의 지원자수는 836명인
데, 그 중 226명이 입학했고, 105명이 졸업했다(경기고등학교70년사편찬회 편, 『경기70
년사』, 보진제, 1970 참조).
100) 현덕, 「말을 더듬다 쥐어박혀」, 『소년』, 1938년 10월, 48면.

자의식은 그에게 문학을 동경하게 만들고 그의 문학이 빈곤층으로 향하게 만든 기반이면서 이른바 카프의 빈궁문학과 일정한 거리감을 형성시킨 요인이라 할 수 있다.


## 2. 등단과 문단 교류


　제일고보를 중퇴하고 현덕은 "창백한 병적인 생활"을 겪는다. 가난한 집안 형편 때문에 가정과 학교 어디에도 몸을 붙이지 못하였으니, 뜻을 세워야 하는 청년기에 이르러 방황하지 않을 수 없었다. 그는 생활이 병적이어서 염인증으로 거리를 나가기 두려워하였다. 낮이면 방구석에 이불을 쓰고 누웠다가, 어두워지면 일어나 컴컴한 골목 뒷길을 걸어보고 하였는데, 칩거벽으로 도서관엘 다니기 시작했고, 아침 일찍이 가서 밤이 들어 거리가 어두워질 때까지 들어앉아 있었다.[101] 수재였지만 세상을 향해 도약할 발판이 없는 처지였기 때문에 독서와 사색에 몰두하는 일이 그가 세상과 숨쉴 수 있는 유일한 통로였다. 그는 독서를 통해서 무엇을 얻은 것이 있다면 이때가 거의 전부일 것이며, 특히 도스토예프스키 소설에 이끌렸다고 한다.

　　이십 전후 때, 동대문 밖에 살던 먼 촌 누님의 집엘 갔다가 우연히 옹(翁)의 전기를 읽게 되고 마음에 움직임을 받아 그의 작품을 구해 읽기 시작했다.
　　그때 그 누님은 칠남매 어린아이들을 거느린 몸으로 집을 팔아 조그만 가게를 내고 자기가 나가 앉아 보았다. 나는 그의 일을 돌보아주는 겸 밥을 먹으러 인왕산 밑에서 동대문 밖까지 터덜터덜 걸어가곤 했다. 그 집 안방 옷장 밑에

---

101) 현덕, 「자서소전」, 3면.

그런 것을 읽을 사람은 없는데 겉장 떨어진 책 한 권이 먼지를 쓰고 있었다. 그
것을 나는 어깨에 매달리는 어린아이들 틈에서 한 장 한 장 넘기어 가며 따라
어쩐지 자기 얼굴 모습과 비젓한 점이 있는 듯한 옹의 찌푸린 상과 생애를 자
기의 운명과 공통한 무엇이 있기나 한 것처럼 느끼며 감격했다.[102]

대부도 당숙의 집에서 보낸 어린 시절이 가장 꽃다운 때였다고 회고
한 만큼, 제일고보를 중퇴한 뒤 그는 다시 "각자도생"의 힘겨운 시절을
보내야 했다. 당시에 그는 "생활과 감정의 막다른 길에 들어선 듯이 막
막한 때여서 도스토예프스키를 알게 된 것으로 하나의 광명을 얻은 듯
이 감동"[103]했으며, 작가가 된 뒤에도 "내 가난한 서가에 있어 유일한
재산으로 자처하는 것이 대정(大正) 10년판의 동경 도스토예프스키 전집
열다섯 권"[104]이라고 밝혔다. 도스토예프스키의 어떤 점이 그에게 광명
으로 여겨졌을까?

　　도스토예프스키는 기실 『백치』의 주인공 무이쉬킨의 성격과 같아서 어린아
　이처럼 선량하고 천진했다. 그리고 어린아이처럼 어떠한 곤란한 경우에서도 자
　기의 기쁨을 만들 수 있어 '언제든 살아날 준비'를 하는 거기가 또 좋았다.
　(…중략…) 현실을 밑바닥으로 밑바닥으로 파가면서도 허무에 이르지 않은 것
　도 그 낙천주의에 위함이 아니든가. 나는 그 낙천주의가 또 좋았다.[105]

이 대목은 하층민의 절망적인 삶을 그려낸 그의 작품에서 어린아이
가 단순히 시점이라기보다 주제의식과 관련되는 뚜렷한 의도의 반영이
라는 사실을 해명하는 한 단서가 된다. 가난을 체험한 것과 함께 어린아
이의 낙천성에 대한 발견은 동심천사주의, 교훈주의, 계급주의를 넘어서
는 아동문학을 개척한 바탕이기도 하다. 현덕은 어두운 삶 속에서 낙천

---

102) 현덕, 「내가 영향 받은 외국작가-도스토예프스키」, 『조광』, 1939년 3월, 263면.
103) 현덕, 위의 글, 264면.
104) 현덕, 위의 글, 263면.
105) 현덕, 위의 글, 264면.

적인 기쁨을 염원하고 있었다. 이른바 자연주의적 색채와는 구별되는 작품 특유의 생기 역시 이런 염원에서 비롯했을 것이다.

그는 시가 나오야[志賀直哉, 1882~1971]의 작품도 탐독했다고 한다.106) 시가 나오야는 1910년에 창간된 『시라카바[白樺]』 동인으로서 작품을 발표했다. 주로 학습원 출신의 소설가·시인·가인·극작가·화가·미술사가·민중예술연구자 등으로 구성된 시라카바파[白樺派]는 명치시대 말기에 시작되어 영향력을 지속해온 사상운동으로 평가되기도 한다. 시가 나오야[志賀直哉], 무샤노코지 사네아스[武者小路實篤], 아리시마 다케오[有島武郎], 야나기 무네요시[柳宗悅] 등이 이 그룹에 속해 있었다. 무샤노코지는 자발성에 기초한 이상사회 건설 운동을 벌였으며, 아리시마 다케오는 부모로부터 물려받은 농장을 소작인의 공동 소유로 돌리고 지주로서의 권리를 포기했다. 인도주의적 경향이 농후한 이들의 활동은 제도에 대한 이해가 결여된 관념론이라는 비판을 받았다.107) 시라카바파는 새롭게 대두한 프로문학 운동에는 참여하지 않았지만 그렇다고 또 대립하지도 않고 자리를 내주는 참회귀족의 특성을 지녔다는 점에서 현덕의 행보가 이와 흥미로운 비교의 대상이 된다.

그렇다면 현덕은 시가 나오야 소설의 어떤 점에 매력을 느꼈을까? 시가 나오야는 당시에 「암야행로(暗夜行路)」(1921~37)의 장기간 연재로 주목받고 있었다. 이 장편은 '어두운 밤길과 같은 인생의 행로'를 걷는 거부할 수 없는 운명을 그린 작품이다.108) 이밖에도 시가 나오야의 단편에

---

106) 현덕, 위의 글, 265면.
107) 구노 오사무·쓰루미 슌스케, 심원섭 역, 『일본근대사상사』, 문학과지성사, 1994 참조.
108) 이 작품의 주인공은 따뜻한 집안의 공기를 느끼지 못하고 불우하게 성장한다. 어렸을 때 어머니를 여의고 할아버지 밑에서 자라는데, 아버지로부터는 부당하게 미움을 받았다는 기억이 남아 있다. 외할아버지의 수양딸에게 청혼을 했다가 거절당하자 자기 혐오에 빠져 방탕한 나날을 보낸다. 그런 자신의 생활을 바로 잡기 위해 벽촌에서 소설 집필에 전념하려 한다. 뒷날 자신이 할아버지와 어머니의 과실로 태어났다는 출생의 비밀을 알게 된다(한국일어일문학과, 『나쓰메 소세키에서 무라카미 하루키까지』, 글로세움, 2003, 108~111면 참조).

는 아버지와 갈등하는 아들의 번민을 그린 것이 많은데, 이는 현덕의 문학에서 각별하게 나타나는 아버지의 존재를 상기시킨다. 추측컨대 청년시절의 현덕은 자신의 삶을 시가 나오야의 작품들에 투영하면서 작가나 작품의 주인공에게 빠져들었을 것이다. 그러다가 현덕은 나름대로 자기를 세울 결심을 하고 세상과 부딪친다.

> 그 후 뜻한바 있어, 지금까지의 창백한 병적인 생활을 근저로, 뒤엎어 어머니에겐 시골로 학원선생으로 간다고 속이고, 수원 발안 근방의 매립공사장에서 토공생활을 하기도 하고, 이어 현해탄을 건너가 경도 대판 등지로 돌며 신문배달 자유노동 벵기공 같은 것을 하며, 최하층의 생활을 하였다.109)

그가 품은 뜻은 무엇이었을까? 그는 여기저기 여러 곳으로 돌아다니고 싶었지만 "그때 거기서 본 것을 다 본 것 같은 감을 느꼈"110)다고 한다. 게다가 허약한 그의 몸으로는 막노동을 감당할 힘이 없었다.

> 그러던 중 한번은 대판 와사회사에 품을 팔러 갔다가, 흙보구니를 지지 못하고 쓰러지고 쓰러지고 하다가 결국 그곳 감독에게 쫓기어나고 말았다. 그날 긴요도가와(淀川) 둑을 걸으며 울다 웃었다 탄식하다가는, 마침내는 도저히 그대로 지탱해갈 수 없는 몸임을 깨달으며, 동시 그 쓰여질 수 없는 몸으로 할 수 있는 최후의 한 가지 일로 지금까지 추향과 같이 동경해오던 문학의 길을 밟아보겠다는 생각으로 귀경하였다.111)

그에게 문학은 다른 일에 소용이 닿지 않는 허약한 몸으로 할 수 있는 최후의 한 가지 일이었다. 현덕은 "지기 고 김유정 형을 얻어 더욱 뜻을 굳게 하고 그 길을 밟던 중, 금년 조선일보 신춘문예에 당선으로 적은 대로 그 길에 자신 같은 것을 가져보며 현재에 이르렀다"112)면서

---

109) 현덕, 「자서소전」, 3면.
110) 「신진작가 좌담회」, 『조광』, 1939년 2월, 242면.
111) 현덕, 앞의 글, 3면.

「자서소전」을 끝맺고 있다. 제일고보를 중퇴한 이후부터 「남생이」로 등단하기까지의 10여 년 기간 중에 막노동을 하면서 떠돌던 때와 김유정을 만난 때가 각각 언제쯤인지는 확실치 않다.

그는 1927년(丁卯年) 토끼해에 이루어진 신문사 주최의 독자공모에 「달에서 떨어진 토끼」를 보내 일등으로 당선한다. 이 작품은 불쌍한 백성을 돌보지 않는 폭군인 아버지에게 대항하다 쫓겨난 왕자와, 왕자가 부는 피리소리를 듣다가 그만 달에서 떨어진 토끼가 참다운 사랑과 희생정신으로 중생제도를 실현하는 이야기다.113) 마해송의 「바위나리와 아기별」(『어린이』, 1926.1)에서 주요 모티프를 빌려온 흔적이 보이지만, 그것보다는 사회구제에 더 초점이 놓여 있는데, 습작의 흔적이 농후한 탓에 작품성으로는 의미가 없고, 폭군이 등장하는 내용을 볼 때 그의 부친과의 관계에서 해명해볼 필요가 있는 작품이다. 어쨌든 이때까지는 정식 작가로서의 활동이 아니다. 이후 1932년 『동아일보』 신춘문예에 동화 「고무신」이 가작으로 입선한다. 이때부터 현덕이라는 필명을 썼는데, 『신생』의 독자문단에도 현덕의 이름으로 「봄」(1932.4)이란 시를 발표했다. 그러니까 1932년은 동화작가로 등단하고 비로소 문단에 첫발을 내디딘 해라고 할 수 있다. 하지만 그로부터 1938년 『조선일보』 신춘문예에 당선하기까지 또 다른 문학활동은 찾아볼 수 없다. 현덕의 이름이 세상에 알려진 것은 1938년 「남생이」가 일등 당선하면서부터다. 이들 응모 년도를 살펴볼 때, 그가 노동판을 전전한 것은 1927과 1932년 사이, 김유정과 교류한 것은 1932년과 1938년 사이가 아닐까 하는 추정이 가능하다. 하지만 동화작가로 선보인 1932년 이후에 노동판을 떠돌다가 다시 문학에 확실한 뜻을 두고 돌아와서 김유정과 만나 교류했을 가능성도 없지 않다.

김유정과의 만남은 그의 운명을 바꾸어 놓았다. 현덕은 그리 사교적이지 못한 소극적 성격의 소유자였기 때문에, 그와 비슷하게 막다른 처

---

112) 현덕, 위의 글, 같은 곳.
113) 현경윤, 「달에서 떨어진 토끼」, 『조선일보』, 1927년 1월 2일자.

지로 내몰린 김유정과는 한층 깊은 우정을 나눴다. 그가 김유정과 어떻게 만나게 되었는지에 대해서도 알 수 없다. 다만 서로 특별한 연고가 없는 점으로 보아 김유정이 신춘문예로 등단한 1935년을 전후로 해서 만났을 가능성이 크다.[114] 김유정은 신춘문예 당선 이전인 1933년부터 잡지에 작품을 발표하고 있었다. 유정 역시 지독한 염인증에 빠져서 도서관을 즐겨 찾았다고 한다. 두 사람 모두 문학에 뜻을 두고 도서관에 칩거하는 가난한 문학청년으로서 만나지 않았을까 싶다.

김유정이 1937년 3월 29일 작고했으니 두 사람의 교류는 매우 짧았던 편이다. 그러나 누구보다 깊게 사귀었다. 두 사람은 여러 면에서 공통점이 많았다. 윗대에서는 재산가였으나 졸지에 파산한 집안, 친척집에 붙어사는 형편, 병약한 체질과 염인증, 문학을 자기 구원이자 생활의 도피처로 여긴 점 등등……. 두 사람의 관계는 급속도로 가까워졌다. 낙산(駱山)과 줄기를 같이한 비탈의 한쪽 경사인 창신동에는 현덕의 셋방이 있었고, 반대편 경사인 충신동에는 김유정의 셋방이 있었다. 현덕은 틈만 나면 낙산을 넘어 김유정의 집을 찾았다. 아우 재덕과 함께 갈 때도 많았는데, 유정의 집에는 단짝 친구인 안회남이 자주 와 있었다. 이상(李箱)도 곧잘 들렀는데 구체적인 교류 여부는 알 수 없다.

김유정의 병이 위중해지자 현덕은 날마다 김유정의 집에 들러 대부분의 시간을 그의 말벗으로 지낸다. 김유정은 "현덕의 온후한 성품과 거짓 없고 정열이 넘치는 언행"[115]에 끌렸다. 병문안을 하면서 현덕은 김유정을 위해 부드러운 목청을 가다듬어가며 노래를 불러주었고, 화가였던 아우 재덕은 김유정의 요청으로 초상화를 그려주었다.[116] 김유정

---

114) 김영수(金永壽)와의 면담, 1995년 2월 19일. 김유정의 조카인 김영수는 유정이 당시 총독부 중앙도서관엘 다녔다고 한다. 그리고 현덕이 처음 집에 찾아온 건 유정이 신춘문예에 당선한 직후일 거라고 기억한다.
115) 김영수, 「김유정의 생애」, 『김유정전집』, 현대문학사, 1968, 418면.
116) 김영수, 위의 글, 같은 곳. 현덕은 '산타루치아' 같은 가곡을 열정적으로 불렀다고 하며, 현재덕이 그린 김유정의 초상화는 한 달을 두고 그린 유화였는데 6·25 때 그만 분

이 산사에서 요양하다 더 이상 운신할 수 없는 형편이 되어 경기도 광주 누님네로 떠날 때에는 현덕 형제와 안회남이 배웅을 했다.[117] 김유정의 병간호를 했던 조카 김진수(金珍壽)는 그렇게 자주 찾아오던 현덕 형제도 광주엔 와보지도 못하고 김유정은 혼자 눈을 감았다고 한다.[118] 그 무렵 현덕의 형편을 짐작하게 해주는 김유정의 수필이 있다.

동무(현덕을 가리킴―인용자)에게서 온 편지를 두 손에 펼쳐들고 이것이 네 번째이련만 또다시 경건한 심정으로 근독하여 본다.
"김형께
심히 놀랍습니다.
이처럼 사람의 일이 막막할 수가 없습니다.
울어서 조금이라도 이 답답한 가슴이 풀릴 수 있다면 얼마든지 울 것 같습니다."
이것은 나의 이 사실을 인편으로 듣고 너무도 놀란 마음에 황황히 뛰어오려 하였으나 때마침 자기의 아우가 과한 객혈로 말미암아 정신없이 누웠고 그도 그렇건만 돈없어 약 못쓰니 형된 마음에 좋을 리 없을테니 이럴까 저럴까 양난지세로 그 앞에 우울히 지키고만 앉았는 그 동무의 편지였다. 한편에는 아우가 누웠고 또 한편에는 동무가 누웠고 그리고 이렇게 시급히 돈이 필요하건만 그에게는 왜 그리 없는 것이 많았던지, 간교한 교제술이 없었고, 비굴한 아첨이 없었고 게다 때에 찌들은 자존심마저 없고 보매 세상은 이런 어리석은 청년에게 처세의 길을 열어줄 수 없어 그대로 내굴렀으니, 드디어 말없는 변질이 되어 우두머니 앉았는 그를 눈앞에 보는 듯하다. 아, 나에게 돈이 왜 없었던가 싶어 부질없는 한숨이 터져나올 때 동무의 편지를 다시 집어들고 읽어보니 그 자자구구에 맺혀진 어리석은 그의 순정은 나의 가슴을 커다랗게 때려놓고 그리고 앞으로 내가 마땅히 걸어야 할 길을 엄숙히 암시하여주는 듯하여 우정을 넘는 그 무엇을 느끼고는 감격 끝에 눈물이 머금어진다.

실했다고 한다(김영수와의 면담).
117) 김영수는 "그때 여객자동차부에는 현덕과 형수 모자가 전송"했다고 하는데(김영수, 앞의 글, 420면), 안회남은 "유정이 별세하기 며칠 전 그가 광주 땅으로 떠나든 날 나는 현덕씨와 이분의 계씨(李氏)와 세 사람이서 쓸쓸히 떠나는 병우(病友)를 작별"했다고 회고한다(안회남, 「현문단의 최고수준」).
118) 전상국, 『유정의 사랑』, 고려원, 1993, 329면.

며칠 있으면 그는 나를 찾아오려니, 그때까지 이 편지를 고이 접어두었다 이 것이 형에게 보내는 나의 답장입니다, 고 그 주머니에 도로 넣어 주리라고 이 렇게 마음을 먹고 봉투에 편지를 넣어 요 밑에다가 깔아둔다. 지금의 나에게는 한권의 성서보다 몇 줄의 이 글발이 지극히 은혜롭고 거칠어가는 나의 감정을 매만져주는 것이니 그것을 몇 번 거듭 읽는 동안에 더운 몸이 점차로 식어옴을 알자 또 한 번 램프의 불을 낮춰놓고 어렴풋이 눈을 감아본다.[119]

이 글은 김유정이 광주 누님네로 떠나기 직전 정릉 근방의 암자에서 요양할 때 쓴 것이다. "간교한 교제술이 없었고, 비굴한 아첨이 없었고 게다 때에 찌들은 자존심마저 없"었던 "어리석은 청년" 현덕을 간절히 그리워하는 내용이다. 여기에는 두 사람의 심적 교류 상태뿐 아니라 현 덕의 생활 형편도 어렴풋이 나타나 있다. 극심한 생활고에 시달리고 있 는 현덕은 아우와 함께 결핵을 앓고 있었던 것이다.[120] 현덕은 김유정 이 "박봉자와의 연정을 알린 유일무이의 심우"[121]였고, 유정이 작고했 을 때 "누구보다 슬퍼한 사람이 현덕"[122]이었다.

김유정이 작고한 뒤에 발표된 연재동화 「두포전」의 말미에는 "여기까 지 쓰시고, 그러께 봄에 김유정 선생님은 이 세상을 떠나셨습니다. 이 다 음이야기는 다행하게도 김 선생님 병간호를 해드리며 끝까지 그 이야기를 횅히 들으신 현덕 선생님이 김 선생님 대신 써주시기로 하였습니다"[123] 하 는 편집자 주가 붙어 있다. 「두포전」은 이렇게 해서 총10장으로 구성된 것 가운데 6장까지는 김유정이 쓰고 나머지를 현덕이 완성시킨 작품이다. 「신진작가 좌담회」에서 박노갑(朴魯甲)이 "김유정의 작풍과 상통"한다는 말이 있는데 그에 대해 어떻게 생각하느냐고 묻자 현덕은 "있을 것입니

---

119) 김유정, 「밤이 조금만 짧았더면」, 『조광』, 1936년 11월(『김유정전집』), 367~368면.
120) 최응순과의 면담. 인천 당숙의 집에 있을 때에도 현덕은 폐가 몹시 안 좋아서 바닷바 람을 쐬고 굴을 먹으면서 요양했다고 한다.
121) 김문집, 「김유정의 비련을 공개 비판함」, 『김유정전집』, 470면.
122) 김영수, 앞의 글, 418면.
123) 『소년』, 1939년 4월, 59면.

다. 영향도 많이 받았으니까요"124) 하고 대답했다. 김유정은 "크로포트킨의 상호부조론이나 맑스의 자본론이 훨씬 새로운 운명을 띠"125)는 것이라고 생각하고 있었으니, 두 사람은 사회주의에 공명하는 태도를 함께 나누었을 것이다. 또한 어떠한 경우에도 삶 자체를 긍정하는 생명력의 고양, 민중의 삶에 눈길을 주면서도 계급의 도식에 빠지지 않고 풍부한 시정을 불러일으키는 묘사, 토속성과 해학, 「남생이」에서 '들병이'를 등장시킨 점 등은 김유정 문학과의 관련에서 생각해볼 수 있다.

김유정과의 교분은 문학의 영향뿐 아니라 구인회 후기 동인이었던 유정을 통해 문단 교류의 길이 열린 점에서 중요하다. 김유정의 고교동창인 안회남은 그나마 내성적이고 소극적인 현덕이 문단의 여러 인사들과 교류할 수 있는 창구로 작용했다. 현덕은 술을 잘 못했고, 두루마기를 입은 얌전한 차림이었으며, 신문사에 들러도 원고만 살며시 놓고 가는 성격이었다.126) 요절했기에 문단에 아쉬움을 남긴 김유정이 그의 후광이었다면, 당시 폭넓은 문단활동을 펼치던 안회남은 그의 견인차였다고 할 수 있다. 「남생이」에 대해 극찬을 아끼지 않은 독후감이 맨 처음 안회남에게서 나오고, 뒤이어 구인회 주요 회원인 박태원에게서 나온 게 결코 우연은 아니다.127)

현덕은 정확하고 빈틈없는 문장, 풍부한 묘사력 등으로 단숨에 문단의 눈길을 끌었다. 그는 「신진작가 좌담회」에서 "저는 작품에서 항상 분위기를 사랑합니다. 시를 느끼고 싶습니다. 그리고 성격의 생활, 성격의 생장(生長)을 반히 쳐다보지요. 더구나 장면묘사에 힘을 들이는 것입니다.

---

124) 「신진작가좌담회」, 246면.
125) 김유정, 「병상의 생각」, 『김유정전집』, 382면.
126) 윤석중과의 면담.
127) 안회남의 부친은 안국선(安國善)이고 조부는 안경수(安駉壽)다. 안회남의 조부 안경수와 현덕의 조부 현흥택은 모두 춘생문사건에 연루된 인사들이며 초기 독립협회 회원으로서 동시대에 활약했다. 박태원은 제일고보 선배이기도 하고 서울토박이 중인출신의 집안이다. 이런 점들도 현덕과 정신적 유대감을 나눌 수 있는 조건이라고 할 수 있다.

(…중략…) 언제든지 있는 그대로 쓰려 합니다"[128] 하고 진술했고, 「내가 영향 받은 외국작가」에서는 "생활환경이나 취재하는 현실이 쉽게 자기화할 수 있을 것 같아 시가 나오야의 글을 본받으려 했다"[129]는 말을 하고 있다. 우리 근대문학의 도정에서 사실주의 문장을 확립하는 데에 남다른 공헌을 한 염상섭(廉想涉) 역시 시가 나오야에 대해 다음과 같이 말했다는 증언이 있어 흥미롭다.

> 횡보는 시가 나오야를 매우 존경하였다. 일본의 친한 민속학자로 유명한 야나기 무네요시[柳宗悦]의 소개로 서울에 나오는 길에 나라[奈良]에 들러 그를 만난 이야기는 흥미 있었다.
>
> 시가 나오야의 소설은 일본 작가로서 리얼리즘을 제대로 체득한 유일한 작가라는 것. 시가 나오야의 말이 자기는 소설을 쓸 때에 앞으로 나올 사건이나 인물의 움직임이 눈앞에 파노라마로 나타나듯 환하게 나타나 보이므로 그대로 쓴다고 하였는데 자기도 시가 나오야의 경우와 같이 환하게 나타나 보이므로 그대로 소설을 진행시킨다고 하였다.[130]

현덕의 소설은 심리와 장면 묘사의 정교함을 자랑한다. 이광수(李光洙)의 『사랑』(1938)과 「무명(無明)」(1939.2)은 춘원이 수양동우회 사건으로 감옥에 갔다 나온 뒤에 병상에서 구술한 것을 그의 병간호를 하던 박정호(朴定鎬)와 현덕이 받아 적은 것이라고 한다.[131] 현덕의 이광수 작품 구술기록은 1937년경 수양동우회와 기독교청년회가 구체적인 문제로 교류하게 되면서 이광수를 알게 되었을 당숙 현동완의 소개로 이뤄진 것이든지, 아니면 춘원을 사숙한 박태원의 소개로 이뤄진 것일 텐데, 현덕의 문장력을 십분 인정받았다는 얘기가 된다. 이태준(李泰俊)은 「사랑」에 대해, 박태원은 「무명」에 대해 호평을 아끼지 않았다.[132]

---

128) 「신진작가좌담회」, 245~246면.
129) 현덕, 「내가 영향 받은 외국작가—도스토예프스키」, 265면.
130) 조용만, 『1930년대의 문화예술인들』, 범양사, 1988, 161면.
131) 노양환, 「춘원평전」, 『이광수전집』 별권, 삼중당, 1971, 135면.

작가로 등단한 이후에도 현덕은 극심한 생활고에서 벗어날 수 없었다. 수필 「부엉이」(1939.5)·「살구꽃」(1939.6)·「장발기(長髮記)」(1939.9) 등을 보면 동대문 바깥쪽 산꼭대기 동네를 옮겨 살면서 누이동생에게 용돈을 받아 쓰는 형편이 잘 드러나 있다. 이때의 생활 체험을 바탕으로 「골목」·「잣을 까는 집」·「군맹(群盲)」 등 도시빈민촌을 무대로 한 작품들이 씌어졌다. 현덕은 생활고에 시달렸고 또 병약한 몸이었지만, 「남생이」 이후 2년 남짓한 기간에 누구보다 왕성한 창작활동을 펼쳐 보인다. 특히 조선일보사와 관계된 모든 지면에는 빠짐없이 작품을 발표한다. 『조선일보』·『조광』·『여성』·『소년』·『소년조선일보』는 그의 주된 작품활동의 무대였다. 당시 『조선일보』 학예부장은 홍기문(洪起文), 부원에 이원조(李源朝), 출판부 편집 주임에 함대훈(咸大勳), 부원에 윤석중이 근무했다. 『소년』과 『소년조선일보』는 윤석중이 편집 책임을 맡았고, 삽화는 정현웅(鄭玄雄)이 그렸다.[133] 윤석중과 정현웅은 평론가 백철에게 현덕의 소년소설을 "본격적인 소년소설"이라면서 추찬(推讚)했다.[134] 「군맹」이 『매일신보』에 발표된 것은 백철이 거기 학예부장을 새로 맡게 된 사실과 관련이 있을 것이다. 현덕은 『조선일보』 부록으로 발행된 주간 『소년조선일보』에 거의 매회 동화작품을 게재하였다.[135] 연작으로 이어지고 있던 이 동화 꼭지를 1939년 가을 무렵에는 아우 재덕이 이어받는다.[136] 현재덕은 현덕이 동화를 발표한 『소년조선일보』와 『소년』에 만화를 연재하고 있었고, 경성방송국에서 동화를 구연하기도 했다. 경성방송국에서 어

---

132) 이태준, 「춘원의 '사랑' 독후감」, 『박문』, 1938년 12월; 박태원, 「독후감 '이광수 단편선'」, 『문장』, 1939년 9월.

133) 『조선일보50년사』, 조선일보사, 1970 참조.

134) 백철, 「금년간의 창작계 개관」 참조

135) 윤석중, 『어린이와 한 평생』, 범양사, 1985, 168면. 윤석중은 "소년 주인공의 단편 「남생이」를 읽은 나의 간곡한 권유"로 현덕이 동화와 소년소설을 썼다고 회고했다.

136) 현재덕이 이어서 쓴 동화는 「연」(1939.10.1), 「남이와 감기」(1939.10.29), 「초가집과 기와집」(1940.1.14), 「새와 아버지」(1940.1.21), 「강아지」(1940.2.4), 「엿장수 할아범」(1940.2.11) 등이다.

린이시간을 담당하고 있던 이석훈(李石薰)이 김유정에게 동화 구연을 맡겼던 사실을 감안해 보면,[137] 이런저런 인맥이 작용하고 있는 것을 짐작할 수 있다. 현덕도 어린이 방송극 대본을 두 편 남겼다.

현덕의 왕성한 작품활동은 임화·김남천·백철 등에게 주목받는다. 동화 연재를 그만둔 뒤에 현덕은『조선일보』에 중편소설 「녹성좌(綠星座)」를 연재하는데, 이 작품에는 동요하는 사회주의 문화운동의 이념을 곧추 세우려는 작가의식이 두드러지게 드러나고 있다. 당시에 카프 계열의 문인들과 친분관계가 깊어지고 있음을 보여주는 것이다. 일제시대에는 「군맹」 이후로 더 이상 작품을 쓰지 않았다. 1930년대 말에 누구보다 열심히 창작활동을 했고 또 주목받는 신인작가였음에도 그의 소설이 일제 말을 대표하는 잡지 『문장』(1939.2~1941.4)과 『인문평론』(1939.10~1941.4)에 한 편도 발표되지 않은 점은 의아스럽다. 당시에 결핵으로 서울을 떠나 요양을 다녀왔다는 기록이 있는 것으로 보아,[138] 가난보다는 건강 문제가 창작활동의 가장 큰 장애였던 것 같다. 지금까지 확인된 바로는 1938년 「남생이」부터 1940년 「군맹」에 이르는 2년 남짓한 기간에 단편소설 9편, 동화 37편, 소년소설 10편, 방송극 동화대본 2편을 썼다. 간간이 수필도 발표했는데, 일제시대의 맨 마지막 글은 「할미꽃」(1941.6)이다. 이 짤막한 수필에는 그 시절 현덕의 심정이 잘 나타나 있다.

간밤 새도록 나리던 비 흔적 없이 개이고 엷은 햇빛 선명한 마당에 지렁이 한 마리 나와 돈다. 날씨 아직도 쌀쌀해 맨발 벗은 계집애 종아리 까칠하다. 내일모레도 맨발 벗긴 이르다 싶은데 그 종아리보다 더 연한 지렁이 왕모래 꺼칠꺼칠 드러난 마당에 한 걸음 한 걸음이 악전고투다. 눈 멀어 그런 양 머리 들어 이리저리 살피며 갈 길 몰라한다. 서너간 남짓한 좁은 마당이로되 고비사막만큼 끝

---

137) 이석훈, 「유정의 면모편편」,『조광』, 1939년 12월 참조.
138) 「청색포스트」,『박문』, 1940년 12월, 22면. 여기에 "현덕 씨 오랫동안 신병 요양차로 황해도 각지를 순례중이시드니 창신정 본댁에 돌아오시었다"고 하는 작가 동정에 관한 기록이 나온다.

없나 보다. 끝없는 사막에 지향 없는 길손처럼 헤맨다. 몸 굴렸다 피는 둔한 걸음
으로 되는 대로 옮기어 본다. 연한 몸둥아리에 온통 모래 되어 굴러도 본다.

그 형상 내 꼴 같어 저절로 콧속이 매웁고 조끔 눈물까지 맺힌다.

땅 속은 바깥보다 봄이 익어 가만히 엎디어 있지 못했더냐. 아니면 너 홀로
남보다 봄을 일찍이 느끼고 가만히 엎디어 있지 못했더냐. 아무튼 도토로 그것
은 죄인가 보다. 죄 아니면 이처럼 생이 욕될 수 있느냐 말이다.

그 마음 그대로 안고 성 밑을 산보하다 문득 걸음 멈추었다. 무심히 내려다본
발 아래 할미꽃 한 송이 피어 있다. 내 일찍이 이 길을 두고두고 거닐었으되 한
번도 보지 못했다. 아마는 하룻밤 사이에 꽃 되어 땅 속에서 솟아올랐나 보다.
도무지 꽃으로 믿어지지 않아 그 자리에 숙이고 앉어 일일이 살피어도 꽃은 꽃
이다. 진한 자주빛 꽃잎이며 노란 꽃술이며 빛깔과 그 모양 천의(天意) 그대로
아름답고 영화롭다.

아마는 지렁이의 뜻 이곳에 이루어져 꽃 되어 피어났나 보다. 간곡한 지렁이
의 뜻 이곳에 이루어져 꽃 되어 피어났나 보다.

내 저절로 콧속 매웁고 조끔 눈물까지 맺힌다.[139]

『동아일보』와 『조선일보』는 1년 전에 폐간되었고, "『문장』, 『인문평
론』, 『신세기』를 병합하여 하나를 만들되 일어 반분(半分)에 조선어를 반
분하여 황국정신 앙양에 적극 협력하라"고 하는 일제 당국의 최후통첩
으로『문장』과 『인문평론』도 1941년 4월호로 종간하였다.[140] 위의 글은
그 당시 아우 현재덕이 편집동인으로 있던 『신세기』 종간호에 실린 것
이다. 날씨가 아직 쌀쌀한 때에 왕모래 꺼칠꺼칠한 마당에 연한 몸뚱이
의 지렁이 한 마리가 악전고투를 벌이고 있다. 갈 길 몰라 헤매는 지렁
이한테서 현덕은 자신의 모습을 본다. 그렇게 생의 욕됨을 새김질하며
성 밑을 걷다가 금방 피어난 듯싶은 할미꽃을 또 발견한다. 이것을 간곡
한 지렁이의 뜻이라고 여기니 찡한 마음에 눈물이 맺힌다. 전시동원체

---

139) 현덕, 「할미꽃」 전문, 『신세기』, 1941년 6월.
140) 김근수 편저, 『한국잡지개관 및 호별목차집』, 영신아카데미 한국학연구소, 1973,
851~852면.

제는 양심적인 문화예술인의 숨통을 조여 왔다. 그렇게 광포한 시대상황은 고비사막처럼 끝이 보이지 않는다. 이성의 힘으로 어찌할 수 없는 막막한 상황에서는 마음속 깊이 간절한 염원을 품는 수밖에 다른 도리가 없다. 그런 염원이 당장 세상을 바꾸지는 못할지라도 타락과 훼절로부터 자신을 지키는 힘은 될 수 있었을 것이다.

일제시대 말기에 현덕은 절필하고 와카모도(若素) 제약주식회사의 조선출장소 광고부에서 일을 했다.141) 이 와카모도 제약회사의 조선출장소에는 이른바 '불령선인(不逞鮮人)'들이 많았다는데, 그건 초대 출장소장 다마야 고이찌(玉俗高一)가 일본의 리버럴리스트 작가였기 때문이라고 한다. 종로5가 회사 맞은편의 광산사무소에는 시인 오장환(吳章煥)이 근무하고 있었다. 임화와 오장환은 현덕을 보러 자주 회사에 찾아왔다.142) 임화의 집은 현덕의 집과 가까웠다. 서정주(徐廷柱)에 따르면,143) 당시 임화는 지하련(地河蓮)과 전농동에서 신혼살림을 차렸는데, 자신이 지하련과 친해서 임화의 집에 갈 때는 근처에 살고 있는 현덕의 집에도 들르곤 했다고 한다. 지하련도 현덕과 친했다. 서정주는 오장환이 현덕을 아주 좋은 사람이라면서 한번 만나 얘기해 보라고 권했기 때문에 현덕을 알게 되었다고 한다. "현덕은 남생이 마냥 침묵장이, 코끼리 마냥 조용했어. 남생이가 가가대소(呵呵大笑)하는 법이 없잖아." 서정주는 이렇게 현덕을 회고했다. 1940년대 들어 서정주는 만주로 가고 국내에 없었으므로 현덕이 임화와 오장환하고 교류한 시기는 등단 직후부터라고 할 수 있다.144) 오장환은 문단의 선배지만 나이는 현덕보다 훨씬 아래다. 오장환은 시 원고 뭉치를 들고 와서 현덕에게 보여주곤 했다.145) 당시

---

141) 전승묵과의 면담. 이 회사에서 기숙을 하며 급사일을 했던 전승묵은 태평양전쟁이 터진 무렵부터 해방 직후까지 현덕과 같이 근무했다고 한다.
142) 전승묵과의 면담.
143) 서정주와의 전화 면담. 1995년 1월 28일.
144) 김영수와의 면담. 김영수는 현덕을 마지막으로 본 것이 1940년 무렵 회기동에서 임화, 안회남, 현덕이 함께 한 술자리였다고 기억한다.

광고부엔 오장환과도 친한 박기성(朴基星)이라는 화가도 함께 일했다. 현덕과 박기성은 일본잡지 『개조』[146] 같은 걸 읽었으며, 회사에서 끝까지 창씨개명을 하지 않았다고 한다.[147]


## 3. 조선문학가동맹의 활동과 월북 이후


일제로부터의 해방은 소극적이고 수동적인 자의식에 갇혀 지낼 수밖에 없었던 작가들에게 새로운 민족문화 건설을 위한 적극적인 행동으로 나아가게 하는 계기가 되었다. 현덕이 다니는 와카모도 제약회사에서 일본인이 물러가자 종업원 주축의 자치조직이 만들어졌다. 이때 현덕은 종업원들로부터 관리위원장으로 추대되었다. 그렇지만 조선문학가동맹과 관련한 일로 바빠서 회사 일은 거의 관여하지 않았다고 한다.[148]

현덕이 진보적인 문학운동에 적극 가담하게 된 데에는 일제 말에도

145) 이때 쓴 시편들이 오장환의 제4시집 『나 사는 곳』(1947)에 실린 것이라 짐작된다.
146) 『개조』(改造, 1919.4~1944.6, 1946.1~1955.2)는 대정데모크라시 앙양기에 창간된 대표적인 종합지다. 시가 나오야의 장편 「암야행로」가 연재되었다. 소화기에 들어와 좌익적 색채를 띠었으며, 1935년경부터 시국편승적 경향을 강화했지만 군부의 압력으로 종전 직전에 폐간되었다(고재석 편저, 『일본문학·사상 명저사전』, 깊은샘, 1993, 576면 참조).
147) 전승묵과의 면담. 박기성은 해방 후 행적으로 보아 월북했을 것이라고 하는데, 나이 어린 전승묵에게 현덕은 매우 훌륭한 작가라고 자주 말했다고 한다. 현덕의 작품이 경성제대에서 텍스트로 쓰였다고도 말했다지만, 이는 확인되지 않는다. 전승묵은 당시 현덕과 박기성 같은 분들이 자기한테 민족의식을 많이 심어주었으며, 시를 습작했을 때 누구보다 현덕이 관심을 많이 가져주었다고 한다.
148) 전승묵과의 면담. 현덕은 종업원 사이에서 군자로 통했다. 그런데 현덕이 조선문학가동맹의 일로 경황이 없는 사이에 종업원 관리위원회의 사무국 사람들은 물건을 만들기보다 기자재를 팔아치우는 데에만 관심을 두었고, 현덕은 이런 사실을 못마땅하게 여겼다고 한다.

꾸준히 교류해온 임화·오장환 등의 영향이 컸을 것이다. 주지하다시피 임화는 조선문학건설본부(1945.8.16)와 조선프롤레타리아문학동맹(1945.9.17)이 통합되고 전국문학자대회(1946.2.8~2.9)를 거쳐 조선문학가동맹이 결성되는 과정149)에서 핵심적인 위치에 있었다. '진보적 민족문학'의 기치를 내건 조선문학건설본부와 카프의 정통성에다 계급성의 강화를 내세운 조선프롤레타리아문학동맹은 갈등관계에 있었지만, 현덕과 가까운 임화·김남천·이원조·이태준·안회남·오장환 등이 참여하고 있던 조선문학건설본부 쪽이 조선공산당(뒤에는 '남로당'으로 통합)의 정치노선을 배경으로 조선문학가동맹의 주도권을 잡는다. 조선문학가동맹의 기본노선은 현덕의 작가적 지향과 크게 어긋나는 것이 아니었다. 조선문학가동맹은 단순히 일제시대 카프의 후신이 아니라, 그 구성원으로 보아 1930년대 후반에 조성된 리얼리즘과 모더니즘의 합류 기운이 만들어낸 범문단세력의 결집체였다. 당시 분위기에서 조선문학가동맹은 "문단 전체가 일렬로 대행진을 한다는 공동전선" 같은 것으로 "문학예술인이 대동 합류"하는 모습이었다고 한다.150)

현덕은 1946년 2월 8일과 9일 양일간의 제1차 전국문학자대회에 참여한다.151) 여기서 확정된 조직 임원은 위원장 홍명희(洪命熹), 서기장 이원조, 소설부 위원장 안회남, 아동문학부 위원장 정지용(鄭芝鎔)이고, 현덕은 소설부와 아동문학부의 위원에 소속되었다.152) 1946년 8월 10일 조선문학가동맹 서울시지부가 결성되었을 때 현덕은 소설부 책임자였고, 조선문학가동맹 제3회 중앙집행위원회의 결정으로 대중화위원회(1946.11)가 구성되었을 때에도 위원으로 참여한다. 한편, 조선문학가동맹의 기본노선을 둘러싸고 문학건설본부 쪽과 갈등했던 조선프롤레타리아문학동

---

149) 「조선문학가동맹 건설사업 개황보고」, 『문학』 1호, 1946년 7월 참조.
150) 백철, 『문학자서전―후편』, 박영사, 1975, 305면.
151) 제1회 조선문학자대회 회의록, 『건설기의 조선문학』, 1946, 205~208면.
152) 「조선문학가동맹위원 명부」, 『문학』 1호, 153면.

맹 쪽의 주요 구성원은 일찍 월북하거나 조직에서 빠져나간다. 이 때문에 1946년 11월 8일 중앙집행위원을 비롯한 조선문학가동맹의 임원이 개편되는데, 김남천을 서기장으로 하고 현덕은 출판부장직을 맡아 기관지 『문학』의 편집 일을 보았다.[153]

이렇듯 문학운동에 열중하는 가운데 현덕은 일제시대에 쓴 소설과 아동문학 작품들을 모아 작품집을 펴낸다. 소설집 『남생이』(1947), 동화집 『포도와 구슬』(1946), 『토끼 삼형제』(1947), 소년소설집 『집을 나간 소년』(1946) 등 4권이다. 김남천은 소설집 『남생이』 발문에서 "병고를 무릅쓰고 문학운동과 문예공작에 종사하는 인간으로서 이 성실성이 문학적으로 결실할 것을 바라마지 않는"다고 쓰고 있다.[154] 병약한 그로서는 조선문학가동맹의 활동과 작품 창작을 동시에 밀고 나가기 힘들었던 것으로 보인다. 해방 직후에 이원조는 작가 채만식과 대화하면서 "채 형은 8·15 후 아직 한 편도 쓰지 않았는데 내가 경애하는 작가 가운데 아직 작품 안 쓴 이가 채 형과 현덕 씨뿐"[155]이라고 말하고 있다. 현덕은 조선문학가동맹이 주관한 제1회 소설간담회에 참여한 바 있다.[156] 이밖에는 틈틈이 아동잡지에 소년소설을 연재하고 있었음이 확인된다.[157] 해방 직후의 상황을 배경으로 하는 소년소설 「행진곡」과 「아름다운 새벽」은 작품의 완성 여부를 알 수 없다.[158]

1948년 남한 단독정부 수립으로 정국이 치달으면서 조선문학가동맹

---

153) 권영민, 『해방직후의 민족문학운동연구』, 서울대 출판부, 1986, 21면.
154) 김남천, 『남생이』의 발문.
155) 「창작합평회」, 『신문학』 2호, 1946년 6월.
156) 「해방 후의 조선문학―제1회 소설가 간담회」, 『민성』 6호, 1946년 4월.
157) 「행진곡」은 중학생 월간 잡지 『진학』(학생사 발행, 1946.3)에, 「아름다운 새벽」은 『어린이세계』(신기문화사 발행, 1947.5)에 모두 두 번째 연재물로 실려 있다. 아마 이들 잡지가 중단되면서 연재도 중단되지 않았을까 여겨진다.
158) 「아름다운 새벽」의 1, 2회분 줄거리와 주인공 이름을 보면, 이 작품이 뒤에 『광명을 찾아서』(동지사아동원, 1949)라는 제목으로 출판되었을 가능성이 크다. 자세한 내용은 제5장에서 다룬다.

의 활동은 제약을 받는다. 이미 이태준·임화·김남천·안회남 등이 차
례로 월북했고, 현덕·배호(裵皓)·김영석(金永錫)·이용악(李庸岳)·이병철
(李秉哲) 등 새로운 중진을 중심으로 조직과 운동이 이뤄졌다.159) 기관지
『문학』의 편집 겸 발행인은 7호부터 이태준에서 현덕으로 바뀐다. 조선
문학가동맹은 단정 반대 의사표명과 더불어 남로당 중앙서기국의 임시
헌법초안을 절대적으로 지지하는 성명을 발표한다.160) 『문학』 8호(1948.7)
는 「구국문학의 방향」을 권두언으로 해서 발행되었다. 하지만 정세는
갈수록 불리해졌다. 마침내 8월 15일 남한 단독정부가 수립되자 조선문
학가동맹은 더 이상 합법적으로 존속할 수 없게 된다. 문맹원에 대한 체
포령이 발동되었고, 중등교과서에서 좌익으로 분류된 작가들의 작품이
삭제되었다. 현덕의 작품은 「경칩」과 「꽃」이 포함되었는데,161) 「꽃」은
수필인지 아니면 제목을 잘못 적은 것인지 확실하지 않다. 이제 월북하
지 않은 동맹원은 지하로 숨어들거나 강제 전향자 단체인 국민보도연맹
(國民保導聯盟)에 가입해야만 했다.

이런 사정 때문에 현덕의 월북 시기를 1947~48년경으로 보는 경우도
있지만,162) 현덕은 서울에 남아 지하로 숨어들었다.163) 이병기(李秉岐)·
양주동(梁柱東)·채만식·염상섭·백철·정지용·박태원·김기림(金起林)
등 동맹에 이름이 올랐던 이들이 보도연맹에 가입했고, 더 이상 조선문
학가동맹의 노선을 따르는 활동을 펼칠 수 없었다. 그런데 상대적으로
정치적인 문제에서 직접성을 띠지 않는 아동문학 쪽에서는 어느 정도

---

159) 윤여탁, 「해방정국의 문학운동과 조직에 대한 연구」, 『해방공간의 문학운동과 문학
　　의 현실인식』(김윤식 외), 한울, 1989, 69면.
160) 「동맹소식」, 『문학』 7호, 1948년 4월, 130면.
161) 임헌영, 「미군정기의 좌우익 문학논쟁」, 『해방전후사의 인식』 3(박현채·김남식 외),
　　한길사, 1987, 509면.
162) 김하철, 앞의 글; 정영진, 앞의 책.
163) 이계희와의 면담. 이계희가 현재덕과 가정을 꾸린 1949년 무렵에 이미 현덕은 피신
　　중이었다고 한다. 아우 현재덕은 연행된 적도 있고 결국 보도연맹에 가입했으나, 그렇
　　지 않은 현덕을 찾아내라고 형사들이 자주 집에 들렀다고 한다.

조선문학가동맹의 노선에 입각한 활동이 가능했다. 동지사아동원(同志社
兒童園)에서 발행한 『아동문화』(1948.11)와 『어린이나라』(1949.1~1950.5)에는
조선문학가동맹에 참여했거나 보도연맹에 강제로 가입한 문인들이 대
거 참여하고 있었다.164) 『아동문화』는 어른을 상대로 하는 비평 중심의
잡지였기에 1집으로 그쳤지만, 아이들을 상대로 하는 『어린이나라』는
6·25 동란이 일어나기까지 발행되고 있었다. 『어린이나라』를 발행한
동지사아동원은 피신 중이던 현덕의 원고를 넘겨받아 장편 소년소설
『광명을 찾아서』(1949)를 펴낸다.165) 이어서 『어린이나라』에는 현덕의 새
작품을 연재할 것이라는 예고가 나오다가 결국에는 작가 사정으로 무산
되었음을 알린다.166) 당시 현덕은 보도연맹에 가입할 것을 강요하는 기
관원들을 피해 지하로 잠적해 있던 형편이었으므로 연재물을 쓴다는 것
은 무리일 수밖에 없었다. 아우 현재덕은 보도연맹에 가입하고 어린이
잡지에 삽화를 그렸으며, 동지사아동원의 구연동화반에서 활약했다.167)

---

164) 원종찬, 「이원수의 '숲속나라'와 해방기 민족현실」, 『아동문학과 비평정신』, 창작과
비평사, 2001 참조.

165) 『어린이나라』 1949년 1월호의 「편집실에서」를 보면 "현덕 선생님께서 해방 후에 처
음 써내신 장편 소년소녀소설 『광명을 찾아서』를 지금 우리 사에서 내이기에 바쁜 중
입니다" 하는 광고가 나오고, 4월호에는 이 책이 김의환의 장정으로 나왔음을 알리는
광고가 나온다.

166) 『어린이나라』 1948년 4월호의 「편집실에서」를 보면 "5월호에는 여러 가지로 욕심을
부리기로 했습니다. 새로 현덕 선생님께서 연재소설을 써주십니다. 얼마나 재미있는 소
설을 주실지 여러분과 더불어 손꼽아 기다리기로 합시다" 하는 광고가 나오고, 5월
호에는 "끝으로 한 가지 사과의 말씀을 드려야 하겠습니다. 그것은 전호에서 예고한 현
덕 선생님의 연재소설이 부득이한 사정으로 이번에는 못 실리게 된 것입니다. 다음호
부터 꼭 실려질 것이오니 눌러 용서하시기 바랍니다" 하는 광고가 나온다. 예고된 현덕
의 작품은 끝내 실리지 못했다.

167) 동지사아동원의 동화반은 박두루미(朴仁範)·홍은순(洪銀順)·현재덕 세 명으로 구
성되었다. 이들은 당시 라디오 방송에 출연하고 있어서 어린이들에게 잘 알려져 있었
다. 동지사아동원은 동화반을 적극 뒷받침하면서 전국 각지의 초등학교를 순회했다
(『어린이나라』, 1949년 4월, 17면; 1949년 5월, 39면). 하나 주목되는 것으로, 이들은 직
장에 다니는 근로청소년을 찾아다니며 동화 구연을 하기도 했다. 영등포에 있는 고려
방직회사 같은 경우가 대표적이다(「일하는 누나들을 찾아서-방직공장 방문기」, 『어린
이나라』, 1949년 5월, 33~35면).

또한 현재덕은 우리 고전이나 『삼국지』 같은 걸 번역해서 현덕의 감수를 받아 출판하기도 했다.[168] 이 시기에 현덕은 사회주의 리얼리즘의 대표작인 『고요한 동』(제1권, 1949)을 이홍종(李洪鍾)과의 공동번역으로 펴낸다. 이 번역 작품은 '가파른'을 '강파른'으로 쓰는 등 현덕의 독특한 문체가 살아 있는 것을 확인할 수 있다. 러시아어를 전공한 이홍종이 초역을 하고 현덕은 문장을 다듬었을 것이라 여겨진다.[169]

호적에 올라 있는 것은 아니지만, 현덕은 해방을 전후한 시기에 아내를 맞아 가정을 꾸렸다. 해방 뒤에는 조선문학가동맹의 사무실이 있는 원남동에 거주했는데, 당시 '문화주택'에 해당하는 적산가옥을 하나 얻어 식구가 전부 모여 살았다. 이 집은 아우 현재덕이 다달이 돈을 내고 불하받은 것이다. 나중에 아우 현재덕이 결혼을 하자 현덕 식구는 돈암동으로 따로 분가한다. 이때 현덕은 5살쯤 되는 딸이 있었다고 한다.[170]

1950년 6월 28일 북한 인민군이 서울을 점령하자 월북했거나 지하로 숨어들었던 작가 예술인 대부분이 모습을 드러낸다. 7월에는 서울시임시인민위원회의 '고시3호'에 의해 모든 사회단체들은 등록을 해야만 했다. 당시의 등록문서를 보면, 조선문화단체총연맹의 서기장은 김남천이고, 부위원장은 임화다.[171] 남조선문학가동맹의 제1서기장은 안회남, 제2서기장은 현덕, 선전부장 이용악, 사업부장 이병철이다.[172] 안회남은 남한에서 활동하다 가장 늦게 월북했고, 현덕은 지하에서, 이용악과 이

---

168) 이계희와의 면담. 현재덕의 원고를 모친이 몰래 뒷골목으로 해서 숨어 있는 현덕에게 갖다 주었고, 현덕이 문장을 다듬어 주면 현재덕은 출판사로 넘기곤 했다고 한다. 현재덕이 번역한 『삼국지』 전5권(1950년 4월 발행. 성당서점) 같은 것이 대표적이다.
169) 김병철, 『한국근대번역문학사연구』, 을유문화사, 1975, 913면. "이홍종이 노문학 전공이라 이 역서는 노어 직접역일 것이다."
170) 이계희와의 면담. 호적상의 결혼 신고는 1950년 1월 9일자로 되어 있지만, 현재덕과 만나고 첫인사는 임화였다고 하니 임화가 월북하기 전에 동거를 시작한 셈이다. 현재덕의 딸 현영아는 1950년 2월 12일 생이다.
171) 오제도 편, 앞의 책. 641면.
172) 오제도 편, 위의 책, 538면.

병철은 감옥에서 나왔으니, 월북하지 않았어도 보도연맹에 가입하지 않은 점이 중요하게 평가되었을 것이다. 동란 초기 남조선문학가동맹의 활동은 조직과 선전활동을 중심으로 전개되었다.173) 현덕은 이런 일에 적극성을 보일만한 성격은 못된다. 그래서인지 동란 시기의 활동을 회고하는 자료들에서 현덕의 이름은 좀체 찾아지지 않는다. 그가 보도연맹에 가입하지 않고 숨어 지내다 바깥으로 나왔다는 사실, 눈에 띄지 않을 정도로 조용한 성품이라는 사실 등을 엿볼 수 있는 기록이 겨우 하나 발견된다.

> 종로 네거리 한청빌딩에는 문학동맹과 연극동맹과 미술동맹이 판을 차리고 이른바 김일성의 노래와 소위 인민항쟁가가 귀를 아프게 했다. 문학동맹에는 형무소에서 소위 해방되어 나왔다는 이용악과 이병철이 창백한 얼굴에 도끼눈을 하고 있었고, 소위 지하에서 나왔다는 현덕이 앉아 있었고, 이북에서 넘어 왔다는 안회남이 위원장이 되어 호령을 하고 있었다.174) (강조는 인용자)

현덕의 월북 과정에 대해서는 제수 이계희의 증언이 유력하다. 1950년 '9·28 서울 수복' 시에 현덕과 그의 아우 재덕이 먼저 월북을 한다. 그리고 다음 해 '1·4 후퇴' 때 현덕은 어머니와 처자식을 데리고 갔다. 이때 현덕은 딸 하나를 더 두어 아내와 두 딸이 딸려 있었다. 그런데 재덕의 처 이계희는 딸과 함께 친가에 피신 중이었기 때문에 그대로 이곳에 남게 되었다. 부친 현동철도 따라 올라가지 않았는데, 그는 여느 때처럼 바쁘게 돌아다닐 뿐 월북을 원하지 않았다고 한다.175)

---

173) 이기봉, 『북의 문학과 예술인』, 사사연, 1986, 262면. "문학가동맹 위원장은 북에서 온 안회남이 맡고, 그 수하로 서울에 남아 있다가 제 세상을 만난 듯 뛰쳐나온 이병철, 이용악 등이 맹활약을 개시했다. 당시 김일성 참모부는 그 중요한 점령지 선전공작 임무를 박헌영 계열의 예술인들에게 일임했다. 이들의 첫 성명은 '과거 프로예술을 하다가 대한민국에 전향하여 보도연맹에 가입한 자는 즉시 자수하라'는 것이었다."

174) 허남희, 「6·25와 문화인의 양심」, 『현대공론』, 1954년 6월, 92~97면. 한민성 편, 『추적 정지용』, 갑자문화사, 1987, 38면에서 재인용.

175) 현덕의 부친은 1953년 6월 30일 사망한 것으로 신고 되어 있다. 현덕의 다른 형제들,

현덕은 월북과 동시에 작가단으로 배속되어 활동을 전개한다. 「하늘의 성벽」·「복수」·「첫 전투에서」 등이 그 산물이다. 현덕은 "이승만 매국도당의 통치지구에 있다가 인민군대에 의하여 해방"된 작가로서 "해방의 열정을 가지고 자기 조국과 인민을 노래"한 작가의 한 명으로 칭송되었다.176) 하지만 1953년 휴전 직후 남로당 계열 문인들에 대한 숙청 작업이 한창일 때 현덕의 작품은 신랄하게 비판당한다. 이는 임화·김남천·이원조 등과 친분이 깊고 그들의 노선을 따라 활동해온 것과 무관하지 않다. 현덕은 정치조직에는 깊이 관여하지 않았기 때문인지 최악의 형벌은 피해갔다. 그렇긴 해도 1956년 10월 조선작가동맹 제2차 작가대회에서 결정된 동맹의 위원명단에 현덕의 이름은 소설분과와 아동문학분과 어디에도 보이지 않는다.177) 이 명단에는 이태준·박태원·안회남의 이름도 보이지 않는다. 월북문인과 관련된 북한의 숙청은 세 차례에 걸쳐 이루어졌는데, 1953년에는 임화, 1956년에는 이태준, 1962년에는 한설야(韓雪野) 추종세력이 숙청되었다고 한다.178) 제2차 작가대회의 명단에 현덕의 이름이 빠진 것은 1953년 임화와 함께 숙청되어 복권이 이뤄지지 않은 결과인지, 아니면 약간의 활동을 벌이다가 1956년 이태준과 함께 숙청당한 결과인지 확실하게 알 수 없다.

현덕의 이름이 다시 나타나게 되는 때는 천리마운동이 한창인 1960년을 전후한 시기다. 이 시기에 그는 소설 창작과 더불어 단편소설에 대한 생각을 잇달아 발표하는 등 비교적 활발하게 움직였다. 그 결과로 현덕은 단편소설집 『수확의 날』(1962)을 펴낸다. 북한의 작가는 비밀작가, 직

곧 형 경종은 1929년에 상해 공동조계 쟈나레루 병원에서 사망했고(호적부), 누님 경희는 1932년에 결혼해서 남쪽에서 살다가 1988년경 사망했으며, 누이동생 경랑은 1940년에 결혼해서 첫 아기를 낳다가 사망했다고 한다(이계희와의 면담).

176) 엄호석, 「조국해방전쟁과 우리 문학」, 『인민』, 1952; 이선영·김병민·김재용 편, 『현대문학비평자료집－이북편』 2권, 태학사, 1993, 228면.

177) 『조선문학』, 1956년 11월; 김재용, 『북한문학의 역사적 이해』, 문학과지성사, 1994, 167~169면.

178) 한국비평문학회, 『혁명전통의 부산물－납월북문인 그후』, 신원문화사, 1989, 178면.

장을 가진 작가, 해방 작가 등 3가지로 분류되는데, 현덕은 한때 대남심리 원고를 집필하는 비밀작가로 일했고, 직장에 얽매이지 않고 창작생활만을 하는 해방 작가로서 남포의 우산장 창작실과 평양시 창작실을 거쳤다고 한다.[179]

소설집 『수확의 날』을 펴낸 이후로 현덕의 이름은 다시 발견되지 않는다. 1962년 한설야 숙청시에 함께 퇴장당한 것으로 여겨지는데, 당시 한설야 일파로 몰린 월북문인은 "이북명, 이근영, 황건, 김영석, 안회남, 현덕, 송영, 신고송, 한태천, 김북원 등 무려 30여명에 달했다"[180]고 한다. 북한의 문학사는 현덕에 대해 일체 언급이 없다. 이는 그의 아우 현재덕이 화가로서 또 동화작가로서 비중 있게 이름을 남긴 것과는 대조적이다.[181] 아직까지 현덕의 생사조차 확인되지 않고 있다.

---

179) 한국비평문학회, 위의 책, 188면.
180) 한국비평문학회, 위의 책, 180면.
181) 연변에서 나온 김만석의 『아동문학개론』(동북조선민족교육출판사, 1993)을 보면, '해방 후 북조선 아동문학사' 항목에서 현재덕의 동화 「겨울을 이겨낸 벌과 꽃」을 성과작이라고 평가하고 있다(252면). 한편, 한겨레통일문화재단 홈페이지(koreahana.net)의 '조선미술갤러리'에는 현재덕의 북한 행적이 적잖게 소개되어 있다. 주요 사항을 간추리면 이러하다. 6 · 25 전쟁중 월북하여 아동문학 작가로 활동하면서 동화집 『겨울을 이겨낸 꿀벌』을 냈고, 예술삽화도 그렸다. 『아동문학』의 예술삽화를 담당하면서 1954년에 조선작가동맹과 조선미술가동맹에 가맹하였다. 1955년 이후부터 조선미술가동맹 아동미술분과 지도원이 되었고, 출판과 아동화에 주력하였다. 매년 100여 점의 아동화를 문예잡지와 소년단잡지, 소년신문들에 실었고 수많은 아동화를 미술전람회에 출품하였다. 1971년 조선작가동맹을 탈퇴한 후 사리원미술창작사 미술가로 활동하였다. 1950년대와 1960년대에 이르는 20여 년 간 주요 잡지와 신문들에 삽화를 독점하다시피 게재하여, 당시의 소년단과 청년층이었던 사람들에게 이름이 널리 알려져 있다.

# 3

## 현덕 창작활동의 문단 배경

1930년대는 만주사변(1931)·중일전쟁(1937)·태평양전쟁(1941)으로 이어지면서 파시즘이 득세하고 전시동원체제가 강화되던 때다. 또 식민지 자본주의가 본격 가동하면서 이농민·도시빈민·실업자를 양산하는 사회 문제가 날로 심화되었다. 그러나 한편으로는 팽창하는 도시를 배경으로 오늘날 우리가 당연하고 익숙하게 여기는 근대성의 여러 양상이 일상의 풍경으로 자리잡아나가던 때이기도 하다. 이른바 '모던'한 삶의 방식이 하나의 유행으로서 대중의 감성을 지배하기 시작했고, 이러한 현상 앞에서 이념적 지식인들은 더욱 무력감에 빠져들 수밖에 없었다. 개조와 계몽에 대한 의지는 절망과 환멸로 바뀌어갔다.

이 시기의 주요 문학적 사건은 구인회(1933)의 등장과 카프의 해산(1935)이다. 구인회는 사회성을 강조하는 카프의 리얼리즘과는 거리를 두면서 새로운 감수성과 언어의 혁신을 강조하는 모더니즘을 들고 나왔다. 구인회는 카프처럼 조직적으로 운동을 벌이지는 않았지만 주요 구성원이 신문과 잡지의 편집을 담당하고 있었기 때문에, 왕성한 작품활동과 더불어 문단의 영향력을 넓혀갔다. 이에 반해 카프는 1931년과 1934년 두 차례에 걸쳐 주요 구성원이 검거되거나 전향하는 등 내외적 난관에 봉착하면서 영향력을 잃어가고 있었다.

이렇게 해서 1930년대 문학은 모더니즘과 리얼리즘이 대립하는 가운데 모더니즘의 창작 경향이 증대하고 리얼리즘의 창작 경향은 축소하는 듯했다. 하지만 모더니즘과 리얼리즘의 대립은 일면적인 것으로 1930년대 후반기로 들어서게 되면 이 둘은 자기 반성 속에서 합류하는 모습을 보인다. 모더니즘과 리얼리즘의 이론을 각각 주도했던 김기림과 임화의 글에서 이런 사실을 확인할 수 있다. 무엇보다 1930년대에 새로 등장한 주요 작가들의 작품은 모더니즘과 리얼리즘의 어느 한쪽에만 귀속시킬 수 없는 특질을 지닌다. 모더니즘이 방법을 강조했다면, 리얼리즘은 정신을 강조했으니, 1930년대 문학의 도정을 모더니즘에 의해 쇄신된 리얼리즘의 발전으로도 바라볼 수 있다.

임화는 이 시기 소설의 딜레마를 시대 현실의 중압감을 들어 설명한다. "작가의 희망을 살리려면 리얼리즘을 버리고 로맨티시즘을 취"하지 않을 수 없고 "현실을 있는 대로 그리면 (…중략…) 오히려 암담한 절망을 얻게 되"는 현실, 곧 "작가의 생각을 살리려면 작품의 사실성을 죽이고 작품의 사실성을 살리려면 작가의 생각을 버리지 아니할 수 없"다는 것이다.182) 당시 소설이 이른바 세태소설(世態小說)과 내성소설(內省小說)로 분열해간 현상 역시 "시대의 이상과 현실이 너무나 큰 거리로 떨어져 있는 현실 자체의 분열상의 반영"183)이다. 1930년대 후반기문학은 "말하려는 것과 그리려는 것과의 분열"184)을 경험하지 않을 수 없는 혼

---

182) 임화, 「세태소설론」, 『문학의 논리』, 347면. 이하 임화의 글은 『문학의 논리』에서 인용했다.
183) 임화, 위의 글, 347~348면.
184) 임화, 위의 글, 346면.

돈과 방황, 절망의 현실을 배경으로 한다. 리얼리즘은 이 새로운 현실에 직면하여 아이디얼리즘으로 증발하느냐, 아니면 자연주의로 포복하느냐의 갈림길에 처한 것이다. 이런 상황을 전제로 임화는 "시민적 개성의 문학을 집단적인 개성으로 여과"[185]한 경향문학은 고전적 의미의 소설 곧 본격소설에는 미달이었다고 평가하고, 조선문학의 발전과정에서 "당연히 한사람의 푸루스트 한사람의 조이스가 있어야 할 것"[186]인데 "겨우 최근에 와서 이상(李箱)이라든가 태원(泰遠)이라든가를 가졌다"[187]고 하면서 모더니즘을 하나의 주요 계기로 파악하고 있음을 보여준다. 그는 '세태'와 '심리'로 분열된 소설의 스타일을 지양함으로써 '본격소설'로 나아갈 수 있다고 주장했다.

주로 시단을 염두에 두고 논리를 전개한 김기림은 신문화의 코스를 한마디로 "근대의 추구"[188]라는 관점에서 다시 엄밀하게 검토할 필요가 있다고 하면서, 모더니즘을 그 "역사적 필연성과 발전"[189]으로 바라보아야 한다고 했다. 그는 "영구한 모더니즘이란 듣기만 해도 몸서리치는 말"[190]이라고 고백하면서도 모더니즘을 문명에 대한 새로운 태도로 규정하여 그 역사적 의의를 평가한다. 그에 의하면 조선에서는 모더니스트들에 이르러 비로소 20세기의 문학이 의식적으로 추구되었다. 곧 모더니즘에 의해 "우리 신시학상에 비로소 도회의 아들이 탄생했던 것"[191]이다. 김기림은 모더니즘이 두 개의 부정을 준비했다고 한다. "하나는 로맨티시즘과 세기말문학의 말류(末流)인 센티멘탈·로맨티시즘을 위해서고 다른 하나는 당시의 편내용주의의 경향을 위해서였다."[192]

---

185) 임화, 「본격소설론」, 위의 책, 376면.
186) 임화, 위의 글, 369면.
187) 임화, 위의 글, 370면.
188) 김기림, 「우리 신문학과 근대의식」, 『인문평론』, 1940년 10월, 57면. 이하 김기림의 글은 『시론』(백양당, 1947)에서 인용했다.
189) 김기림, 「모더니즘의 역사적 위치」, 『인문평론』, 1939년 10월, 72면.
190) 김기림, 위의 글, 같은 곳.
191) 김기림, 위의 글, 75면.

"전통적 센티멘탈·로맨티시즘에 향해서 공격한 것은 내용의 진부와 형식의 고루였고 편(偏)내용주의에 대한 불만은 그 내용의 관념성과 말의 가치에 대한 소홀"이었다.193) 그러나 1930년대 중반에 와서 모더니즘은 안팎의 위기에 부딪힌다. "말의 중시가 그 말류의 손으로 언어의 말초화로 타락되어가는 경향"으로 나타났고, "명랑한 전망 아래 감수하던 오늘의 문명이 점점 심각하게 어두워가고 이지러져가"고 있다는 것이다.194) 모더니즘은 어떻게 이 위기에서 벗어날 수 있는가?

> 이에 시를 기교주의적 말초화에서 끌어내고 문명에 대한 시적 감수에서 비판에로 태도를 바로잡아야 했다. 그래서 사회성과 역사성을 이미 발견된 말의 가치를 통해서 형상화하는 일이다. 이에 말은 사회성과 역사성에 의하여 더욱 함축이 깊어지고 넓어지고 다양해져서 정서의 진동은 더욱 가해야 했다.
> 전시단적으로 보면 그것은 그 전대의 경향파와 모더니즘의 종합이었다. 사실로 모더니즘의 말경에 와서는 경향파계통의 시인 사이에서 말의 가치의 발견에 의한 자기반성이 모더니즘의 자기비판과 거의 때를 같이하여 일어났다고 보인다. 그것은 물론 모더니즘의 자극에 의한 것이라고 보여질 근거가 많다. 그래서 시단의 새 진로는 모더니즘과 사회성의 종합이라는 뚜렷한 방향을 찾았다. 그것이 나아가야 할 오직 하나의 바른 길이었다.195)

'모더니즘과 사회성의 종합'을 오직 하나의 바른 길이라고 힘주어 말하는 김기림의 이 글은 시론(詩論)으로서의 정합성에 앞서서 전체 문단을 향해 내놓은 발언으로서 더욱 큰 의미를 띤다. 이 시기에 임화 역시 조선 근대문학의 도정을 한층 폭넓은 시야로 바라보고 있었다. 1940년 1월, 『조선일보』는 중견과 신인을 한 명씩 짝지어 대담하는 시리즈를 마련했는데, 임화는 김광균(金光均)과의 대담 첫 회분에서 시단의 기교주의

---

192) 김기림, 위의 글, 74면.
193) 김기림, 위의 글, 76면.
194) 김기림, 위의 글, 77면.
195) 김기림, 위의 글, 같은 곳.

반성을 주목했고,[196] 두 번째 회분에서는 돌아갈 과거를 갖지 못한 신세대의 고독, 막막, 비애를 거론하면서 그들의 절박한 심정에 기대를 갖는다고 했다.[197]

1930년대 후반기에 부상한 신세대작가는 이런 분위기에서 활동한 작가들이다. '신세대작가'라는 말은 신진작가들에 대한 문단의 관심이 저널리즘에 의해 기성작가와 신인작가 사이의 갈등으로 비화되어 마침내 세대논쟁까지 벌이게 된 데에서 붙여진 이름이다. 이원조는 1930년대 중반 무렵에 「신인론」을 써서 기성작가와 신인작가에 대한 개념을 정리하고 각 세대가 지니는 문제점을 지적한 바 있다.[198] 이원조의 문제의식은 신인작가의 '신인다운 기백'과 기성작가의 '대가다운 풍격'이었다. 이런 구도는 경향파와 비(非)경향파 또는 리얼리즘과 모더니즘으로 양분된 그때까지의 문단 구도와는 사뭇 다른 것이다. 이원조는 당시에 홍기문이 부장으로 있는 『조선일보』 학예부에 근무하고 있었다. 『조선일보』는 홍기문의 부친 홍명희가 부회장을 역임한 신간회(新幹會)의 좌우합작 운동에 가장 큰 관심을 보여준 신문이었는데, 1930년대 후반에 그곳 출판부는 문학전집의 발간과 신인의 발굴에 남다른 힘을 기울이면서 문인들의 사랑방 구실을 하고 있었다. 신인작가에 대한 관심은 새로운 문학에 대한 관심과 기대일 것이며, 신인작가의 작품이 문단의 이목을 끌기에 충분할 만큼 수준이 높아진 현상과 무관하지 않다. 1930년대 중후반 주요 신문사의 신춘문예 당선작은 박노갑의 「안해」(1933), 박영준(朴榮濬)의 「모범경작생」(1934), 김유정의 「소낙비」(1935), 김동리(金東里)의 「화랑의 후예」(1935) 「산화」(1936), 김정한(金廷漢)의 「사하촌(寺下村)」(1936), 정비석(鄭飛石)의 「성황당」(1937), 현덕의 「남생이」(1938), 김영수(金永壽)의 「소복(素服)」(1939) 등이 수놓고 있었다. 1937년 1월 『조선일보』는 「신인들의 말」이

---

196) 임화·김광균 대담, 「경향파와 모더니즘」, 『조선일보』, 1940년 1월 13일자.
197) 임화·김광균 대담, 「이 시대의 성격과 정신」, 『조선일보』, 1940년 1월 14일자.
198) 이원조, 「신인론」, 『조선일보』, 1935년 10월 10일자.

라는 특집 기획을 통해 최인준(崔仁俊)·김소엽(金沼葉)·오장환 등의 글을 잇달아 내보냈다. 조선일보사 출판부는 현덕·정비석·박노갑·허준(許俊)·김소엽·김정한·차자명(車自鳴)·김동리·계용묵(桂鎔默)·현경준·박영준·박노갑 등 11명 신인작가들의 작품으로 1938년에 『신인단편걸작집』을 펴냈고, 『조광』지는 1939년 1월호에 박노갑·허준·김소엽·계용묵·정비석·현덕 등이 참석하는 「신진작가 좌담회」를 마련했다. 이어서 4월호에는 「신진작가의 문단호소장」이라는 기획을 통해 김동리·정비석·김영수·차자명·최명익(崔明翊)·김소엽·이운곡(李雲谷)·현경준·박영준 등의 주장을 실었고, 5월호에는 「신진작가를 논함」이라는 기획을 통해 기성작가들의 신인에 대한 평가를 실었다. 1940년에 와서도 『조광』·『인문평론』·『매일신보』·『신세기』 등에서는 잇달아 세대론을 기획해서 내보내고 있다.[199] 이러한 일련의 기획과 논의들은 경향파와 비경향파 또는 리얼리즘과 모더니즘의 대립을 보이던 문단의 판도가 상당히 바뀌었음을 실감케 해주는 것이다.

「신진작가 좌담회」에서는 박노갑과 현덕 사이에서 기성작가를 그리 염두에 두지 않는다거나 사숙할 만한 선배작가가 없다는 정도의 말이 나왔다. 사실 박노갑과 현덕은 기성작가와 연령상의 차이가 없으며, 그렇다고 발언의 내용이 문학관의 차이를 드러낸 것도 아니었다. 그러나 「신진작가의 문단호소장」에 와서 김동리와 정비석은 기성평론가들에게 노골적인 불만을 표시함으로써 공격적인 태도를 분명히 했다. 이후 유진오(兪鎭午)와 김동리 사이에 세대논쟁이 불붙어 '순수논쟁'으로까지 이어지게 된다. 이때의 주장이 어떠했든 등단 작품으로 본다면, 김동리의 「화랑의 후예」는 이태준의 「불우선생」과 그리 멀리 떨어져 있지 않고, 「산화」는 카프 계열의 빈궁문학과 그리 멀리 떨어져 있지 않은 것이었다.

한편, 임화는 짐짓 신인들에게 불만을 표시하는 듯해도, 신세대작가

---

199) 김윤식, 『한국근대문예비평사연구』, 일지사, 1976; 김영민, 『한국문학비평논쟁사』, 한길사, 1992 참조.

가 떠오르게 된 현상을 1930년대 후반기문학의 맥락에 놓고 살피고 있어 주목된다. 임화는 "문단에서 미미하나마 일정한 이름을 가지고 있으나 아직 중견이나 대가의 열에 오르지 못한 일군의 작가"[200]를 '신인' 또는 '신세대'라고 칭하고, 당시에 신구세대의 차이가 부각되고 있는 현상은 단순히 연령에 따라 생기는 차이가 아니라 "각각 다른 시대의 정신적 아들로서 탄생한 데서 일어나는 차이"[201]라고 보았다. 임화가 보기에 신세대작가가 자꾸 논의되는 현상은 "우리 문단이 5, 6년 이전과 최근 수삼년이 시대로 구획될 만큼 여러 가지 사정이 변했다는 것을 의미"[202]했다. 임화는 신세대작가들의 "무이상주의적 성격"과 "자연주의적 경향"에 대해 비판적이었지만,[203] 이런 문제점은 그 시기의 구세대작가들에게서도 나타나고 있다고 우려했다. 임화의 날카로움은 신세대작가로부터 단순히 "시대감각"의 차이만 느낄 것이 아니라 "새 시대의 면모를 발견해야"[204] 한다면서 신구세대 공통으로 "현대화"의 과정을 거치고 있음을 짚어낸 점이다. "문제는 단순히 진보에만 있지 않고 그렇다고 퇴보에만 있는 것이 아니요, 실로 변화에 있다"[205]는 말이다. 임화는 신세대작가로부터 변화를 읽어내지 못하는 이유가 "우리들 자신의 머리와 눈이 어느 새 불소하게 현대화되고 변형된 때문"[206]이라고 강조한다. "이미 변화해 버린 사람의 눈에 변화된 시대의 본질이 똑똑히 비칠 이유가 만무"[207]하다는 것인데, "김남천, 유진오씨 등의 근작과 이효석, 김영수씨 등의 소설과 정비석, 최명익씨 등의 소설을 한군데 모아놓고 읽는다면 이들이 모두 한가지로 5, 6년 전 조선문단의 작가가 아님

---

200) 임화, 「신인론」, 『비판』, 1939년 1~2월(『문학의 논리』, 464면).
201) 임화, 「소설과 신세대의 성격」, 위의 책, 478면.
202) 임화, 위의 책, 같은 곳.
203) 임화, 위의 글, 489면.
204) 임화, 위의 글, 481면.
205) 임화, 위의 글, 482면.
206) 임화, 위의 글, 483면.
207) 임화, 위의 글, 같은 곳.

을 단언하기 어렵지 않다"208)는 것이 임화의 주장이다. 그는 "우리보다 새로운 것이 무엇이냐?" 하는 식으로 묻기보다는 "실로 신인까지를 포함한 5, 6년 적어도 4, 5년 이래의 우리 문학이 얼마나 변화해 왔는가를 반성"209)하는 태도가 중요함을 역설하고 있다.

그런데 여기서 신세대작가를 보는 임화의 시각이 그다지 명료하지 못한 점을 지적하지 않을 수 없다. 임화의 글은 되풀이해서 시대의 변화를 강조하지만 그 내용까지를 뚜렷하게 드러내지는 못하고 있다. 이점은 카프 이후의 문학적 변모라든지 신세대작가의 특징에 대한 서술에서도 마찬가지다.210) 임화는 말하자면 자신의 초기비평도 예외가 아닌 카프시기의 계급결정론에 대한 반성을 루카치의 리얼리즘론에 기대서 '본격소설'이라는 말로 제창하고 있을 뿐, 구인회 작가의 새로움을 '세태'와 '내성'의 분열이라는 양대 편향으로 간주한 데에서 더 나아가지 못했으며, 신세대작가에 대해서도 한가지로 묶을 수 없는 그들의 개성적이고 다양한 면모를 문학사적 발전에 상응한 성과로 짚어내지 못했다. 이는 카프 이후의 문학을 오직 상황 악화에 따른 수세적 대응으로만 보려는 카프 중심의 시각에서 자유롭지 못한 결과다. 그러나 1930년대 후반기 문학의 변화는 카프시기에 비한다면 문학을 보는 일종의 '패러다임'의 변화를 수반했다고 평가할 수 있다. 이전 세대와 구별되면서도 내부 편차로 보아 이질혼성적(異質混成的)인 모습을 드러내는 신세대작가는 '부르주아지 / 프롤레타리아트'라는 계급결정론에 기초한 문학관과는 그 자체로 다른 문학관의 출현을 뜻하는 것이기 때문이다.

그렇긴 해도 그간의 연구는 신세대작가들이 카프작가와 다른 문제의식을 갖고 출발했다는 점에 착안하여 신세대작가의 문학을 단순히 프로

---

208) 임화, 위의 글, 같은 곳.
209) 임화, 위의 글, 482면.
210) 다만, 통시적인 고찰을 통한 문학사적 과제를 말하는 자리(「조선신문학사론 서설」, 『조선중앙일보』, 1935.10.9~11.13)에서는 계급문학을 근대적인 민족문학으로 조정하려는 내용상의 변화를 보인다.

문학과 같은 평면 위에다 놓고 구별하는 데에 치중한 감이 없지 않다. 그러나 프로문학과의 연속성 속에서 우리 문학의 근대성 문제를 고민하고자 누구보다 폭넓은 비평활동을 전개한 임화의 시각으로 볼 때에도, 신세대작가의 문학을 프로문학과의 대비에서만 평가하는 것은 문제가 있다. 굳이 프로문학과의 차이점을 강조한다면, 그 차이는 정도의 문제일 뿐이지 프로문학 이후의 구(舊)카프작가에게서도 비슷하게 나타난 현상이었다. "프로문학 이후에 와서 프로문학 시기보다 더욱 절실한 이론과 작품이 생산"되었다는 최원식의 지적은 이러한 현상과도 일맥상통하는 것이다.

신세대작가의 한 명인 현덕은 1932년 동화작가로 등단한 뒤 김유정과 친교를 나누고 1938년 작가로 다시 등단하여 우리말로 작품을 쓸 수 있었던 일제시대 최후의 몇 년 동안에 소설·동화·소년소설 등 다양한 영역에서 창작활동을 펼쳤다. 소설·동화·소년소설의 창작은 서로 다른 독자를 염두에 둔 것으로 작가의 전방위적인 실천이었다. 각각의 장르 특성에 유의하여 이들 작품 전체를 검토해본다면 현덕은 카프의 문제의식을 받아 안으면서 카프 이후의 문학 발전에 조응하는 창작활동을 펼쳐나갔음이 확인될 것이다. 물론 카프 이후의 문학 발전에 조응하는 창작활동은 '이후'를 한층 의식한 결과라는 사실을 지나쳐선 안 된다.

# 제4장

# 현덕의 소설

현덕의 소설은 총 9편이고 「남생이」(『조선일보』, 1938.1.8~1.25), 「경칩」 (『조선일보』, 1938.4.10~4.23), 「층(層)」(『조선일보』, 1938.6.16~6.19), 「두꺼비가 먹은 돈」(『조광』, 1938.7), 「이놈이 막내올시다」(『조광』, 1939.1), 「골목」(『조광』, 1939.3), 「잣을 까는 집」(『여성』, 1939.4), 「녹성좌」(『조선일보』, 1929.6.16~7.26), 「군맹」(『매일신보』, 1940.2.24~3.29) 순으로 발표되었다. 해방 뒤에 엮은 소설집 『남생이』에는 소품에 해당하는 「층」, 「이놈이 막내올시다」와 중편 「녹성좌」를 제외한 6편을 싣고 있다. 소설집에는 「경칩」, 「남생이」, 「두꺼비가 먹은 돈」, 「잣을 까는 집」, 「골목」, 「군맹」 순으로 실려 있다. 「남생이」와 「경칩」, 또 「골목」과 「잣을 까는 집」의 순서를 바꿨는데, 어린 아이가 등장하는 작품 4편을 앞쪽에 수록하면서, 등장인물의 삶의 궤적을 염두에 두고 「남생이」와 「경칩」의 순서를 바꾼 것이라 여겨진다.

등단 첫해에 발표한 4편은 모두 어린아이가 주요 등장인물의 몫을 하는 것들이다. 『소년조선일보』에 노마를 주인공으로 하는 동화를 연재하기 시작한 것은 1938년 5월이고, 『소년』에 소년소설을 발표하기 시작한 것은 1938년 8월이다. 현덕의 소설을 잘 살펴보면 오로지 노마의 시점으로 되어 있어 동화의 세계에 가까우면서도 소설로 발표한 「두꺼비가 먹은 돈」을 기점으로 해서 약간의 변화가 확인된다. 그의 소설에서 중요한 몫을 담당하던 노마가 동화로 자리를 옮기게 되면서 소설의 색채는 한층 어두워지는 것이다.

본고는 발표시에 각각 '소품'과 '꽁트'라는 명칭을 붙였고 작품집에도 빠져 있는 「층」과 「이놈이 막내올시다」를 내용과 수준면에서 무시해도 좋다고 보아 제외하고 나머지 7편을 다루려 한다. 「남생이」, 「경칩」, 「두꺼비가 먹은 돈」은 노마가 등장하고 있으며 줄거리 전개에서 어느 정도 연관성을 지니고 있다. 「골목」, 「잣을 까는 집」, 「군맹」은 실직 문제라든지 토막촌 강제철거를 둘러싼 도시 빈민의 세계를 다룬 것이고 「녹성좌」는 이념의 동요와 마주친 연극운동 단체를 그렸다. 전체적으로는 밥·땅·집·직업의 부재, 그리고 믿음과 이념의 상실이라는 시대의 고통 속에서 삶을 회복하려는 염원을 보여주고 있다.

## 1. 삶의 희구―「남생이」·「경칩」·「두꺼비가 먹은 돈」

1930년대의 소설 창작은 모더니즘의 영향으로 흔히 '지식인의 자의식'이 많이 드러나고 있다. 이상·박태원·최명익·유항림(兪恒林)·허준 등의 작품에서 그런 경향은 매우 뚜렷하다. 이것은 변화하는 현실을 낭만적이거나 도식적이 아니라 성찰적으로 보려는 고민의 반영일 것이다. 그런데 현덕의 소설에는 지식인의 자의식이 거의 드러나 있지 않다. 그의 소설이 주로 하층민의 삶을 다루는 데에서 비롯한 현상이다. 이점 누구보다 '리얼리즘 문학의 정통을 존중한 작가'라고 백철이 현덕을 평가하는 근거라 하겠다. 하지만 현덕의 소설은 계몽적 인물을 앞세우곤 했던 프로문학과 모습이 다르다. 현덕은 '지식인의 자의식'의 자리에 '순진한 어린아이'를 등장시킨다. 이는 이태준 단편의 '바보형(型)' 인물에 비견될 수 있다. 또는 주요섭(朱耀燮)의 「사랑방 손님과 어머니」(1935), 김남천의 「소년행」(1937), 「무자리」(1938) 등에 나오는 어린 주인공을 상기시킨다. 그러나 현덕 소설의 어린아이는 주요섭의 작품처럼 관찰자로만 제시되지도 않고, 김남천의 작품처럼 행위자로만 제시되지도 않는 독특한 방법으로 형상화되어 있다. 이 어린아이가 바로 '노마'다.

「남생이」, 「경칩」, 「두꺼비가 먹은 돈」은 노마라는 동일한 인물의 등장으로 말미암아 일종의 연작 형태를 띤 것처럼 보인다. 그런데 나중 작품으로 갈수록 노마가 더 어려지고 있으며, 작품의 배경과 사건으로 보더라도 「두꺼비가 먹은 돈」, 「경칩」, 「남생이」의 순서로 내용이 이어진다. 노마 아버지가 「두꺼비가 먹은 돈」에서는 농촌 계몽운동을 벌이다 김 오장의 해코지로 감옥엘 가고, 「경칩」에서는 병으로 농사도 지을 수 없는 형편에 있고, 「남생이」에서는 마름 김 오장의 멱살을 잡은 탓에 논을 떼이고 항구도시로 와서 부두노동을 하다가 병에 걸려 죽는다. 나름대로 줄거리의 연속성을 파악할 수 있긴 하지만, 그렇다고 세 작품에 나오는 노마 아버지를 동일 인물이라고 단정할 수는 없다. 또 노마 아버지의 행로가 작품마다 중심이 되는 것도 아니다. 그러나 이들 세 작품은 농촌에서 도시 빈민촌으로 흘러 들어와 파탄에 이르는 이농민의 궤적을 추적하면서 시대의 문제를 냉철하게 해부하려는 뚜렷한 의도를 드러내고 있다.


1) 「남생이」

「남생이」는 항구도시로 유입된 이농민의 삶을 그렸다. 인천의 선창가를 배경으로 이른바 자유노동자와 그 축에도 끼지 못하는 각양각색의 인물군상이 벌이는 생존의 몸부림이 펼쳐진다. 서술의 초점은 노마네 집이다. 노마 아버지는 마름의 횡포에 대항하다 땅을 뜯기고 항구도시로 흘러들어 온 처지다. 선창벌이가 좋다는 영이 할머니의 말을 믿고 그리한 것인데, 배에서 소금을 져 나르는 일을 하다가 몸이 먼저 굴복했다. 그러자 노마 어머니가 대신해서 선창벌이로 나선다. 처음에는 영이 할머니를 따라 "낙정미를 쓸어 모으는 쓰레기꾼"이었는데 결국은 "항구의 들병 장수"가 된다. 노마 아버지와 어머니는 도시로 와서 각각 육체적·정신적으로 추락하고 마는 것이다.

들병 장수로 나선 노마 어머니 주위에는 뭇 사내들이 맴돈다. 선창가에서 "마당지기 앞잡이" 노릇을 하는 털보, 정식 허가를 받지 않고 머리를 깎아주는 떠돌이 이발사 바가지 등이 대표적이다. 이들은 정식 허가를 받지 않고 술을 파는 떠돌이 작부 노마 어머니처럼 선창가의 "기생충" 같은 존재에 불과하다. 노마 어머니는 다리를 절룩거리는 바가지와는 상충이고 털보와 붙어 지낸다. 이 때문에 노마 아버지와 어머니 사이에 불화가 발생한다. 노마 아버지는 집에서 성냥갑 붙이는 일에 매달려 보지만 그것으로 생계가 해결될 리 없다. 결국 노마 어머니는 선창가로 다시 나가고, 노마 아버지는 영이 할머니가 가져온 남생이와 부적의 주술적 효험에 마지막 희망을 건다.

이들 사이에 노마가 끼어 있다. 노마는 아직 어리기에 아버지와 어머니의 불화가 어디에서 비롯되었는지 알지 못한다. 다만 무기력하게 누워있는 아버지는 불쌍한 생각이 들고, 밖에서 뭇 사내들과 희희낙락하는 어머니에게는 반발심이 생긴다. 노마는 아버지를 돌보면서도 틈만 나면 빠져나와 놀기에 여념이 없는데, 어느 순간부터 토담 모퉁이의 양버들나무에 오르려 기를 쓴다. 이 나무를 단숨에 오르는 수도집 곰보가 어른 못지 않은 능력을 보여주기 때문이다. 노마는 자기도 양버들나무를 오르게 되면 그런 능력이 생기리라 믿고 있다. 그래서 "족히 아버지를 모시고 잘 살 수 있는 노마임을 이보란 듯이 어머니에게 보여줄 수" 있기를 희망하는 것이다. 그러나 노마가 양버들나무에 오르던 날, 아버지는 세상을 떠난다. 어머니는 상중에도 털보와 남몰래 작당을 꾸미고, 이제 노마는 제힘으로 세상과 부딪쳐나가야 한다.

이상의 줄거리에서 알 수 있듯이 작가는 일제 말 민중의 고통을 가감 없이 응시하려 했다. 선창벌이로 목숨을 부지하고 있는 하층민의 삶에는 희망이 보이지 않는다. 하지만 도저한 암흑 속에서도 나름대로 생존을 모색하는 다양한 모습을 또한 새겨 넣었다. 도덕의 유무를 떠나, 포기할 수 없는 삶의 의지와 시대의 절망이 함께 부딪히면서 작품에 역동성이 부여된다. 여기서 어린 노마의 시선은 결정적이다. 물론 작품 전체가 노마의 시점으로 되어 있지는 않다. 작가는 등장인물 하나하나에 초점을 두고 시점을 이동시키는 서술방식을 쓰고 있다. 이는 등장인물의 지각을 작가자신의 생각보다 중시하는 서술 태도로서, "언제든지 있는 그대로 쓰려"[211] 한다는 작가적 입장과 상통한다. 이 작품의 시점은 노마와 노마 아버지의 교차시점이 가장 두드러지는데, 특히 노마의 눈에 기대어 절망적인 현실에 아이러니의 긴장과 생기를 불어넣는다.

시점을 어린 노마로만 제한하지 않은 것은 우선 대상을 특정 인물에 고정시켜 바라보는 것보다는 그때그때 초점화자를 이동시키는 방법이 여러 층위로 이루어진 현실을 더욱 '있는 그대로' 바라보게 해준다는 계산이 작용했을 것이다. 그와 동시에, 사건을 그려 가는 데에서 '동화적인 제한'에 갇히지 않으려는 의도가 포함되어 있다. 오로지 노마의 시점으로만 되었다면, 어린아이의 인식을 넘어서는 현실의 제반 관계를 제시하는 데에 한계가 따랐을 것이다.

밭가슬에 주춧돌만 남은 절터가 있는 작은 마을이었다. 메갓에는 나무가 흔하고, 산답이나마 땅이 기름지고, 살림이 가난하다 하여도 생이 욕되지는 않았

---

211) 「신진작가좌담회」, 앞의 책, 246면.

고, 대추나무가 많아 가을이면 밤참으로 배불리었다. 다 고만두고라도 거기는 너 나 사정이 통하고 낯이 익은 이웃이 있고, 길가의 돌 하나, 밭 둔덕길 실 개천 하나에도 어릴 때 발자욱을 볼 수 있는 땅이다.

그러나 몇해전은 지금 여기서처럼 진절머리를 내던 그 땅이었고 그때는 지금처럼 이 잘난 곳을 못 잊어 하지 않았던가.

사실은 그때 영이 할머니의 편지를 믿는 구석이 없었다면, 그처럼 단판씨름으로 지주가 보는 앞에서 마름 김 오장의 멱살을 잡지는 못하였을 것이다.

그 덕에 나머지 작인들은 지주에게서 나오는 비료대도 제대로 찾아 먹을 수도 있었고, 예에 없이 마름 집 농사에 품을 바치는 폐단도 면하였지만, 자기는 그 동티로 이내 땅을 뜯기고 말았다.212)

노마 아버지의 회상 장면인데, 과거에 비해 도시의 삶이 욕되다는 자각, 마름의 횡포 때문에 비료대를 뜯기고 품을 바쳐야 하는 소작농민의 현실이 드러나 있다. 작품 전면에 제시된 내용도 노마 아버지와 어머니, 털보, 바가지 사이에서 벌어지는 갈등이다. 그것들은 노마의 시선이 아니라 어른의 시선이다. 그런데 노마 아버지와 어머니에게는 이름이 주어져 있지 않다. 때문에 노마네 집을 둘러싼 어른의 세계가 제시될 때에도 노마의 존재는 잊히지 않는다. 겉은 어른 세계에서 벌어지는 사건이지만 속은 노마의 운명을 쫓도록 하는 구조인 것이다. 잠깐잠깐 끼여드는 어린 노마가 작품의 주인공이자 시점의 전부인 양 받아들여지는 까닭이 여기에 있다.

그러나 무엇보다도 이 작품을 노마의 시점으로 여기게 하는 강한 인상은 작품 특유의 생동감을 자아내는 노마의 성격에서 비롯한다. 노마는 예닐곱 살 정도의 취학 전 아동이다.213) 유년기 아동을 현덕만큼 살

---

212) 현덕, 『남생이』, 아문각, 1947, 51~52면. 작품집에 실린 소설의 인용은 그것에 따르고, 발표시와 의미 있게 달라진 점이 있으면 따로 밝힐 것이다.
213) 「두꺼비가 먹은 돈」에서 노마는 겨우 열까지 셀 줄 아는 네다섯 살 정도고, 「경칩」에서는 그보다 커서 아이들하고 떼 지어 놀러 다니는 대여섯 살 정도고, 「남생이」에서는 나무타기에 도전하여 성공하는 예닐곱 살 정도로 보인다. 이들 세 작품이 발표된 차례

아있는 개성의 형상으로 작품에 등장시킨 경우를 이전에는 찾아보기 힘들다. 주요섭의 「사랑방 손님과 어머니」에 나오는 옥희만 하더라도 눈높이를 달리하는 하나의 '시점'으로 작용할 뿐이지 실제로 그 나이에 걸맞은 의식과 심리라고는 볼 수 없다. 아동문학 작품에서도 대개는 어린아이를 '저 하는 양으로' 그려내기보다 작가 관념의 의해 '상투적으로 변형'되는 경우가 많았다. 그것은 다만 귀엽다 또는 뭘 모른다고 '내려다보는 시선'으로서 실제 어린아이의 모습이라기보다는 '그럴 거라고 간주'하는 방식이다. 그래서 어린아이는 속이 없는 단색의 착하고 무구한 존재로 나오기 십상이다. 이를 '동심천사주의'라고 한다. 동심천사주의를 비판하고 나온 카프 계열의 아동문학 역시 작가 관념의 소산인 작은 투사를 그려내곤 했다.

어린아이들은 구체적이고 직접적인 욕망 아래서 움직이며 모든 걸 놀이화한다. 그들은 하나의 관념에 오래 붙들려 있지 않다. 과거와 미래보다는 현재의 감정에 충실하다. 그들의 행동은 먹는 것과 노는 것을 좇아 움직인다. 사회 현실의 책임으로부터 자유롭다. 언제든 기쁨을 누리려 든다. 어린이의 순진성과 낙천성은 이런 데에서 비롯하는 것인데, 현덕의 소설에 나오는 어린 노마는, 김남천은 빈약하다고 지적한 '작가 주관의 형상화'가 인물을 그리는 서술 방식에 따라 어떻게 실현되는지를 보여주는 주요 장치다.

> 마침 영이가 부엌문 옆에 붙어 서서 손을 뒤로 돌려 숨기고,
> "이게 뭔데."
> 조금 전 영이 할머니가 신문지에 떡을 사 들고 들어간 것과 영이가 투정을 하던 것까지 아는 일이니까, 노마는 그 손에 감춘 것이 무언지 의심날 게 없다. 그러나,
> "구슬이지 뭐야."

---

와는 거꾸로 거슬러 연작의 의미를 띤다는 파악도 이래서 가능하다.

"아닌데 뭐."

"물뿌리지 뭐야."

"아닌데 뭐."

"석필이지 뭐야."

"이거라구."

마침내 영이는 자신이 먼저 깜짝 놀라는 표정을 하고 턱 밑에 인절미 한 쪽을 내민다.[214]

여기서 노마와 영이는 저들 나름의 속마음이 없는 게 아닌데도 그것을 일부러 감추면서 놀이를 즐기고 있다. 군더더기 없이 짧게 반복되면서 주고받는 말은 그 자체가 놀이임을 보여준다. 아이들의 생명력은 무료함을 모른다. 저들 스스로 삶의 긴장과 기쁨을 만들어내는 세계다.

"너 바가지가 그러는데 너의 어머닌 달아난데."

"거짓부렁."

"정말이다 너. 너의 아버지 앓기만 하구 벌이두 못 하구 하니까."

"그럼 좋지. 나두 쫓아다니며 구경하고"

"누가 달아나는 사람이 널 데리구 가니, 얘 쉬라."

"그럼, 어머니 혼자?"

"아니래. 너 털보하구래."

"거짓부렁 말어."

"정말이다. 너."

"거짓부렁야."

"정말이다. 너."

"거짓부렁."[215]

여기에서도 영이는 노마에게 전하려는 정보를 놀이로 바꾸어 놓고

---

214) 현덕, 앞의 책, 46면.

215) 현덕, 위의 책, 77~78면.

있다. 노마의 맞장구도 대화에 긴장을 불어넣으며 놀이를 만드는 데 한 몫을 한다. 그런데 이 장면은 어머니의 행동에 대해 미심쩍어 하는 노마의 자각이 진행되는 과정을 보여주면서, 영이의 정보가 사실임을 짐작하는 독자에겐 순진한 노마를 연민의 눈으로 바라보게끔 한다. 죄 없는 존재가 받아야 하는 고통은 연민을 불러일으키고, 고통을 낳은 현실에 대한 비판적 관점을 제공한다.

어린 노마가 타락한 어른 사회를 대하는 시선에서는 해학이 발생한다. 순진한 노마로 인해서 발생하는 해학은 하나의 사안이 밝음과 어둠이라는 상이한 성격으로 맞물리는 아이러니의 긴장을 조성한다.

> 다시 찾았을 때 노마는 좀더 놀랐다. 목선 쌓아올린 볏섬 위에 올라앉아서 어머니는 사오인 사나이들과 섞여 희롱을 하고 있다. 어깨에 팔을 걸고 몸을 실린 조선바지에 양복저고리를 입은 자에게 어머니는 술잔을 입에다 대주려 하고 그자는 손바닥으로 막으며 고개를 젓고 그리고 술을 받아 마시고 나서 또 빈잔에다 술병 아구리를 기울이는 어머니를 제 무릎 위에 앉히려 하고 아니 앉으려 하고 나머지 사람들도 모두 어머니를 중심으로 희희낙락하는 것이었다. 노마는 그런 어머니를 전혀 꿈에도 본 적이 없다. 어머니는 그곳에 와서 어린애처럼 어리광을 떨고 일찍이 노마 자신도 한번 받아 보지 못한 귀염을 뭇사람에 받는 것이 아닌가. 자기 어머니가 그처럼 소중한 존재라는 것은 몰랐다. 노마는 저도 갑자기 층이 오르는 듯싶었다. 모든 사람에게 저와 어머니의 관계를 크게 알려 주고도 싶었다. 노마는 어머니를 불렀다. 두번 세번 그러나 햇볕을 손으로 가리고 찌긋이 노마를 보던 어머니는 점점 자기집 부엌에서 흔히 볼 수 있는 일그러진 얼굴로 변했다. 같은 얼굴로 어머니는 노마를 창고 뒤로 끌고 가 말 없이 머리를 쥐어박는다.216)

어머니가 들병 장수를 하는 것이 어떤 의미인지 노마는 모른다. 오히려 사람들 사이에서 귀여움을 받는 것을 소중한 존재의 표시로 알고 저

---

216) 현덕, 위의 책, 47~48면.

도 신분이 오르는 느낌에 자랑스레 어머니를 불렀다가 혼이 난다. 뒤에 노마네 집안에까지 드나들게 된 털보가 노마한테 일부러 먼 데서 군밤을 사오라고 시키는 장면에서도 노마는 그 의미를 모르고 다만 밤길을 무서워하는 우스운 행동을 보인다. 이태준의 바보형 인물이 그러한 것처럼, 무지함이 순진함으로 통하는 인물은 해학과 연민을 유발하면서 타락한 사회를 거울처럼 비춘다.

노마의 운명을 좌우하는 아버지와 어머니의 행위는 사회 현실과의 관련 속에서 이뤄진다. 두 인물은 작가가 당대의 현실을 드러내기 위해 선택한 대표적 개인이라고 할 수 있다. 두 인물 모두 강한 삶의 의지를 표출한다. 그러나 노마 어머니에겐 타락하는 쪽으로 길이 주어져 있고, 노마 아버지에겐 속신(俗信)에 기대는 쪽으로 길이 주어져 있을 뿐이다.

하기는 노마 어머니가 처음 쓰레기꾼으로 마당엘 나오자 영이 할머니는 은근히 반기었다. 그는 인물보다 맨드리가 쓰레기꾼 축에 섞이기는 아까웠다. 번히 쓰레기꾼이란 정작 볏섬도 산으로 쌓이고 낙정미도 많이 흘려 있는 지대 조합구역내에는 얼씬을 못 하고, 목채 밖에 지켜 섰다가 벼를 싣고 나오는 마차가 흘리고 가는 나락을 쓸어 모은다. 그러나 기실은 구루마 바닥에 흘려 있는 나락을 쓸어 담는 척하고 볏섬에다 손가락을 박고 치마 앞자락에 후비어 내는 것을 번직으로 꼽는다.

그러다 들키면 욕바가지를 들씌운다. 쓰레받기, 몽당비를 빼앗긴다. 앙가슴을 떠다박질리고 채찍으로 얻어맞는다. 그러나 마차 뒤에 달라붙은 여인들을 향해 채찍을 든 마차꾼도 노마어머니를 대하고는 그대로 멈춘다. 머리에 숙여 쓴 수건 아래 수태를 품고 고개를 숙인 미목이 들앉은 아낙네가 노상 봉변을 당한 때 싶다. 마차꾼은 금세 언성이 숙는다. 욕이 농으로 변한다.

차츰 노마 어머니는 이력이 나서 자기가 먼저 선손을 건다.[217]

느럭느럭 방바닥을 긁으며 남생이는 천근들이 무거운 잔등어리를 짊어지고

217) 현덕, 위의 책, 71면.

가까스로 몸을 옮긴다. 알 수 없는 무엇을 전할 듯이 음흉스리 노마 아버지에게로 가까이 온다. 그는 숨을 죽이고 누워 지켜본다. 남생이가 베개 밑 가까이 이르는 대로 조금씩 몸을 일으켜 마주 노리다가 살며시 일어나 앉는다. 가만히 남생이를 집어 손바닥에 올려놓는다. (…중략…) 알 수 없는 힘이 뭉친 덩어리다. 그것은 하룻저녁에 묵은 씨앗에서 새 움이 트는 그런 힘이리라. 여기다 노마 아버지 자신의 시들어 가는 가지를 접붙여서 남생이의 생맥이 그대로 자기에게도 전해 올 듯싶다.[218]

첫 번째 인용 부분은 김동인의 「감자」나 나동향의 「뽕」에서 보는 것처럼 부녀자가 타락하는 과정이 묘사되어 있다. 이것이 비록 도시 하층민이 겪는 삶의 척박함을 드러내는 것일지라도 만일에 노마 어머니가 작품의 유일한 주인공이었다면 자연주의로의 경사를 피하기 힘들었을 것이다. 그리고 두 번째 인용 부분은 노마 아버지가 남생이와 부적에 기대를 거는 장면이다. 속신에 대한 기대는 물거품이 되고, 노마 아버지는 결국 세상을 뜬다. 만일에 노마 아버지가 작품의 유일한 주인공이었다면 신비주의와 허무주의로의 경사를 피하기 힘들었을 것이다. 이렇게 노마 어머니의 타락과 노마 아버지의 죽음으로 이 작품이 귀결된 점에서는 긍정의 계기가 보이지 않는 현실이다. 그러나 노마에게로 오면 사정이 다르다.

노마는 틈틈이 나무 올라가기에 열고가 난다. 볼타구니를 긁히우고 손바닥에 생채기를 내고 바지를 찢고 그래도 노마는 고만두지 않는다. 장난이 아닌 거다. 곰보가 가진 높이까지 이르는 그 사이를 가로막은 장벽이 곧 이놈이었다.
이 고비를 넘기기만 하였으면 금방 거기에는 선창이 있고, 활동사진이 있고, 돈이 있고 그리고 능히 어른의 세계에 한몫들 수 있는 딴 세상이 있다. 그 때에 노마도 자기 아니라도 족히 아버지 모시고 잘 살 수 있는 노마임을 이보란 듯이 어머니에게 보여줄 수도 있으련만, 아아![219]

---

218) 현덕, 위의 책, 75면.
219) 현덕, 위의 책, 80면.

작가의 의중(意中)은 노마의 성장에 놓여 있다. 여기에 이르러 노마는 단순한 관찰자이기만 한 것이 아니라 행위자로서 떠오르는 것이다. 노마의 성장이 어떤 현실적인 변화를 가져오겠는가 하는 점은 작품의 범위 밖에 있다. 이 작품은 남생이로 상징되는 노마 아버지의 삶에 대한 의지가 무산되는 순간에 노마의 성장을 암시하는 반전으로 인해 극적인 아이러니를 보여준다. 마지막 장면을 보자.

> 담벼락의 모래알을 뜯어내며 "아버지는 영 죽었다"하고 입 밖에 내어 외어본다. 그리고 되도록 울음이 나오라고 슬픈 생각을 만든다. 허나 머릿속에는 담배물뿌리를 찾느라 방바닥을 더듬는 아버지가 나타난다. 거미발 같은 손가락이다. 창 밖에서 쿵쿵 발을 구르며 먼지를 터는 아버지가 나타난다. 그러나 아무리 해도 얼굴은 형용을 잡을 수 없다. 그보다는 오늘 노마가 나무 올라가기에 성공한 그 장면이 똑똑히 나타나 덮는다. 갑자기 노마의 키가 자라난 듯싶은 그만큼 보는 세상이 달라지는 감이다. 노마는 부지중 마음이 기뻐진다. 어쩔 수 없는 기쁨이다. 아아, 그러나 이것은 아버지에게 죄스런 마음이다. 어떻게 무슨 커다란 착한 일을 하거나 하지 않으면 무얼로 이 마음을 씻을 수 있으리오
> "영이야."
> "응."
> 노마는 빤히 영이의 얼굴을 마주본다. 이처럼 영이가 어여뻐 보이기는 처음이다. 눈두덩 위의 결두데기까지 무척 귀엽다. 노마는 불시에 두 팔로 영이 목을 끌어당겨 흔든다. 다시 무릎 사이에 넣고 꾹꾹 누른다.
> "아이 아이 아이."
> 뜻에 반하여 노마는 고만 영이를 울리고 만다.[220]

아버지가 돌아가시자 어머니는 남들이 흉본다고 노마에게 울라고 강요한다. 그러나 어린 노마가 보기에 어머니의 울음은 거짓에 지나지 않고 또 자기는 아버지의 죽음이 실감되지 않는다. 이런 저런 상상을 해가며 애를 써봐도 소용없다. 노마는 나무 오르기에 성공한 일이 자랑스럽

---

220) 현덕, 위의 책, 91~92면.

고 스스로 대견스러워서 기뻐지기까지 한다. 그렇지만 다시는 만나볼 수 없는 아버지의 죽음 앞에서 죄스런 마음을 어쩌지 못한다. 이 복잡한 심정은 어른의 지각으로 서술된 선창가와 노마의 지각으로 서술된 선창가의 모습이 갈등 없이 병치되어 오다가 마침내 노마 안에서 상충하게 되는 것과도 관계된다. 어른에게 선창은 생계를 위한 일터지만, 노마에게는 "소꿉장난판"이었다. 그런데 지금 노마는 아버지, 바가지, 털보, 곰보의 세계로 진입하는 중이다. 그것은 '남성되기'의 과정이기도 하다. 그래서 아버지에 대한 죄스러움은 저 나름으로 착한 일을 찾다가 영이를 어여쁘게 여기는 마음으로 표출된다. 여기에는 노마의 성장이 함축되어 있다. 노마는 스스로를 책임지지 않으면 안 되는 불쌍한 처지인데, 남성으로서 영이에 대한 보호의식 같은 게 생겨나고 있음을 결말에서 보여주는 것이다. 이제 노마는 자기 발로 땅위에 서는 존재가 되었다.


### 2)「경칩」

「경칩」도 노마네 집의 몰락을 그린 작품이다. 작품의 배경이 항구 근방의 농촌으로 되어 있어서 「남생이」에서 보여준 상황의 바로 이전 단계라는 느낌을 준다. 물론 온전히 연작이 되기 위해서는 노마 아버지가 마름 김 오장과 싸우다가 땅을 떼이는 것이 되어야 할 텐데, 병이 깊어져서 친구 홍서가 노마네가 소작하는 논을 차지하는 것으로 되어 있다. 따라서 이 작품은 노마네 논을 둘러싸고 벌어지는 갈등을 한 축으로 하고 있다. 그렇다고 이 작품이 노마 아버지와 친구 홍서의 대립 관계를 보여주려는 작품이라고는 할 수 없다. 이점이 매우 중요하다.

작품은 해동이 될 무렵의 고즈넉한 농촌 마을 풍경을 제시하면서 시작된다. 언 땅이 풀리고 눈석임물이 흐르는 도랑에는 노마와 기동 형제가 물장난을 한다. 아이들의 놀이를 따라 기동이네 집으로 장면이 바뀌면서 일견 평화로운 것 같은 농촌의 삶에 균열이 일어나고 있음이 드러난다.

> "글쎄, 미쳤지 없는 돈에 일부러 사서까지 가져갈 건 뭐여."
> "누군 돈 아까운 줄 몰라 그러는 거유. 남 허는 것 좀 못 보우. 경춘이는 날마다 이른 새벽에 가서 앞뒤로 다니며 마당을 쓴답디다. 그놈이 일이 허구 싶어 그러겠우. 다 검은 속이 있어 그러지. 그리구 어제 그놈이 오묵골 노마네 집 논에 됨을 내드란 말은 임자 귀루두 들었지."
> "남 그런다구 나까지 같이 놀아나란 말여."
> "그러니까 남에게 빼앗기기 전에 발바투 들어스란 말 아뉴."221)

지주한테 달걀 꾸러미를 갖고 가서 환심을 사두라는 홍서의 아내와 그런 아내한테 인정머리가 없다고 소리치는 홍서의 다툼 장면이다. 노마 아버지가 앓아누워 농사를 짓기 힘들게 되니까 당장 그 땅 한 뼘이 아쉬워서 그러는 것이다. 홍서는 노마 아버지와 절친한 사이라서 아내만큼 적극적이지 못하지만, 자기 의지에 반해 노마네 눈을 곁눈질하는 속마음을 어쩌지 못한다. 그만큼 농촌의 삶은 피폐해졌다.

노마네 논을 차지하기 위해서는 지주에게 잘 보여야 한다. 지주는 소작인의 생사여탈권을 쥐고 흔드는 절대적인 존재다. 그래서 홍서의 아내는 없는 살림에도 이것저것 갖다 바친다. 지주와 소작인 사이에는 명확한 대립관계가 그어져 있고, 작가는 그런 사실을 전제로 이야기를 풀어가고 있다. 홍서의 마음은 매우 복잡하다. 노마네 집을 돕고자 하는 마음만은 홍서의 진실이다. 노마 어머니도 남편의 병을 낫게 하려고 온갖 정성을 다한다. 그런데 노마 아버지는 자기 아내가 홍서와 배가 맞았을 거라고 의심까지 한다. 개구리 소리에 귀를 기울이며 회생을 기대하는 노마 아버지의 병세는 더욱 악화되고, 결국 노마네 땅은 홍서네로 넘

---

221) 현덕, 위의 책, 6면.

어간다. 홍서는 농사꾼의 심정으로 땅에 대한 애착을 보이지만, 노마네 식구에 대해 불쌍하고도 미안한 마음, 병석에 누워있는 친구로부터 멀리 떨어져 나온 깊은 외로움에 빠져든다.

이 작품은 인물의 갈등관계를 중층적으로 보여주고 있다. 병세가 악화되면서 노마 아버지는 아내와 대립하고 또 홍서와 대립한다. 홍서는 노마네 논을 둘러싸고 아내와 대립하고 또 경춘이와 대립한다. 소작을 하는 홍서네는 지주의 눈치를 보면서도 또 근본적으로는 그와 대립관계다. 이런 여러 갈등의 중심에 홍서가 있다. 그래서 홍서는 내면의 갈등을 격심하게 겪는다. 여기서 또 노마의 존재가 결정적인 몫을 한다. 이 작품도 어린 노마의 눈으로만 제한하지 않고 초점화자를 이동시키는 시점을 보여준다.

> 진실로 홍서가 오묵골 노마네 집 논에 생각이 없다면 그건 거짓말이다. 해마다 흉풍이 없이 양석 가까이 소출이 나는 근처서는 골답으로 꼽는 닷 마지기 논이다. 그러지 않아도 농토라는 게 남의 소작이 겨우 서너 마지기 천등지기가 있어 농사짓는 흉내나 낼 뿐, 그 모자라는 벌충은 식구가 각자 도생으로 여자는 여자대로 시오 리 밖까지 바다 물줄기를 따라나가 조개를 캐다는 밤새 까서 이튿날 새벽에 안팎 오십 리 길을 걸어 항구로 팔러 나간다. 남자는 남자대로 또 품을 팔러 항구로 나가고, 밤늦어 집에 돌아와 동 트기 전에 일어나 나가느라 단잠을 자지 못하는 터가 아니냐.[222]

이처럼 현실의 문제를 바로 드러낼 필요가 있을 때에는 노마의 시점을 벗어나 서술한다. 여기서 더 나아가 홍서의 내면에 집중함으로써 서술자와 홍서의 거리, 곧 독자와 홍서의 거리를 매우 가깝게 만든다. 어딘지 홍서의 처지를 변호하려 드는 것이다. 따라서 노마 아버지와 홍서, 또는 노마네 집과 기동이네 집의 갈등은 적대적으로 파악되지 않는다.

---

222) 현덕, 위의 책, 7~8면.

홍서가 또 좀 괴로운 것은 노마 아버지를 대하고는 공연히 자기도 아내와 한 편이 되어 친구의 희생을 기다리는 듯싶어지는 거다. 자기는 그렇지 않다는 그 변명을 그는 기침 한 번을 크게 하는 데까지 저도 모르게 표하며 전에 없이 늦도록 불 없는 화로 전에 손을 걸고 죄밑에 눌러 앉았게 된다.

방 안은 빈 듯 조용하다. 그것이 또 말없는 죄다짐인 듯 홍서는 자리가 편치 못했다. 문득 들창 밖 어둠 가운데서 땅 밑에서나 우러나오는 소리로 구구구구 구구 — 두 사나이는 한 곳으로 귀를 모은다.

"저 소리 들류?"

"경칩 우는 소리 아녀?"223)

홍서가 노마 아버지의 병문안을 와서 마주 앉은 장면이다. 경칩과 더불어 자기 몸도 회복되어 농사를 꼭 지을 수 있을 것이라고 기대를 품고 있는 노마 아버지와 그것이 헛된 꿈인 것을 뻔히 알면서도 사실대로 말할 수 없는 홍서의 편치 않은 속마음을 그리고 있다. 작가가 인물을 서술하는 데에서 가장 뚜렷하게 비판의 관점을 보이는 대목은 지주네 안주인과 관련해서다.

마을에서 하나인 기와집 마당귀에 높다란 종대가 서고 그리고 또 지주인 그 집 안주인은 마음이 상냥하였다. 색빨래를 하느라 팔목까지 파랗게 연두물이 든 손으로 기동 어머니가 가지고 간 달걀 꾸러미를 마루 끝에서 찬장으로 옮겨가며 또 한 번 치사였다.

"제사날도 가깝고 긴하게 쓰긴 잘 허겠어도 너무 미안하구먼. 집의 닭도 알 안길 때가 됐을 텐데."

"그러지 않어두 안길려구 모아 뒀든거요. 남의 집 닭들은 안는가봐두, 무슨 놈의 닭이 알을 안어얍죠."

"요새 달걀금 비싸다는데 항구로 내다 팔어두 얼만가. 서속 한 말 값은 될 거 아냐."

그리고 달걀 집어 넣은 아래 찬장 속을 고개를 기우듬히 들여다보더니 곰팡

223) 현덕, 위의 책, 20면.

슨 호박꼬지리 한 뭉치를 끄집어 냈다. 마루전에 걸터앉았는 기동 어머니 편으
로 몸을 돌리며,

"요전 날 감자도 어찌 맛있게 먹었는지 몰라. 씨 할 건 남기고 보낸 건가."

"노마 집에도 좀 보내구, 집에도 조금 남겨 뒀어와요"

"노마 집엔 그런 것 장만도 안 해 뒀든가."

"뒀어두 남어나겠어요 사내는 앓고 양식은 떨어지고 헌데."224)

짐짓 사정을 봐주는 척하며 받아넘기는 안주인의 교활한 태도와 비
굴하기까지 한 기동 어머니의 맞장구가 사실적으로 그려진다. 현실의
계급 관계가 반영된 말투지만, 계급 대립의 도식에 따라 인물을 그리지
않고 어디까지나 현실의 정황 그대로를 살려내고 있다. 작가의 판단이
나 해설적 서술 대신에 독자에게 능동적인 개입의 여지를 열어주는 보
여주기 수법에 충실한 것이다.

이런 묘사력은 작품의 서정성과 사회성을 함께 환기시키는 상징적이 구
도와 결합해 있다. 작가는 아이들의 세계와 자연의 질서를 한 편으로 하고,
어른들의 세계와 농촌 현실을 한 편으로 하여 두 세계를 대비시킨다.

마을은 집집이 새로 이엉을 입혔다. 밤사이 우물 앞 얼음이 풀리고 동네 닭들
이 모여 헤집는다. 맞은편 안산 골짜기에 희끗희끗 보이던 눈은 자취도 없고
축축이 젖어 한걸음 가까이 다가든 듯싶다. 간밤 비를 몰아간 바람은 언덕 다
박솔 밭에서 울고 마을은 잠자는 듯 조용하다.

(…중략…)

노마는 앉아 두 손을 물에 담그더니 가만히 있다.

"차냐?"

"아니."

옆에 기동이도 손을 담근다.

"차냐?"

"아니."

---

224) 현덕, 위의 책, 8~9면.

그 옆에 꼬마도 마저 손을 담근다.

노마는 차츰 손이 저려 오른다. 옆에 기동에게 묻는다.

"너, 차냐?"

"아니."

노마는 참는다. 기동이도 손이 저려 오른다. 고 옆에 꼬마에게 묻는다.

"너, 차냐?"

"아니."

그리고 꼬마는 아니라고 하였으니까 또 참는다.

마침내 노마는 손을 물에서 꺼낼 언턱거리를 얻었다.[225]

작품 서두에서 묘사한 해동 무렵의 농촌 풍경은 천진한 아이들의 모습과 더불어 평화롭게 보인다. 아이들의 경쟁 심리는 서로 맞서기도 하고 기대기도 하는 다만 놀이의 방편일 뿐이다. 아이들은 호기심과 궁금증에 민감하다. 물 속에서 꾸물거리는 걸 발견한 노마는 그걸 빌미삼아 시린 손을 물에서 빼어내는데, 그 꾸물거리는 것이 혹시 아버지가 얘기했던 '경칩'이 아닌가 하는 호기심을 가지고 그것이 개구리임을 알아낸다. 또 뒤에는 아버지가 홍서와 어머니 사이를 의심해서 다녀오라던 "등 너머 빈집"에 대한 궁금증 때문에 낮에 아이들과 놀러갔다가 노마네 집 논을 밟고 서 있는 홍서와 조우하게 된다. 노마의 어린이다운 행동 특성은 작품에 자연스럽게 녹아들어서 줄거리 전개에 관여하고 있는데, 동심과 자연은 아무런 충돌이 없지만 농촌 현실과는 그렇지 않다. 노마의 놀이를 따라 장면이 기동이네 집으로 오면 그곳에는 냉혹한 농촌 현실이 가로놓여 있다. 또 언 땅이 풀리고 개구리가 땅 밖으로 나오는 경칩은 만물이 생동하는 봄의 상징성으로 부활과 재생을 의미하면서 노마 아버지에게 기대를 품게 하지만, 노마 아버지의 병은 거꾸로 악화되어 간다. 이처럼 해동 무렵의 자연 풍경 속에서 뛰노는 아이들의 모습은 농사꾼의 절박한 처지와 극적인 방법으로 대조되고 있다.

---

225) 현덕, 위의 책, 1~2면.

노마는 이 작품에서도 타락해가는 세상을 비추는 거울이면서 해학적인 효과를 빚어 홍서에 대한 비판을 간접화하고 따뜻하게 감싸는 완충의 몫을 한다.

> "우랭이 잡우?"
> "응, 우랭이 잡어."
> 홍서는 짐짓 작대기를 짚고 물 속 논바닥을 구부려 들여다본다. 그러나 지금이 어느 때라고 우랭이가 있으리요, 실은 실없는 말로 들리기 전에 먼저 당황해지고 만다. 어린아이에게 완전히 속을 뽑히고 만 감이었다. 노마는 말없이 옆에 버티고 서서 그의 일거일동을 지킨다. 홍서는 등줄기가 꼿꼿해지는 자세로 서서 만사를 한갓 침묵으로 때우려 든다.
> "거짓부렁야, 우랭이두 없는데."
> 노마는 흥미를 잃고 돌아서 막대기를 휘적휘적 오던 길로 논둑으로 꼽쳐 돌아간다.[226)

홍서가 노마네 집 논을 차지하게 된 기쁨에 논바닥을 작대기로 꾹꾹 눌러보며 "모태와 같이 끈적끈적한 탄력"을 느끼고 있다가 총싸움을 하며 노는 노마에게 들키는 장면이다. 노마는 홍서의 행위가 지니는 의미를 알지 못하지만, 홍서는 도둑질을 하다 들킨 모양으로 어쩔 줄 몰라 한다. 작가가 홍서의 심리를 드러내는 방식은 적대적이기보다 어찌할 수 없는 데 따른 안타까움인데, 여기서 순진한 노마의 시선이 홍서의 행위를 개인의 악덕으로 치부하지 않게 해주는 해학의 장치로 작용한다. 그러나 독자에게 진정으로 연민의 대상이 되는 것은 노마 자신이다. 작품은 노마의 뒷모습을 안쓰럽게 바라보는 홍서의 시선으로 끝이 난다.

> "노마야, 이리 온."
> 하고 턱으로 불러 허리춤에 찬 주머니를 더듬더니 구멍 뚫어진 백동전 한 닢을

---

226) 현덕, 위의 책, 43면.

꺼내든다.

"너, 이것 가지구 엿 사 먹어라."

담배를 사려고 넣어 두었던 돈이다. 그에겐 적은 돈이 아니로되 아까운 줄을 모르는 홍서였다. 허나 무슨 뜻으로 그 노마에게 돈을 준 것인지는 또 좀 몰랐다. 다만 보리밭 사잇길로 둔덕을 넘어가는 노마의 검정 바지저고리를 입은 작은 뒷모양이 무한 측은했다. 조금 후 둔덕을 넘어 맞은편 언덕길에 노마를 선두로 조랑조랑 기동이 형제가 뒤를 따라 이리 꾸불 저리 꾸불 멀어 가는 모양이 보일 때 홍서는 좀더 마음이 애련했다.

점점 그 모양은 좁아지며 언덕 너머로 사라지자 홍서는 자기 한 몸만 천리 만리 외따로 떨어져 있는 듯한 외로움에 사무친다. 허옇게 식어 넋을 놓고 섰는 귓속이 징하게 고요한 가운데 개골개골, 이제는 낮에도 개구리가 울고, 그리고 친구는 여전히 몸겨누웠고, 홍서는 부지중 손을 올려 귀 뒤를 더듬어 본다. 처음 개구리 우는 소리를 듣던 날 밤 노마 아버지가 생각났던 거다. 오래 잃어버렸던 물건을 불시에 얻게 되어 만져 보는 감이었다.

아아, 그러나 이 골수에 사무치는 외로움을 어쩌리오 그것은 홍서 자신이 노마 아버지만큼 귀 뒤에 살이 여위든, 아니면 노마 아버지 자신이 홍서만큼 귀 뒤에 살이 오르든 하지 않고는 도저히 면할 수 없는 마음이었다.[227]

노마네 집 논을 차지했다는 기쁨보다도 노마의 뒷모습에서 무한한 측은함을 느끼고, 자신은 친구를 잃은 것 같은 외로움에 휩싸이는 홍서의 마음은 독자에게 더할 나위 없는 안타까움을 전한다. 이 작품은 민중의 고통스러운 삶을 탐구하는 데에 초점을 두고 있는 것이지, 그들의 각성과 투쟁에 초점을 두고 있지는 않다. 그렇다고 작가가 민중의 고통이 어디에서 비롯하는가에 대해 외면하고 있는 것은 아니다. 민중의 편에서 사회 현실을 비판적으로 보는 작가의 관점은 분명하다. 하지만 작가의 의도는 이념을 앞세우기보다 민중의 삶을 깊이 있게 응시하고 껴안도록 하는 데에 있다. 여기서 노마의 순진한 시선과 작품의 서정성은 작품의 사회성과 하나로 움직이는 관계인 것이다. 이 작품의 속 깊은 층위

---

227) 현덕, 위의 책, 43~44면.

는 현상의 거죽을 훑는 '자연주의'를 넘어서게 한다.


### 3) 「두꺼비가 먹은 돈」

「두꺼비가 먹은 돈」은 노마의 나이가 더 어리게 그려져 있고, 이전 작품처럼 노마네 집에서 몰락의 기운이 느껴지지 않는다는 점에서 「남 생이」와 「경칩」보다는 앞선 상황으로 보인다. 이 작품은 처음부터 끝까지 노마의 시점으로 일관하여 천진한 동심의 세계가 작품 전면에 나와 있다. 하지만 그 안쪽으로 작가가 끊임없이 환기하고자 하는 내용은 노마 아버지의 부재다. 노마 아버지는 감옥에 들어가 있는 것으로 나온다.

아침에 잠에서 깬 노마는 어제 기동 아저씨에게 구멍 뚫린 백동전 하나를 얻은 일이 머리에 떠올랐다. 그런데 그 돈이 간 데가 없다. 동전의 행방을 좇는 노마의 행동 사이사이에 그 돈이 어떻게 해서 받은 것이고 어디에 쓰일 것인지에 대해 서술된다.

> 기동 아저씨는 동네에서 제일 키가 큰 사람. 언덕의 버덩에 노마 아버지와 같이 양철집 학원을 짓고 그리고 노마 아버지와 함께 그 학원에서 동저고리 바람으로 모자도 안 쓰고 큰 키를 꾸부정 서울로 붙들려 갔다. 그가 어제 일 년 만에 머리를 빡빡 깎고 얼굴에 살이 올라 딴 사람처럼 눈이 조그마져 마을에 돌아왔다. 그리고 그는 노마 자신만큼 노마 아버지를 두고 혼자만 나오게 된 것을 섭섭히 생각하는 것이라 쓱쓱 커다란 손으로 머리를 비비면서 노마 집엘 찾아왔다.[228)]

기동 아저씨에게 돈 받는 과정을 보여주면서 노마 아버지에 대한 정보가 슬쩍 끼여든다. 아직은 "양철집 학원"과 관련해서 붙잡혀 갔다는

---

228) 현덕, 위의 책, 94면.

사실만 제시된 상태다. 기동 아저씨가 준 돈은 "내일 어머니가 서울로 아버지를 보러 가는 데 쓰여질 소중한 돈"인 것을 노마는 잘 알고 있다. 그래서 돈을 찾는 노마의 마음이 그저 장난만은 아닌 것이다. 노마 아버지는 어떤 일을 했기에 잡혀갔는가?

바람 부는 날 술이 취해서 김 오장은 비틀비틀 언덕 위 학원으로 말썽을 부리러 올라왔다. 축대 위로 올라서 문을 가로막고 서서 놀라 쳐다보는 실내 안의 많은 눈을 한 몸에 모으고,
"이놈들아, 나가거라 나가거라."
그 김 오장을 노마 아버지는 말없이 멱살을 잡고 밀고 내려갔다. 운동장 밖보리밭에 나둥그러져 일부러 그러는 듯 한참 일어나지 않고 엎드렸던 김 오장은 도야지 흡사 양도야지다.
"어디, 늬 맘대루 실컨 해 봐라. 그래야 네 신상에 좋지 못헐 걸, 좋지 못해."[229]

이 대목에서 김 오장이 등장한다. 김 오장은 노마 아버지가 하는 학원의 훼방꾼이다. 그래서 노마 아버지와 다툰 뒤에는 두고 보라면서 큰소리친다. 사태는 김 오장의 말대로 되어 가는지 아버지는 점점 낯빛이 무거워져 간다. 그런 아버지가 학원이 내려다보이는 고개 위에서 노마더러 크게, 더 크게 자꾸 소리를 질러보라고 한다. 아버지의 일이 뜻대로 이뤄지지 않고, 마음대로 소리칠 수도 없는 엄중한 시국임이 암시되는 것이다. 노마의 기억으로 조금씩 복원되는 아버지의 행적은 작품에서 시간을 거슬러 올라 기술된다.

노마 집 울타리의 쭉나무가 잘리우고 언덕 위 버덩이 닦여지고 그리고 양철집 학원이 지어지던 날 노마 집에선 생일날처럼 수수떡을 하였고 아버지는 학원 마당에서 동네 사람들의 많은 눈을 한 몸에 받고 얼굴이 딱딱해졌다. 그 아버지에게 김 오장한테 하듯이 허리를 접어 어른들도 절을 하고 아이들도 절을

---

229) 현덕, 위의 책, 98면.

하고 다만 한 사람 그러지 않고 뻣뻣이 섰던 김 오장이 다른 것은 몰라도 자기 네 집 뽕나무밭은 결딴냈대서, 그리고 학원을 나무광으로 쓰고 싶어서 다니며 심술을 놓은 것이리라. 그 김 오장을 멀쩍이 두고 노마는 일부러 뒷짐을 져 보인다. 왜냐면 어른 앞에 어린놈이 뒷짐을 진다고 골을 내는 김 오장이니까. 그런 줄을 모르고 김 오장 그래도 잘난 듯이 도야지 같은 입술에 담뱃대만 물고 다니지.

　－김 오장 양돼지. 꿀꿀 양돼지.
　－김 오장 양돼지. 꿀꿀 양돼지.230)


이로 미루어 보아 노마 아버지는 농촌계몽을 위하여 학원을 지은 것이고, 김 오장을 제외한 모든 마을사람들에게 존경받았던 것을 알 수 있다. 김 오장은 노마에게도 조롱거리가 되는 만큼 명백히 적대적으로 그려져 있다.

그러나 이 작품은 시종일관 노마의 시선에 갇혀 있고 어른들 사이의 일은 전부 노마의 기억으로 처리되었기 때문에 현재시점으로 진행되는 사회적 갈등이 없다. 이점에서 「남생이」와 「경칩」하고는 다르게 거의 동화의 세계가 되고 말았다. 노마 아버지와 기동 아저씨가 양철집 학원을 짓고 계몽운동을 벌이다가 김 오장의 농간으로 붙들려갔다는 대목에서 작가의식의 일단을 찾아볼 수 있지만, 그것말고는 소설로서 생활에 대한 탐구가 결여되어 있는 것이다. 이 작품은 노마가 잃어버린 동전을 찾아다니면서 보여주는 천진한 모습이 거의 대부분이다.

그렇다고 이 작품이 동화로서 성공한 작품이냐 하면 그렇지도 않다. 일단 노마의 행동은 어린이의 특성을 정확하게 반영한다. 돈을 찾는 일은 노마 저도 모르게 하나의 놀이가 되었다. 어린아이의 물활론적 사고 특성을 따라 두꺼비한테 돈을 내놓으라고 다그치기도 한다.

　　"이런 거짓말쟁이, 누군 모를 줄 알구."

---

230) 현덕, 위의 책, 107면.

하고 노마는 슬쩍 넘겨짚어 보기도 한다. 두꺼비는 그러나 눈 하나 끔벅하지 않는다. 이런 놈은 슬슬 달래 보는 수밖에 도리가 없다.

"가르쳐 주면 엿 사서 조곰만 줄게, 응."

하여도 신통치 않아 하니까,

"그럼 반만 줄게."

노마는 거짓부렁이 아니라는 증거로 땅바닥에 세 번 발을 굴러 보인다. 그러는 대로 두꺼비는 눈만 끔벅끔벅할 따름 종시 응하는 기색이 없다. 저렇게 배가 불룩하구서야 욕심이 아니 많을 수 없으리라. 노마는 하는 수가 없어 생각해 보다가,

"그럼 다 주마."

하고 소리를 크게 호언한다.231)

이처럼 노마의 심리와 행동을 묘사하는 장면들은 매우 실감나지만, 전체적으로 내용과 형식에 걸맞은 응집력이 부족하다. 동화로 보기에는 분량도 지나치게 많다. 이 작품 곳곳에서 보이는 노마의 천진한 행동은 노마 연작 동화 여러 편의 모티프로 발전해서 따로따로 작품화되기도 한다. 따라서 이 작품은 동화와 소설을 별개의 영역으로 놓고 한층 의식적으로 두 세계를 추구해나가는 과정에서 유독 장르의식이 불철저하게 나타난 어정쩡한 모습이다. 동화의 패러디 여부,232) 또는 동화냐 소설이냐에 앞서 어른에게도 아이들에게도 어느 한편 만족스럽지 못한 결과를 낳은 것이다. 삶을 희구하는 간절함의 상징이자 역설로 제목이 주어진 「남생이」와 「경칩」에 비해, 「두꺼비가 먹은 돈」은 제목부터가 산문적 상황에서 한 걸음 비껴나 있는 것이라고 하지 않을 수 없다.

---

231) 현덕, 위의 책, 111~112면.
232) 염희경, 앞의 글 참조

## 2. 어둠의 자각 —「골목」·「잣을 까는 집」·「군맹」

　어린 노마가 등장하는 일련의 소설 작품을 발표하면서 현덕은 주목받는 신인작가로 떠올랐고, 덕분에 노마의 세계를 그린 동화 작품을 신문에 연재하기 시작했다. 그런데 「두꺼비가 먹은 돈」이 소설로서는 한계를 드러내게 되자, 이후로 현덕은 아동문학의 세계와 소설의 세계를 다른 방향으로 추구하게 된다. 아동문학을 통해서는 밝고 낙천적이며 믿음과 희망을 주는 서민 아동의 생활세계를 그렸는데, 소설은 그와 정반대로 어둡고 비관적이며 불신과 절망을 마주해야 하는 지식인과 민중의 현실을 그렸다.

　1930년대의 서울거리에는 과거에 볼 수 없었던 새로운 풍경이 생겨나기 시작했다. 특히 도심의 모던한 풍경은 대중매체의 발달과 더불어 시대의 표정인양 자리 잡아가고 있었다. 그러나 실제의 삶은 어떠했는가? 눈을 현실로 돌렸을 때, 거기에는 '근대'의 신기루를 향해 달리다가 낙오하고 좌절을 겪는 새로운 레퍼토리의 '인생극장'이 있었다. 유동적인 도시민의 삶의 이면, 그 어두운 속을 들여다보는 일은 문학이 외면할 수 없는 주제가 아닐 수 없다. 「골목」·「잣을 까는 집」·「군맹」은 모두 서울 동편의 외곽에 자리 잡은 빈민촌을 배경으로 한다. 이것들은 또 다른 의미의 연작처럼 도시 변두리의 삶을 모자이크하면서 시대의 전형적인 사회문제를 파헤치고 있다.


### 1) 「골목」

　이 작품은 골목 안 풍경에서 변화된 세태를 읽어내려 했다. 그렇지만 단순히 세태를 그리는 데에 머물지 않고 인물의 심리묘사에 주력하면서 이면에 자리 잡은 위선적인 모습이라든지 변두리까지 파고든 이른바 '신식' 문화를 대하는 숨겨진 욕망을 파헤친다.

주된 탐구 대상은 세 가구의 인물들, 곧 한 집에 세 들어 사는 노파 모자와 건넌방 김씨 내외, 그리고 골목 맞은편 푸른 대문집 여자다. 초점 화자가 이동하는 작가 시점이지만 노파가 건넌방 여자와 푸른 대문집 여자, 건넌방 김과 자기 아들을 비교 관찰하는 장면으로 전반부를 이루었고, 후반부로 가면서부터는 건넌방 김씨 내외, 특히 건넌방 김의 행위로 작가의 관찰이 모아지고 있다. 신식에 대해 거부감을 지닌 노파는 이전 작품들에서 보인 노마의 순진한 눈과는 달라서 세태에 닳고 닳은 눈으로 관찰 대상을 가차없이 발가벗긴다. 그렇지만 빈정거리는 말투로 남을 헐뜯는 노파 또한 작가의 관찰 대상이다.

> "— 호기찬 소리는 잘 허구, 트레머리는 했어두 나보다 날 건 없드라. 사내 꼬락서니 하고"
> "바깥 사람은 뭘 한대요?"
> 하고 묻는 노랑 융저고리를 입은 여자는 다만 노파의 빈정거림을 듣기 위해 묻는 말이리라, 좌우를 돌아보며 눈을 끔벅 한다.
> "다달이 삼천 냥씩이나 녹을 먹는 월급쟁이라우."
> "그런데 허구 다니는 꼴이 왜 그래요"
> "왜 허구 다니는 꼴이 어때서. 걸고 쓰러져도 양복쟁이인데 그래."
> 그리고 하하하 주위에 간사한 웃음소리가 높고 노파는 더욱 비틀그러진다. 오늘 순사 시험을 보러 가는 사람인데 그러느냐. 그리고 내일은 순사가 되고 모레는 무엇이 되고 — 노파는 그들의 웃음을 돌아 건순진 입술이 일그러졌다.[233]

남편을 배웅하고 들어가는 건넌방 여자를 보고 우물가에 모여 있던 동네 여인들이 수군거리는 장면이다. 노파가 경멸조로 말하는 건넌방

---

233) 현덕, 앞의 책, 143면.

여자는 신식 교육을 받았고 집에서도 신식 차림으로 지낸다. 그러나 노파가 보기엔 아침저녁으로 봉지쌀 동나뭇단을 사들이는 여느 가난한 셋방살이와 조금도 나을 바 없다. 건넌방 여자는 "근처 무식하고 가난한 여인과 자기를 구별하여 신교육을 받은 사람이라는 본분을 분명히 하려는 듯 행동"하는 것인데, 그것을 뒷받침할 만한 실질적인 배경이 없다. 그래서 무직자인 남편을 들볶아 아침마다 위장 출근시킨다.

건넌방 여자는 길 건너 푸른 대문집 여자에게 선망과 질투, 무시와 경멸의 복합감정을 드러낸다. 푸른 대문집 여자는 근처 땅 장수로 부자가 된 사나이의 첩으로 들어가 때를 벗은 신세다. 속에 든 게 없다 해도 겉만은 신식을 좇아 살고 있다. 축음기를 틀어놓고 유행가를 듣는가 하면, 새로 산 옷을 동네 여자들에게 자랑한다. 건넌방 여자는 축음기 소리에 날마다 귀를 기울이면서도 짐짓 푸른 대문집 여자는 교양이 없다는 식으로 경멸한다.

신식이란 것을 도무지 마뜩치 않아 하는 노파가 푸른 대문집 여자보다 건넌방 여자를 자기만 못하다고 빈정대는 이유에는 건넌방 여자의 남편이 자기 아들보다 못하다는 사실이 포함되어 있다.

> 건넌방 남자는 그림자 같은 사나이였다. 아침저녁 문전을 드나드는 때도 사람의 눈을 피하듯 고개를 숙이고 급하게 마당을 건너는 세신단구의 오그린 새우등이 썩 가엾스럽다. 되도록 자신의 존재를 희미하게 하려는 듯이 걸음을 걸어도 발소리 하나 없다.
> 반대로 노파의 아들은 되도록 자신을 똑똑하게 표현하려는 듯이 언어 동작이 왁살스럽다. 벌써 골목 밖에서부터 자기 집 가까이 왔음을 커다란 기침으로 알린다. 몸을 부딪듯 대문을 들어서는 붉은 얼굴에 좌우 어깨에 벌고 좁은 마당이 뿌듯해진다. 굵은 목에서 나오는 음성은 예사로 하는 소리도 지붕 밑을 울린다.[234]

---

234) 현덕, 위의 책, 145~146면.

노파의 아들은 거리로 다니며 목청을 높이는 고무신 행상이었다. 그런데 고무가 귀해지면서, 헌 고무신을 골목으로 다니며 걷는 패와 그걸 구해 들이는 회사 사이의 중도위 노릇으로 조금 신세가 폈다. 노파의 아들은 거리에서 만난 건넌방 남자를 호기롭게 술집으로 불러들여 무직자 신세를 위로해주는 척하지만 실은 그와의 대비 속에서 자신의 안녕을 즐기는 쪽이다.

아내의 허영을 위해 날마다 연극을 벌여온 건넌방 김은 자기 정체를 훤히 알고 있는 노파의 아들 앞에서 더없이 위축된다. 그 때문에 돌아오는 길에 친구 윤을 찾는다.

> "내가 더 못났나, 자네가 더 못났나?"
> 술 취한 그를 처음 대하는 친구를 또 좀 어리둥절하게 하고,
> "나두 못나구, 너도 못났다. 못난 놈은 다 죽어라. 죽어 죽어 죽어."
> 밖에 친구의 젊은 아내가 한데서 떨고 있을 단칸방에서 그는 죽어 죽어 죽어 소리를 수없이 연발하였다.235)

건넌방 김과 함께 친구 윤도 무직자다. 건넌방 김은 졸업은 못했어도 전문학교를 다닌 경력의 소유자다. 이들 부류는 식민지 교육의 희생양이라 할 수 있다. 건넌방 김은 순사 시험이라도 보게 하려는 아내의 앙탈에도 불구하고 자존심을 지키고자 그에 응하지 않고 있는 중이다.

그런 건넌방 김이 순사 시험을 보겠다고 아내에게 말한 날은 친구 윤이 순사 시험에 실격한 바로 그 날이었다. 친구 윤은 마지막 신체검사에서 걸려 실격했는데, 건넌방 김은 그보다도 더 왜소한 체격이다. 그러니 순사 시험을 봐도 붙을 가망성은 전혀 없다. 작품은 이런 사정을 전혀 모르는 건넌방 여자의 간드러진 웃음소리와 함께 끝이 난다. 여기서 건넌방 김의 행동은 두 가지 의미로 해석할 수 있다. 하나는 식민지 통치

---

235) 현덕, 위의 책, 153면.

구조의 하부인 순사가 되는 것을 거부하겠다는 뜻이고, 또 다른 하나는 허영에 들떠 자신에게 연극을 강요하는 아내의 기대를 보기 좋게 배반하겠다는 뜻이다. 하지만 전자로 해석하기에는 건넌방 김이 너무 무기력한 모습으로 그려져 있다. 그는 일종의 룸펜 지식인에 가깝다.

이 작품의 인물들은 누구도 자기 이름이 주어져 있지 않고 타인의 시선으로 호칭되고 있다. 이는 익명으로 존재하는 도시적 삶의 방식과도 관련되면서, 작가와는 비판적 거리감을 형성한다. 무질서하게 뒤엉킨 골목은 파멸하는 농촌을 등지고 도시로 유입하는 인구가 늘어나면서 나타난 새로운 풍경이다. 출신도 다르고 하는 일도 다르지만 고만고만한 살림에 매달려 옹색하게 붙어사는 중하층 도시민의 거주지가 바로 골목이라 할 수 있다. 여기에도 트레머리, 짧은 치마, 양말, 구두 등의 패션이 흘러들어오고, 축음기의 유행가 소리가 울려나온다. 문화적으로 도심부와 농촌의 경계에 속하기 때문에, 전통적인 질서가 무너져 내리고 새로운 도시 문화가 저급한 모방의 형태로 흘러들어오는 곳이 또한 골목이다. 이 작품은 이와 같은 현상을 인물의 심리를 통해 포착하고 있다. 이웃집 살림이 훤히 들여다보이도록 다닥다닥 붙어 지내면서도 누구도 진정한 속내는 알 수 없고, 공동체적 유대감도 없으며, 서로에게 타인일 뿐인 도시 생태의 이면을 그린 점에서 모더니즘의 특성이 그중 많이 나타난 작품이다.


## 2) 「잣을 까는 집」

「잣을 까는 집」은 성 아래 비탈을 의지한 한층 가난한 산동네를 배경으로 한다. 이 작품에는 어린아이가 등장하는데, 그것이 궁핍한 삶을 드러내는 사건의 방편으로만 기능하고 있기 때문에, 노마가 등장하는 소설과는 뚜렷하게 차이가 난다. 작품의 초점은 명백히 옥이 아버지에게 놓여 있고, 그는 주로 옥이와 동떨어진 곳에서 움직인다.

옥이 어머니는 잣을 까는 부업으로 근근히 생계를 잇고 있다. 허기진 막둥이는 늘 잣이 먹고 싶어서 칭얼대고 어머니는 잣을 약이라고 속이지만, 옥이는 그런 약이라면 하늘에서 비처럼 쏟아져도 좋겠다고 생각한다. 옥이 아버지는 실직 상태로 집에서 빈둥거린다. 이런 상황에서 옥이 어머니는 악에 받힌 소리밖에 나올 것이 없다.

"장구헌 날 누워만 있으면 어떡할테유. 임자두 눈 있으니 저녁쌀 없는 것 보지. 귀 있으니 아이들 보채는 것 듣지."
그 말에 더욱 다급한 사정을 분명히 느끼고는 또,
"오래잖어 엄동은 닥쳐올테구 나무 한 오리, 쌀 한 톨 장만헌 건 없구, 이러구 어떻게 살려구 그러는 거유. 먹을 것 입을 것 유산지산으로 장만해 놨수. 먹을 것 입을 것 걱정 없는 사람도 당신 같지는 않습니다."[236]

옥이 아버지는 석공일을 하다가 채석장이 파해 손을 놓고 있다. 그런데 삼봉 아버지는 운이 좋아 다른 채석장에 자리를 얻었다. 친구처럼 지낸 두 사람 사이도 이젠 층이 져서 사이가 벌어졌다. 채석장에서 늙은이와 여인네들 틈을 헤집고 앉아 자갈을 깨뜨리는 일만은 석공인 자기 신세의 끝을 보는 것 같아 하지 못한다. 어느 한 군데 트인 곳이 없는 생활은 인간의 내면을 갉아먹는다. 옥이 아버지는 아내의 구박을 피해 좀 떨어진 이웃집에 들렀다가 자기 아내처럼 잣을 까는 그 집 노파의 모습이 궁상맞다면서 공연히 눈살을 찌푸린다.

문지방 너머 부엌에서 영감의 늙은 아내가 웅크리고 앉아 잣을 깐다. 궁상맞다. 언저리 전체가 궁상맞아 보인다. 옥이 아버지는 그들이 살기가 궁하니까 잣을 까는 것이 아니라, 잣을 까니까 살기가 궁하다 싶다. 그렇게 그 꼴이 궁상맞다. 답답하다. 그러나 자기 집 아내의 같은 모양이 보기 싫어 밖을 나와서는 만

---

236) 현덕, 위의 책, 122면.

만히 갈 수 있는 곳으로 찾아가는 데가 또 그런 곳인 데는 자각지 못하고,

"잣들은 왜 끼는 거유. 뭐 떨어지는 거 있우. 영감님이 벌어오는 거나 잡숫고 계시지 않구."[237]

그 시간에 옥이는 막둥이를 시켜 구슬을 아랫집 마당에 널린 잣 쪽으로 던지게 하고는 구슬과 함께 잣 한 줌을 쥐어든다. 세 번째 막둥이로 하여금 구슬을 굴리게 하고 잣 한 줌을 쥐었을 때에는 그 집 여자에게 들키고 만다. 그래서 위 아랫집 사이에 싸움이 벌어진다.

"네년 먹으라고 열 손가락이 닳도록 깐 줄 아니? 요 앙큼헌 년 밤에도 단잠을 안 자구 까구, 어린 놈 한 알 먹여 보지 못헌 잣을. 을마나 집어 갔니. 엉, 을마나 집어 갔어?"

옥이 어머니는 부엌에서 잠시 귀를 기울이고 섰다가는 손에 든 바가지 물을 쫙 판장을 향해 끼얹고 그리고 발돋움으로 판장 위에 머리를 내민다. 비탈 아래서 옥이는 아랫집 여자에게 손목이 잡혀 그 지르는 비명보다 더 형세가 급하다.

"남우 집 어린애 왜 때류. 왜 때려."

대문 밖으로 나가 비탈 아래 여자를 마주 대하고는,

"어서 때려 죽유. 때려 죽여."[238]

서로 억울하다는 두 집 여자의 싸움은 "성 아래 비탈을 의지하고 올망졸망한 오막살이 그 전체가 발하는 악이요 하소연"이다. 집으로 돌아오다가 이 광경을 길가에서 구경꾼인 양 뒷짐 지고 바라보던 옥이 아버지는 점점 마음이 불안하고 다급해진다. 왔던 길을 되돌아가서 잣을 까는 노파의 집에 잠시 머물렀다가 이윽고 삼봉 아버지를 찾아 나선다. 하지만 삼봉 아버지는 만나지 못하고, 집에 돌아와서 아내 앞에 은전 몇 닢을 내던진다.

---

237) 현덕, 위의 책, 128면.
238) 현덕, 위의 책, 130면.

"주둥이 작작 놀려."

　하는 악성과 함께 문득 옥이 어머니 발 앞에 은전 몇 닢이 날아와 쇳소리를 내며 떨어져 구른다. 그리고 옥이 아버지의 노하면 눈썹이 오그라붙는 그 눈이 컴컴한 속에서 희번덕이며 거친 음성이 왕왕 방 네 귀를 울린다.

　"누군 생각 없어 노는 줄 알어, 생각 없어 노는 줄. 돌일 허기 시작헌 지 십 년야. 돌일 묘리 알기론 남 아래 가지 않는 이눔야. 망치질이던 노미추기던. 남 못 허는 거 없는 이눔야—"

　밖에는 성 위에 바람이 일고 언덕 밑 옥이 집 양철 지붕에 좍좍 모래를 끼얹는다.

　좍좍 도깨비장난처럼 모래를 끼얹는다.[239]

　작품의 마지막 장면이다. 노파네 집에 들렀을 때, 『죄와 벌』의 주인공 라스꼴리니코프처럼 범죄 충동에 사로잡히는 대목이 나오지만, 은전 몇 닢이 그 결과물인지는 확실하게 그려져 있지 않다. 이 작품에서 가장 뚜렷한 것은 가난이 인간의 존엄을 여지없이 허물어뜨리는 아비규환의 현장이다. 극에 다다른 빈궁 체험을 묘사한 점에서는 최서해(崔曙海)의 소설을 보는 듯한데, 서술자의 감정을 자제하고 심리묘사와 비유적인 표현으로 암울한 시대 현실을 일깨운다는 점에서 신경향파 문학과의 거리를 찾을 수 있다.

### 3) 「군맹」

　「군맹」은 서울 동편 외곽의 낙산(駱山)에서 갈라져 나온 만수산(萬壽山) 자락의 토막촌을 배경으로 한다. 전에 채석을 하던 자리이고, 모진 암면의 깎아지른 측면에 기대어 토막이 층층이 올라앉은 산동네다. 토막은 땅을 파고 그 위에 짚, 양철, 거적 따위로 벽과 지붕을 씌운 조악한 주

---

239) 현덕, 위의 책, 138~139면.

거형태로 최하층 빈민이 사는 집이다. 토막민은 백정처럼 특수한 사회를 이룬 사회적 계급의 하나가 아니라 식민지 조선에서 흔히 볼 수 있는 빈민의 한 형태였다. 토막민은 국유지나 사유지를 막론하고 빈터만 있으면 움집이나 움막을 지어 사는 사람들을 가리킨다. 1910년에 조선총독부에서 편찬한 『조선어사전』에는 아직 '토막'이란 어구가 수록되어 있지 않다. 곧 토막민은 식민지시대에 비로소 나타난 빈민들인데, 일제 말로 가면서 토막민의 수효가 꾸준히 증가하고 있는 통계 자료에 비추어 식민지 근대의 모순이 민중생존권을 벼랑 끝까지 몰고 갔던 사실을 알 수 있다.[240]

「군맹」은 「골목」과 「잣을 까는 집」보다 분량이 4배 가량 되는 긴 중편이다. 토막촌 철거를 둘러싸고 펼쳐지는 주민 내부의 분열과 갈등을 파헤쳤다는 점에서는 앞의 두 작품보다 사회문제에 대해 훨씬 적극적인 관심을 드러냈다고 볼 수 있다. 그런데 긍정적인 인물을 찾기 힘들고, 만성이라는 야비한 성격의 인물에 초점을 두고 있어 작품은 초지일관 암울하고 절망적인 느낌을 자아낸다.

만성은 땅 주인 김권실과 동네 사람 사이에서 자기 잇속만 챙기는 인물이다. 김권실은 "근자의 홍청망청한 세월을 타고 일어선 새 부자"다. 이런 김권실이 땅 투기를 위해 토막민을 내쫓는 과정에서 만성은 거간꾼 노릇을 한다. 동네 사람들은 만성을 믿지 못함에도 김권실이 만성을 통해 토막민을 관리하기 때문에 어쩔 수 없이 만성이 전하는 소식에 귀를 기울이며 그에게 중개자의 소임을 맡길 수밖에 없는 처지다. 땅의 임자가 바뀌고 보상금도 없이 쫓겨나게 될 판국에 처한 토막민들은 "동네에선 식자요 인망가"인 최 노인을 중심으로 대책을 강구한다. 최 노인은 주민들의 진정서를 만들어 관청과 언론사에 보내는 일을 도모한다.

한편, 만성은 동네에서 주점을 하는 덕근에게 접근해 그 집 딸 점숙

---

240) 강만길, 『일제시대 빈민생활사 연구』, 창작과비평사, 1987 참조.

을 만주 목단강의 색주가에게 팔아넘기려 한다. 이렇게 작품의 줄거리는 토막촌의 철거를 둘러싼 집단적 움직임을 중심축으로 하고, 점숙을 팔아 넘기려는 사건을 보조축으로 해서 전개된다. 그런데 점숙은 만성의 동생인 만수와 연애를 하는 사이다. 만수는 사진관에서 친구들과 어울려 빈둥거리는 한량에 지나지 않지만, 그의 형처럼 자기 이익만을 위해 타인에게 침해를 가하는 성격은 아니다. 점숙은 언제 목단강으로 가야 할지 모르는 자기 처지가 불안해서 만수에게 자기 운명을 기대고 싶어 한다.

"참 어떻겠으면 좋겠어요 오빠?"
"그걸 내가 아오 사람마다 자기에 관헌 일은 제 좋은 대로 하는 것이 제일 똑똑헌 일이겠지. 자기 좋은 대로 해 보쇼 따라가고 싶건 가보는 것이고 싫으면 고만두는 것이고"
말끝마다 퉁명스럽게 엇나가는 만수에게 가벼운 실망을 느끼고 점숙은 가만히 한숨을 쉰다. 다시는 개구치를 않을 듯이 잠잠히 걷다가는 가슴에 불안을 참을 수 없는 듯이,
"그렇게 되면 내 신세는 어떻게 될까요, 내 말로는?"
"말로?"
하고 빈정대는 어조로 반문을 하다가,
"토막굴에서 자란 여자의 말로가 그건데 또 무슨 말로를 찾는 거야. 돈에 팔려 가는 것이 말야."
하고 좀더 격한 어조로 한 말을 되풀이 하여,
"돈에 팔려 가는 것이 말로야. 돈에 팔려 가는 것이 말로야."
점점 언성이 격해 가다가 그 음향에 스스로 격동된 듯 길가 전선주를 발길로 걷어차며 미친 사람처럼 고성을 지르는 것이다.241)

만수는 점숙의 불안감을 달래주기는커녕 스스로의 무력감을 울분으로 쏟아낸다. 출구가 보이지 않는 자기 운명도 점숙과 다를 바 없다고

241) 현덕, 앞의 책, 231면.

생각하기 때문이다.

만수처럼 비교적 자기 현실을 똑바로 직시하면서 울분을 토하는 토막민으로 털보가 있다. 토막 철거와 보상 문제를 두고 털보는 사사건건 만성과 대립한다. 그런데 털보 또한 과거 행적이 떳떳치 못해서 만성으로부터 도적질을 했다는 소리를 듣고 있다. 게다가 동네 사람 대부분은 위기에 대처할 방법을 찾지 못하고 자기 앞길에 대한 불안감을 해소하기 위해 최 노인에게 옛날이야기나 들으며 하늘의 기적을 바라는 환상에 잠기곤 한다. 생선 행상을 업으로 하는 이, 어린 두 손녀딸이 근처 제복 공장에 다녀 벌어들이는 것으로 끼니를 이어가는 늙은이 내외, 홀몸으로 반벙어리의 병신자식 하나를 거느린 떡 장수 과부, 만년필 행상을 하는 이 …… 이들은 최 노인이 도모하는 진정서에 목을 걸고 있을 뿐 달리 방도가 없다.

그러나 집단 진정서 일은 수포로 돌아간다. 만성의 집요한 꼬임에 이끌려 최 노인이 철거민에게 등을 돌리게 되는 것이다. 만수와 점숙이는 몸값을 챙겨 멀리 달아난다.

> "잘했다. 잘했어. 따는 놈은 따고 잃은 놈은 잃고 노름판 같은 세상이거든"
> 할제, 자신 시원한 듯 한 번 두 팔을 벌려 기지개를 킨다. 주위에는 어둠이 짙어 몇 간통 앞을 분간키 어렵도록 캄캄하다. 그 어둠에 사로잡힌 듯 앞길이 캄캄한 울안을 벗어나 두 남녀는 자기를 대신하여 밝은 세계로 달음질치는 것 같은 감을 느끼며 동시에 그들은 좀더 자기 앞에 가로막힌 컴컴한 어둠을 자각하였다.242)

만수의 성격과 행동에 도덕성이 부여되어 있는 것도 아니라서, 점숙과의 도피 행각을 적극적인 해결책이라고 평가하기는 어렵다. 제 코가 석 자인 처지의 인물들이 공통의 위해(危害) 앞에서 본능적으로 집단적

---

242) 현덕, 위의 책, 281~282면.

인 대응을 모색하지만 결국 실패의 기록으로 끝나고 마는 것을 이 작품은 보여준다. 그런데 「군맹」이라고 제목을 붙인 작가의 의중과 더불어 이 작품을 살핀다면, 적극적이고 긍정적인 인물의 부재는 결함이 아니다. 작가는 '장삿속'이라는 시장원리가 인간관계를 지배하면서 일어나는 삶의 위기를 도시빈민 내부에서 들여다보고 있다. 근대사회의 작동원리와 '한동네'라는 공동체의 몰락은 불가분의 관계인 것이다. 따라서 「군맹」은 시장의 희생물이 될 수밖에 없는 식민지 민중의 곤경에 대한 탁월한 증언이다. 털보의 입에서 터져 나온 소리는 "노름판 같은 세상"이다. 세상물정을 모르고서는 당하고 살 수밖에 없는 현실인데, 그렇다고 "따는 놈은 따고 잃은 놈은 잃"는 질서를 수긍할 수도 없는 노릇이다. 이 작품에서 "자기 앞에 가로막힌 컴컴한 어둠을 자각"했다는 마지막 문장은 반어적인 여운을 남긴다. 행동의 한계가 곧 시대의 현실성인 것이다.243)

## 3. 이념의 회복─「녹성좌」

「녹성좌」는 「군맹」보다도 분량이 조금 더 긴 중편이다. 작품의 제목은 좌익 성향의 극단 이름을 가리키는 것으로, 지식인과 이념의 문제를 직접 다룬 점에서 다른 소설들과는 조금 색채를 달리한다. 카프가 위기를 맞이할 당시부터 전향자가 속출했고, 카프가 해체된 1930년대 말에 이르면 이념을 내세우는 모습을 찾아보기 힘들 뿐만 아니라, 일부에서는 친일 협력의 길로 접어들고 있었다. 그런데 이 작품에서 작가는 주요

---

243) 김하철, 「현덕소설론」, 앞의 책, 239면.

등장인물의 입을 통해 미래에 대한 신념을 바탕으로 희망을 잃지 말 것을 주장한다. 「녹성좌」는 다른 무엇보다도 현덕의 사상과 의식을 살필 수 있는 작품이다.

주인공 박동민은 형의 집에 얹혀 살면서 출장사진을 업으로 하고 있다. 그는 친구 김기환에게 사진기를 빌려주고 그 때문에 집에서 불화를 겪는다. 사진기는 그의 형이 동생을 하루빨리 성가시켜 짐을 덜겠다고 월부로 사 준 것이었다. 동민은 형과 형수 내외의 따가운 시선을 피해 집을 나와서 기환에게 극단 녹성좌와 이재수를 소개받는다. 여기서 동민에게 새로운 삶의 지표가 부여된다. 작가는 동민의 눈을 통하여 이재수의 긍정적인 면을 여러모로 부각시킨다.

서울에서 녹성좌를 이끌고 있는 이재수는 일찍이 동민에게 동경의 대상이었다. 첫 번째 만남은 동민이 월사금 체납으로 서울서 중학교를 쫓겨난 뒤 동경으로 건너가 일을 찾아 헤매던 때였다. 그가 신문배달부를 하던 시절에 대학생 신분으로 신문배달을 하러 온 이재수는 영업소 주인의 횡포에 당당하게 맞서는 모습으로 동민의 시선을 끈다. 두 번째 만남은 동민이 동경서 서울로 돌아오는 경부선 기차 안에서였다. 그때 이재수는 호송되는 미결수의 한 사람이었다. 그의 당당한 모습은 마땅한 일을 찾지 못하고 삶의 의욕을 잃은 자신과 대비되어 더욱 위대하게 보인다.

　　동민은 놀라 버린 입을 다물지 못하고 섰는데 그는 아까부터 보았던 모양으로 미소를 지은 얼굴로 말없이 목례를 하는 것이다. 그 안색은 약간 파리하고 창백하나 그러나 전일의 패기와 자신이 넘친 그 인상 그대로 오히려 어떤 감추지 못할 자긍으로 어깨를 들고 앉았는, 그것으로 미루어 그가 지금 처해 있는 위치란 결코 사람을 대하길 부끄러워 할 성질의 것이 아님을 알 수 있었다.[244]

---

244) 현덕, 「녹성좌」, 『조선일보』, 1939년 6월 21일자.

기환과 함께 만나고 보니, 이재수는 "동경서 조선인 중심으로 조직된 어느 좌익 계통의 예술극단의 단원의 일원이던 사람으로 연극에 천재적 재능이 있다"고 기환이 늘 화제에 올렸던 인물이다. 동민은 기환이 빌려간 자기 사진기가 극단 사업을 하면서 자금의 압박을 받아 전당포에 잡혀 있음도 알게 된다. 사진기의 행방을 묻는 형 내외와 극단 사이에서 갈등하던 동민은 이재수의 권유로 녹성좌의 단원이 된다.

극단 녹성좌는 어떤 성격을 지니고 있는가? 이재수의 입을 통해 "녹성좌는 진정한 의미의 극문화를 이 땅에 수립하기 위해 나온 극단"임이 진술된다. 그런데 녹성좌는 아직 단 한 번의 공연도 올리지 못하고 자금 문제로 압박을 받고 있다. 그래서 이번에 공연을 통해 극단의 존재를 사회일반에 알리고 그를 통해 출자자도 생기고 하여 극단의 기초가 확립되면 중앙공연과 지방공연을 활발히 전개하고 영화제작에도 손을 델 계획을 갖고 있다. 이번 첫 공연의 비용은 김기환이 책임을 진다고 했고, 공연 대본으로는 「광명을 등진 사람」이 준비되어 있다.

대본의 줄거리는 이러하다. 한의생인 아버지와 기독교신자인 어머니를 가진 가정을 버리고 나간 이단의 딸, 즉 김혜자가 탕아처럼 돌아온 데서 제일막 첫장이 열린다. 김혜자는 집에 돌아와서도 "현실과 자기 자신을 긍정할 조그마한 신념"도 가지지 못하는 데 따른 괴로움을 겪고 있다. 일찍이 "이 땅의 선각한 여성이 그러하듯이 그도 한때 세상을 흔들던 태풍에 공명"하여 그 길에 앞장선 선배 한 사람을 알게 되었고, 그와 뜻을 같이 함으로써 열과 성을 바쳐 동경으로 만주로 행동을 같이 하였다. 그러다가 "그것이 또한 태풍으로 상대가 일조에 지금까지 가졌던 신념을 버리자" 그들 사이에는 모멸감밖에 남지 않았다. 이렇게 해서 김혜자는 세상에 대해 냉소적인 태도를 지니게 된다. 동네 학원에서 교편생활을 해보지만 그 일에도 마음을 쏟지 못한다. 학원에서 "말없는 침묵 가운데 소신하는바 신념을 잃지 않고 허용되는 적은 기회를 붙잡고도 자신의 생을 영위"하는 인물 윤달성을 만난다. 김혜자는 윤달성에 대해서도 "십년이 여일하게 변함없이 독실한 기독신자"인 자기 모친을 보는 듯 조소한다. 김혜자는 다시 상경하여 타락한 생활에 빠진다. 그러다가 "넉넉치 못한 대로 힘있는 몇몇 지우들과 더불어 예술극단을 조직"하는 일을 하고 있는 윤달성을 다시 만난다. 이때부터 윤달성에 대한 태도가 달라지지만 이번에는 몸에 병이 들어 병원의 지하실로 옮겨진다. 윤달성은 매일 병원에 찾아오고, 김혜자는 "전일의 그 하나의 떳떳한 신념을 가진 자의 진정한 열정 깊은 정의감으로 움직임 없는 자신의 빛이 돌기 시작"한다.

어느 정도 통속성을 지닌 줄거리지만, 이를 통해 1930년대 좌익운동을 바라보는 작가의 의식이 분명하게 드러난다. 윤달성이라는 건실한 운동가를 내세운 점은 이제까지 다른 작품에서 볼 수 없는 특징이다. 그는 이 소설의 이재수다. 이재수는 단원들이 자금난 때문에 동요의 빛을 보이자 그들을 설득하려 애쓴다. 기환은 모종의 계획을 들먹이며 자금난 문제를 해결할 수 있다고 큰소리치지만, 이미 단원들은 그의 말을 믿지 못한다. 현실이 받쳐주지 않는 상황에서 단원들은 냉소적인 분위기로 빠져들고 서로 갈등을 드러내기도 한다.

극단 건물의 한 구석에는 최명희라는 여자가 병마와 싸우고 있다. 그런데 자금의 압박으로 이미 상당수 단원들이 떨어져 나간 상태라서 여주인공 김혜자 역은 최명희가 맡고 남주인공 윤달성 역은 동민에게 주어진다. 이재수는 이번 연극의 연출자다. 동민은 최명희에게 점점 관심이 끌린다. 대본 「광명을 등진 사람」은 '광명을 구하는 사람'의 역설이고 이재수와 최명희의 실제 이야기를 가지고 두 사람이 공동으로 쓴 것이다.

소설의 끝 부분은 대본의 끝 부분과 일부 겹치면서 계속 이어지는 내용이다. 최명희는 악화되는 병세 때문에 희망을 잃어가고, 이재수는 "의지를 지탱하는 신념의 문제"를 들어 최명희를 설득하려 든다. 그는 내일에 대한 희망이 없을 때 빚어지는 비극의 사례로 "메튜—스호"의 난

파 이야기를 한다. "장차 자기들 앞에 구조선이 나타나리라는 확신이 있었더라면 그런 절망에서 나온 자살이라든가 발광, 살육이 없었을 것"이라는 말이다. 최명희는 자기 마음속 신념을 굳게 먹으려 하지만 자기 몸 속에서 병균은 저대로 진행되고 있음을 들어 불안감을 토로한다. 이재수는 '기적이란 필연적 현상이지만 사람들이 그 요인을 헤아리지 못하기 때문에 기적으로 볼 따름'이라면서 끝내 신념을 잃지 말 것을 거듭 강조한다. 동민도 이재수의 말에 공감하여 기필코 연극을 성사시키고 최명희를 재생시키겠다는 결심을 한다. 동민은 확실한 계획이 있는 것처럼 가장하는 기환의 행동을 두고서도 그것이 '현재보다 미래에 속한 일이 아닐까' 생각하면서 이해하려 든다. 이재수와 기환을 한편으로 하고 다른 단원들을 한편으로 해서 녹성좌 내부의 갈등이 가장 고조된 시점에 동민은 다음과 같이 발언한다.

"적어도 한 나라의 문화를 위한 사업에 그처럼 단 한 번의 실패를 무서워하는 게 뭡니까. 이번 일이 실패하면 어떱니까. 대체 그대들은 얼마나한 손실을 보는 것입니까. 자아, 가고 싶은 사람은 가십시오 남은 사람만 남아 일을 계속하시지요."[245]

여기서 그대로 작품은 끝이 나는데, 주인공 박동민은 연극 대본의 윤달성 역을 매개로 이재수와 하나로 결속되는 구조이므로, 현덕은 박동민과 이재수를 통해서 자신의 생각을 드러냈다고 할 수 있다. 그러나 그와 같은 발언은 설득력이 약하다. 우선 최명희의 병세와 진보운동의 운명을 겹쳐놓은 것부터가 문제다. 게다가 상황이 악화될수록 신념이 필요하다는 주장은 실제와는 동뜬 주관만 앞세우는 것에 지나지 않는다.

이런 작가의식의 일방적인 노출은 인물의 형상화에도 작용을 해서 후반부로 갈수록 작품의 긴장을 떨어뜨린다. 집안과 단원 사이에서 내

---

245) 현덕, 「녹성좌」, 『조선일보』, 1939년 7월 26일자.

면의 갈등을 겪는 동민의 모습은 실감이 있지만, 단원들 사이에서 갈등을 겪는 동민의 모습은 그렇지 못하다. 최명회를 대하는 동민의 감정에서도 유치한 면이 드러난다. 이는 이재수와 박동민을 별개의 인물로 또렷하게 부각시키지 못하고 그들의 의식과 감정을 어설프게 교감하게끔한 데에서 비롯한다. 이재수가 처음 극단에 발을 들여놓은 동민에게 연극의 남주인공 역을 선뜻 맡기는 것도 설득력이 없다. 이 작품은 당시 드물게도 이념 지향의 인물을 내세웠고, 주인공 동민이 방관자에서 참여자로 바뀌는 구조를 지닌 점에서 주목할 만하지만, 작품성에서는 단단한 성취를 이루지 못한 것으로 평가할 수 있다.

그렇긴 해도 이 작품을 통해 카프작가 또는 프로문학과 연속선상에 있는 작가의식의 일단은 확인된다. 이 작품을 쓰던 시기는 현덕의 문단 교류가 좀더 넓어진 시점이다. 카프와 구인회 계열 문인들이 중앙의 일간지뿐 아니라 『문장』과 『인문평론』 등을 통해서 자연스레 소통을 이루고 있었고, 현덕은 임화·김남천·이원조 등 카프 계열 문인들과 친교를 나누고 있었다. 카프에 소속하지는 않았지만 경향문학을 '부계(父系)'로 여기고 모더니즘을 '모계(母系)'로 여기고 있던 오장환과도 현덕이 교류했던 사실,[246] 그 무렵 오장환은 카프 성향의 극단 '낭만좌(浪漫座)'에 참여했던 사실 등을 함께 고려해보면 이 작품의 모델도 짐작할 만하다.

> 1938년 봄에, 카프사건으로 투옥되었던 일부 연극인들이 주동이 되어 새로운 극단 '낭만좌'가 조직되고, 제1회 『동아일보』 주최 연극경연대회에 참가함으로써 그 창립공연을 가졌다. 이 극단에는 노동자 출신의 극작가 박향민과 김욱·신우촌·안동수·오장환·유일준·최운봉·이화삼·박학·송재노·양훈  등이 모였다.[247]

---

246) 원종찬, 「서자의식의 극복―오장환론」, 『인하어문연구』 제4호, 1999 참조.
247) 이강열, 『한국사회주의연극운동사』, 동문선, 1992, 91면.

「녹성좌」는 수그러드는 이념의 회복에 대한 염원도 염원이지만, 그와 동시에 좌익 문인들에 대한 존경심과 유대감의 표현이었던 것이다.

# 제5장

## 현덕의 아동문학

　　현덕 문학의 첫 출발은 1932년 『동아일보』 신춘문예 동화 부문에 가작으로 입선한 「고무신」이다. 당시가 계급주의 아동문학의 전성기였음을 감안하면, 이 작품은 현덕 문학의 출발점을 가늠하는 데에서 중요한 몫을 지닌다. 현덕은 1938년 단편소설 「남생이」로 작가가 된 이후 소설을 쓰면서 동화작가로도 눈부신 활약을 했다. 현덕의 아동문학은 크게 동화와 소년소설로 나뉘는데,[248] 각각 다른 연령대의 독자를 대상으로 하여 서민 아동의 생활세계를 사실적으로 그려냈다. 현덕에게 아동문학의 창작은 소설 창작과 더불어 작가적 실천의 다양한 모색이라고 할 수 있다.

　　동화는 해방 뒤에 『포도와 구슬』(1946) 『토끼 삼형제』(1947)라는 제목의

---

248) 동화는 단순성의 원리에 바탕해서 인간 또는 삶의 원형에 대한 탐구를 중심으로 하는 양식이고, 소년소설은 아동이 이해할 수 있는 범위에서 소설과 마찬가지로 인간과 환경의 교섭 원리에 바탕해서 생활적 진실에 대한 탐구를 중심으로 하는 양식이다. 동화와 소년소설의 장르 구분은 원종찬, 「동화와 소설」, 『동화와 어린이』, 창비사, 2004 참조.

동화집 두 권으로 모아졌다. 하지만 이 동화집들은 구해볼 수 없는 형편이고, 일제시대의 신문과 잡지에 발표된 것들을 통해서 그 세계를 살펴볼 수 있다.249) 아기가 주인공인 「고무신」을 제외하면, 지금까지 확인된 동화 작품은 모두 37편이다. 대부분 『소년조선일보』에 연재되었고, 그밖에는 『동아일보』에 2편, 『소년』에 1편이 발표되었다. 『조선아동문학집』(1938)에 실린 「고양이」는 처음 발표한 곳이 어딘지 확인되지 않는다. 1927년에 본명을 내걸고 독자투고로 당선된 「달에서 떨어진 토끼」와, 김유정이 작고한 뒤에 그를 이어서 연재를 완성한 「두포전」은 본고의 분석 대상에서 제외하기로 한다.

소년소설은 대부분 『소년』 잡지에 발표했는데, 해방 뒤에 나온 『집을 나온 소년』(1946)에 9편이 수록되어 있다. 여기에는 발표지가 확인되지 않는 작품이 2편 있다. 아마도 『소년』 영인본이 누락된 곳에 실려 있으리라고 짐작된다. 해방 뒤의 자료를 통해 『집을 나온 소년』에 실린 작품들이 일제시대에 쓴 것이라는 사실은 확인된다.250) 『집을 나온 소년』에는 방송극 대본 2편도 함께 실렸다. 이것들은 동화의 세계와 크게 다른 것이 아니어서 별도의 고찰은 생략한다. 한편, 해방 후 잡지에 연재한 소년소설 「행진곡」(1946), 「아름다운 새벽」(1947)과 장편소년소설 『광명을 찾아서』(1949)는 온전한 작품을 구해볼 수 없다. 이것들은 일제시대의 작품 경향과 달라진 모습 정도만 간략히 살펴볼 것이다.

---

249) 현덕의 자세한 작품 연보는 부록에서 따로 밝힌다.

250) 「아동문화를 말하는 좌담회」, 『아동문화』 1집, 1948년 11월, 43면. 여기서 양미림은 문학가동맹 아동문학위원회 주최 아동예술제에서 현덕의 「나비를 잡는 아버지」와 「고구마」를 연결 각색해서 무대에 올려 호평을 받았는데, 이것이 신작이 아니라 해방 이전 작품이었다는 데 섭섭한 감이 있다고 했다. 송완순, 「소년소설집 '운동화'를 읽음」, 『어린이나라』, 1949년 1월, 41면. 여기에서는 이종성의 작품집을 거론하면서 현덕 작품집을 다음과 같이 거론했다. "나로서는 현덕 씨의 『집을 나간 소년』과 아울러, 이 『운동화』를 첫 손가락 꼽고 싶다. 『집을 나간 소년』과 대조적으로 본다면, 현씨의 작품이 8·15 이전의 것임에 반하여 『운동화』는 전부가 이후의 것이다."

# 1. 등단작 「고무신」의 위치

아동문학은 어른 작가가 어린이 독자를 뚜렷이 의식하고 쓰는 것이기 때문에, 근대적 아동관의 성립 곧 '아동의 발견'을 전제로 한다. 그런데 우리의 경우는 식민지 근대라는 사회적 제약으로 인해서 아이들의 삶 자체가 근대성에 현저히 미치지 못했다. 이를테면 근대적 의미의 아동교육이나 가정교육이 발달하지 못한 조건에서는 아동과 성인의 분할이 뚜렷하지 않은 관계로 아동의 독자성이라든지 아동기에 대한 사회적 인식이 결여될 수밖에 없다. 이런 점이 우리 아동문학의 성격을 규정지었다. 우리 아동문학은 민족사회운동의 일환인 소년운동의 기반 위에서 출발했다. 독자 연령이 매우 높았고,[251] 따라서 동화보다는 소년소설, 공상동화보다는 사실동화(생활동화)가 압도적으로 많은 편이다.[252]

사정이 이렇다고는 하지만, 아동문학의 성립기에는 어른과의 대비에서 아동성 곧 동심을 강조하는 일이 어느 정도 불가피하다. 이를 '역사적 동심주의'라 할 수 있는데, 작품 면에서는 관념의 어린이상을 만들어 놓기 쉬웠다. 이 때문에 카프문학운동과 더불어 동심의 현실성 곧 계급성이 강조되었다. 아동문학에서도 리얼리즘은 문제적 범주로 떠올랐다. 이는 천사적 아동관에서 벗어나 현실의 어린이를 그려야 한다는 요구였다. 현실의 어린이는 계급관계에서 자유롭지 못하다. 따라서 아동문학도 계급적 현실을 반영해야 한다는 요구는 정당하다. 하지만 1930년을 전후로 해서 지배적인 조류가 된 계급주의 아동문학은 또 다른 관념의 어린이상으로 빠져들었다. 동심의 현실성에 대한 요구가 계급의 도식으로

---

251) 『어린이』(1923~34) 잡지의 '독자사진란'에 나와 있는 나이를 가지고 평균 독자연령을 추산해보면 17.72세로 당시 남성 평균 혼인연령과 거의 비슷했다(이기훈, 「1920년대 '어린이'의 형성과 동화」, 『역사문제연구』 8호, 2002, 15면). 『신소년』과 『별나라』는 내용으로 볼 때 평균 독자연령이 훨씬 더 높았을 것이다.

252) 원종찬, 「한일 아동문학의 기원과 성격 비교」, 『아동문학과 비평정신』 참조.

말미암아 동심의 실종으로 귀결되곤 했던 것이다. 당시의 작품과 논의들을 잘 살피면 이런 흐름이 확연히 드러난다.

1930년도 "중외·동아·조선 3대 신문의 신춘문예 당선 작품"을 평한 글의 서두는 "동화를 평하여 가치를 결정함에 있어서 절대 다수인 무산계급 소년의 이익을 대표하고 그들의 이지와 정신을 성장케 할 사회적 요소를 포함한 과학적 동화를 표준하고 평가하려 한다"고 되어 있다.253) 또한 1931년도 "조선·동아 양지의 신춘당선동요"를 평하는 자리에서도 "프롤레타리아의 이데올로기를 파악했느냐 안했느냐가 나의 기대하는 비평의 대상"이라고 쓰고 있다.254) 현덕이 「고무신」을 응모한 1932년도 동아일보 신춘문예의 모집 공고문은 "아동의 실생활에서 취재"255)하라고 특별히 강조를 해놓았다. 이런 주문은 계급주의 아동문학의 영향에서 나온 리얼리즘에 대한 요구였다. 이와 관련해서 그 해 동화일보 신춘문예의 선자(選者) 평은 당시 창작 경향에 대한 흥미로운 사실을 보여준다.

> 원래 이번 현상모집의 주지는 실생활동화의 건설에 있었다. 재래의 동화라면 우화만인 줄로 알다시피 하였다. (…중략…) 이러한 우화도 존재 이유가 전혀 없는 것은 아니다. (…중략…) 그렇지만 이것은 제2의적인 것이 아니면 아니 된다. 동화도 제1의적으로는 실생활을 재료로 한 리얼리즘이 아니면 아니 될 것이다. (…중략…)
>
> 이번 응모한 동화(차라리 아동소설이라 함이 합당할 것이다.) 150편을 취재별로 나누면 ① 생활난, 계급적 불평을 주로 한 사회주의적 경향을 가진 것이 약 4할이요, ② 씨족적 영웅심과 불평을 주로 한 것이 약 3할이요, ③ 이번 만주 □□동포문제로 아동이 분기하여 민족애를 발로하는 것을 주로 한 것이 약 2할이요, ④ 기타가 약 1할이다. (…중략…)
>
> 형식에 있어서는 이번 응모동화 중에 가장 많은 것이 소설적인 것이었다. (…중략…) 다시 말하면 아동소설이었다. (…중략…) 혹시 실생활에서 취재하라고

---

253) 장선명, 「신춘동화개평」, 『동아일보』, 1930년 2월 7일자.
254) 유재형, 「조선·동아 양지의 신춘당선동요만평」, 『조선일보』, 1931년 2월 8일자.
255) 『동아일보』, 1931년 12월 5일자.

한 본사의 주문이 오직 아동소설을 의미함인 줄로 작가들을 오해케 함이나 아닌가 하고 생각할 수밖에 없도록 그처럼 '아이들에게 들려줄 이야기'로서의 동화가 희소하였다.256)

여기서 아동문학의 리얼리즘이 프로 아동문학운동의 성과이자 목표임을 짐작할 수 있다. 그런데 당시의 리얼리즘 수준은 '계급 현실의 반영'에 머물러 있을 뿐이고, 아동문학의 본질에서 파악한 아동관의 확립과는 거리가 멀었다. '아동소설과 구별되는 동화가 희소하다'는 위의 지적은 이런 사실을 드러내 준다. 게다가 프로 아동문학은 안이한 도식에 빠져 있었다.

동요 내용에다 덮어놓고 공장이니 노동자이니 뚱뚱보이니 이런 말만을 집어넣으면 그것이 프롤레타리아 동요인 줄로 오해하는 동무도 많다.257)

대개가 너무나 고식화하여 비록 제재는 다를지언정 그 귀결에 있어서는 같은 경향에로 빠지고 만다. (…중략…) 최근에 있어서 얼마나 많이 공장주나 공장아동 또는 스트라이크만을 들어서 작품을 제작하였나?258)

1930년대 프로 아동문학의 아동상은 한마디로 "수염난 총각"259)이었다. 그만큼 프로 아동문학이 요구했던 리얼리즘은 아동의 특성을 무시한 소설화의 경향으로 치닫고 있었다. 다음의 주장도 이를 뒷받침해주는 사실이다.

요사이 『신소년』과 『별나라』 지상에 많이 나는 글을 볼 때 오인은 늘 한 가지 여러가지 중에도 우선 한 가지만의 가장 큰 불만을 느끼고 있다. 그것은 즉 동화가 적은 것이다. (…중략…)

---

256) 「신춘문예 동화선후언」, 『동아일보』, 1932년 1월 23일자.
257) 이동규, 「동요를 쓰려는 동무들에게」, 『신소년』, 1931년 11월, 14면.
258) 박세영, 「고식화(固式化)한 영역을 넘어서」, 『별나라』, 1932년 2·3월 합본호, 11면.
259) 송완순, 「조선아동문학시론」, 『신세대』 2호, 1946년 5월, 84면.

여기에는 까닭이 있다.

① 무엇보다도 기술 문제이다. (…중략…) ② 다음에는 프롤레타리아 아동예술운동자는 아직 아동에 대한 이해가 적다. 그리하여 동화의 중요성을 확적(確的)히 인식하지 못하였다고 할 수 있다. ③ 셋째로는 ②와 같은 처지에 있음으로 프롤레타리아 아동예술가 일단이 소설보다 동화를 가벼이 본다.[260]

현덕의 「고무신」은 바로 이런 시기에 나온 '동화' 작품으로서 눈길을 끈다. 이 작품은 유년기 아동의 실생활을 소재로 한 동화다. 네댓 살쯤 되는 아동을 주인공으로 했으며, 고만한 나이의 아동 심리와 행동을 잘 형상화하였다. 작품의 줄거리와 구조는 동화의 특성 그대로 단순하다. 간명한 이야기체 문장을 바탕으로 해서, 아기가 아침에 막 잠에서 깨어나는 장면, 어머니한테 이것저것 물으면서 대화하는 장면, 혼자 마당에서 꼬부랑 할멈의 시늉을 내며 노는 장면, 동네아이들이 나와 놀자고 부르는 장면, 가게의 새 고무신이 자기한테 오는 것을 공상하는 장면, 어머니가 헌 고무신을 꿰매어 새 고무신처럼 만들어준 것을 신고 좋아하는 장면 등이 차례대로 이어진다. 어머니와 대화하는 장면에서 아기가 다 닳아빠진 고무신 때문에 동네 아이들한테 "땅의 거지"라고 놀림을 받고 있고, 삯바느질하는 어머니와 단둘이 살고 있다는 사실이 드러난다.

"엄마, 아이들이 내버린 신 주워 신었다고 땅의 거지라고 떼밀고 장난에도 안 붙이고 한다우."
"가엾어라. 오늘은 그 신 신고 나가지 마라, 응?"
"그럼 어디서 누구하구 놀우?"
"오늘만 마당에서 엄마하고 놀고"
"그럼 나하고 술래잡기할 테유?"
"암, 그러지."
"그런데 뚱뚱보는 빠작빠작하는 구두를 신었다우. 그애네 아버지가 사 주셨

260) 호인, 「아동예술시평」, 『신소년』, 1932년 9월, 17~18면.

대. 엄마, 난 아버지 없수?"

"왜 없긴, 사위스럽게."

"그럼 어디 계시우?"

"아주 먼, 눈 내리는 나라에."

(…중략…)

어머니는 먼 곳을 보는 이처럼 아기를 물끄러미 보고 계시더니,

"아버지가 계시었드면 어째 네 발에 흙이 묻겠니 ……."261)

위에서 "뚱뚱보는 **빠짝빠짝**하는 구두를 신었다우"라는 대목이 가리키는바, 빈부의 차이가 대비되면서 아기네 집은 가난 때문에 생활의 고통을 겪고 있다는 사실을 알 수 있다. 요컨대 현덕은 그의 첫 작품 「고무신」에서 서민성과 현실성을 구현하고자 했다. 이점은 당대 프로 아동문학의 일반 특성과 맥락을 같이 하는 것이다. 그런데 이 작품에는 당대의 프로 아동문학에서 보기 힘든 또 다른 중요한 일면을 가지고 있다. 아기와 어머니 사이의 깊은 신뢰감과 친연성, 전체적으로 밝고 건강한 분위기를 이끄는 긍정의 세계 등이 그것이다. 작품 서두부터 떠오르는 아침 해와 닭 우는 소리로 시작하고 있거니와, 서럽고 섭섭한 마음을 이겨내기 위해 아기가 부르는 다음의 노랫말도 이 작품의 메시지와 긴밀하게 결합한다.

거친산 등승이 골짜기로
봄빛은 우리를 찾아오네
아가는 넘트는 조선의 꽃
아가는 암트는 조선의 꽃

— 이은상 씨 작262)

---

261) 현덕, 「고무신」, 『동아일보』, 1932년 2월 10일자.
262) 현덕, 위의 책, 같은 곳. 「고무신」의 주인공이 유아라기보다 유년이고 또 '영진'이라는 이름을 갖고 있음에도 굳이 '아기'라고 서술하고 있는 까닭은 이 노랫말의 메시지와 작품의 그것을 일치시키려는 의도라고 보인다.

여기 이르면 동화를 대하는 현덕의 태도가 분명해진다. 서민 아동이 놓인 현실을 정직하게 반영하되, 독자인 아동의 특성에 유념해서 작품의 분위기를 이끌고, 나아가 아동의 존재를 민족의 앞날과 연결시키고 있는 것이다.

「고무신」이 프로 아동문학의 폐해를 극복하고 나아갈 수 있었던 것은 무엇보다 작가의 어린이 탐구가 남달랐다는 사실에서 비롯한다. 현덕은 어려운 집안 형편 때문에 '각자도생'의 시기를 보냈는데, 먼촌 누님네 등을 다니며 어린아이들을 돌보곤 했다. 그런 체험과도 관련이 있음인지, 현덕은 유년기 아동의 의식과 행동이 공상 또는 놀이와 이어진다는 사실을 정확하게 잡아내고 있다. 헌 고무신 때문에 동네아이들로부터 놀림을 받고 혼자 노는 장면에서 아이와 옛이야기의 줄거리는 하나가 되어 있다. 신춘문예 공모의 주문대로 아이들의 실생활을 그린 것이면서도 주인공 아이는 놀이 속에서 스스럼없이 옛이야기의 세계로 들어가고 있으며, 아동의 물활론적인 사고 특성에 근거해서 가게의 새 고무신이 자기 말을 듣고 날아오는 모습을 공상하고 있다. 충족되지 않는 현실의 결핍으로부터 우러나온 이 공상은 헌 고무신을 새 고무신처럼 꿰매어 감쪽같이 바꾸어 내온 어머니의 보살핌으로 따뜻하게 해결된다.

「고무신」에서 선보인 '리얼리즘 동화'의 세계는 뒤에 노마 연작 동화에서 정점에 올라선다. 그런데 현덕 동화의 출발선상에서 이태준의 영향을 지나칠 수 없다. 이태준은 카프 전성기에 그의 동화 대부분을 썼다. 이는 정지용의 동시창작에 비견되는 것으로, 두 사람 작품이 일제시대의 『조선아동문학집』(1938)에 다수 수록된 사실과, 해방 후 조선문학가동맹의 아동문학부 위원장을 정지용이 맡고 위원으로 이태준이 참여하고 있는 사실 등에 비추어서도 아동문학에 끼친 이들의 영향력을 짐작할 수 있다.263) 이태준은 방정환이 개벽사에서 창간한 『학생』(1929.3~

---

263) 원종찬, 「정지용과 이태준의 아동문학」, 앞의 책 참조.

1930.11, 편집 겸 발행인은 방정환)의 편집에 참여했다. 방정환은 카프문학운동이 고조됨에 따라『어린이』잡지에 동화라기보다 소년소설이 주로 투고되고 있는 점, 그리고『어린이』잡지의 독자가 나이를 먹어감에 따라 연령별 분포도가 자꾸 넓어지고 있는 점 등을 고려해서, 1929년에『어린이』의 자매지격으로『학생』을 펴낸다.[264] 『어린이』는 유소년층, 『학생』은 그보다 나이가 많은 청소년층을 겨냥한 것이다. 그런데 이태준은 그의 작가적 성향과 관련이 있음인지 자신이 편집을 하고 있는『학생』이 아니라『어린이』에 계속 동화를 발표했다. 이 작품들은 방정환의『어린이』편집 방향과 꼭 맞아떨어지는 것이었다. 당시로서는 보기 힘든 '동화'[265] 창작이 대부분인데, 깔끔하고 정확한 사실 묘사와 동심의 표현이 탁월하다. 카프 계열의 동화 작가들이 진짜 '동화'가 없다는 탄식 속에서도 줄지어 소설에 가까운 폭로 고발성 소년소설을 쓰고 있던 시기에, 이태준은 유소년의 생활 세계를 그의 동화에 오롯이 드러내고 있었던 것이다.

이태준 동화는 아기가 주인공으로 되어 있는 것과 불우한 소년이 주인공으로 되어 있는 두 가지로 대별된다.[266] 여기서 아기가 주인공으로 되어 있는 동화 작품은 아주 짧막한 것들인데, 대화말의 생동감이 두드러진다. 어린아이들은 사물을 대한 호기심이 왕성하다. 이태준의 동화는

---

264) 방정환, 「'학생' 창간호를 내면서」, 『학생』 창간호, 1929년 3월 참조
265) 아기가 나오는 작품은 발표시에 '유치원소설'이라는 이름을 붙이기도 했다(『어린이』 1931년 2월 참조).
266) 이태준 작품에서 아기가 주인공으로 되어 있는 「몰라쟁이 엄마」(『어린이』, 1931.2), 「슬퍼하는 나무」(『어린이』, 1932.7), 「꽃장사」(『어린이』, 1933), 「엄마 마중」(『조선아동문학집』, 조선일보사, 1938) 등을 동화라 한다면, 소년이 주인공으로 되어 있는 「어린 수문장」(『어린이』, 1929.1), 「불쌍한 소년 미술가」(『어린이』, 1929.2), 「슬픈 명일 추석」(『어린이』, 1929.5), 「쓸쓸한 밤길」(『어린이』, 1929.6), 「불쌍한 삼형제」(『어린이』, 1939.7), 「외로운 아이」(『어린이』, 1930.11) 등은 소년소설이라 할 수 있다. 현덕의 동화와 소년소설은 이태준의 그것들보다 각각 서너 살씩 많은 유년과 소년의 세계를 그리고 있다. 작품의 발상이나 표현 면에서 현덕의 유년동화와 소년소설이 이태준을 각각 잇고 있는 것이어서 흥미롭다.

그런 심리를 가지고 어머니와 대화를 전개하는 단순구조로 되어 있다.

어떤 날 아침 노마는 참새 소리를 들었습니다. 그리고 엄마한테 물어봤습니다.
"엄마?"
"왜!"
"참새두 엄마가 있을까?"
"있구말구."
"엄마새는 새기보다 더 왕샐까?"
"그럼, 더 크단다. 왕새란다."
"그래두 참새들은 죄다 똑같든데, 어떻게 저의 엄만지 남의 엄만지 아나?"
"몰—라."
"참새들은 새끼라두 죄다 똑같은데, 어떻게 제 새긴지 남의 새긴지 아나?"
"몰—라."267)

— 이태준, 「몰라쟁이 엄마」

"엄마!"
"왜."
"해나라에도 엄마가 있지?"
"……."
"응, 엄마."
"난 몰라."
"그럼 아버지가 있수?"
"난 몰라."
"그럼 해님은 엄마를 닮았지?"
"난 몰라."268)

— 현덕, 「고무신」

위에 인용한 두 작품을 볼 때, 현덕의 「고무신」이 이태준 동화의 발

---

267) 『어린이』, 1931년 2월, 36면.
268) 현덕, 앞의 책, 같은 곳.

상을 잇고 있다는 사실은 너무도 분명하다. 현덕이 이보다 나중에 쓴 소설과 동화 작품으로 말미암아 독자의 머리에 뚜렷이 각인된 '노마'의 이름도 위의 이태준 작품에서 처음 나온다. 현덕 문학의 영향권은 카프와 이태준 등에 두루 걸쳐 있는 것이다.


## 2. 동화의 세계―『포도와 구슬』·『토끼 삼형제』


현덕의 동화는 1938년 5월부터 1년 남짓한 기간에 대부분 씌어졌다. 작품 하나하나는 원고지 7~8매 정도의 짤막한 분량으로 각각 독립된 것이지만, 대부분 『소년조선일보』에 잇달아 발표된 것들이고 작품의 배경과 등장인물의 성격에 일관성이 있기 때문에 연작 동화로 보아도 무방하다.

1930년대 후반기에 씌어진 37편은 어디에 발표된 것이든 노마, 영이, 기동이, 똘똘이 등 네 아이가 일관된 성격으로 등장한다. 이들 네 아이가 모두 나오는 작품은 11편, 세 아이만 나오는 작품 11편, 두 아이만 나오는 작품 8편, 한 아이만 나오는 작품은 4편이다. 나머지는 옥수, 점순이, 막동이가 나오는 것, 영이, 점순이, 숙정이가 나오는 것, 분홍치마, 노랑치마, 파랑치마가 나오는 것이 1편씩이다. 어른은 노마 어머니가 9편, 영이 어머니가 2편에 나오고, 그밖에는 기름장수, 땜가게 할아범 등이 한 번씩 나온다. 노마 어머니의 빈도수가 가장 높은 것은 네 아이 중 노마가 주인공격이라는 사실을 말해준다.[269]

작품의 배경은 서울의 동쪽 끝 변두리 지역이다. 도시와 경계를 이루

---

269) 방송극 대본 「눈사람」, 「꿩과 닭」에도 노마와 그의 어머니가 등장한다.

면서 벌판, 냇가, 산으로 이어진 동네인데, 골목, 빈터, 풀밭, 도랑 같은 데가 주된 활동 무대다. 이곳에서 네 아이가 어울려 노는 모습을 그린 짤막한 동화이기 때문에, 서사의 바탕은 아이들의 성격에서 나온다고 할 수 있다. 네 아이 모두 취학 전 아동이다. 노마·영이·기동이는 예닐곱 살쯤 되어 보이고, 똘똘이는 네댓 살쯤 되어 보인다. 어린이다운 천진한 면을 보이는 점에서는 똑같지만, 노마가 가장 영리하고 용감하며, 영이는 여자, 기동이는 부잣집 아이, 똘똘이는 나이가 더 어린 것으로 각각 나머지 세 명과 차별된다. 네 아이가 어떻게 조합되어 나오더라도 나름대로 부딪침과 긴장이 발생할 수 있는 매우 절묘한 성격 창조인 셈이다.

## 1) 서민 아동의 승리

현덕은 유년기 아동의 일상을 놀이의 세계로 파악한다. 소꿉놀이의 세계이고(「싸전 가게」, 「어머니의 힘」), 자연과 하나로 동화되는 세계이고(「토끼와 자동차」, 「바람하고」, 「귀뚜라미」, 「삼형제 토끼」), 때로는 편을 갈라 겨루는 세계다(「고양이와 쥐」). 구경거리도 빼놓을 수 없다(「기차와 돼지」, 「땜가게 할아범」). 심심하면 그저 걷는 것으로(「맨발 벗고 갑니다」, 「둘이서만 알고」), 또는 장애물에 도전해보는 것으로(「내가 제일이다」, 「용기」), 어떤 때는 공연히 시비를 걸어보는 것으로(「싸움」) 놀이의 세계를 창조한다. 놀면서 용기와 협동과 궁리하는 법을 배운다. 또 자연의 이치를 배우고 사람으로서의 도리 곧 사회의 이치를 배운다.

여기엔 아이다운 마음이 정확하게 표현되어 있다. 잃어버린 파란 구슬 한 개가 주머니에 있는 노란 구슬 두 개보다 갑절 좋아진다든지(「잃어버린 구슬」), 실을 붙들게 하려고 나중에 귤을 사준다고 어머니가 아무리 구슬려도 동무들이 놀자고 불러대는 소리 앞에서는 소용없다고 떼를 쓴다든지(「암만 감아두」), 기차 구경을 가는 길인데도 커다란 돼지 세 마리를 몰고 가는 흥미로운 광경에 부딪쳐 길을 바꾼다든지(「기차와 돼지」) 하는 것이 아이들 마음이다. 이런 동심의 세계에 바탕을 둔 것이지만, 서로 다른 처지의 아이들끼리 부대끼다보면 갈등과 대립이 발생한다.

노마는 삯바느질하는 어머니와 둘이 산다. 아버지는 어디 먼 데 갔다고만 되어 있다. 나라를 되찾고자 집을 나섰든 다른 나라로 노역을 나갔든, 아버지의 부재는 식민지시대의 전형이라 할 수 있다. 다만 유년을 상대로 하는 동화니만큼 그 까닭을 자세히 밝힐 필요는 없었을 것이다. 영이 또한 어머니가 과일, 떡, 생선 따위를 광주리에 담아 머리에 이고 팔러 다니는 행상이다. 똘똘이는 그리 큰 비중은 아니나 가끔 동전 하나를 얻어들고 나온다. 반면에 기동이는 아버지가 구두를 신고 양복을 입었으며 벼를 팔면 '화신상(和信商)'엘 데리고 간다고 자랑한다. 이로 보아 기동이네는 지주집안이라고 할 수 있다. 작가는 네 아이들이 스스럼없이 어울려 노는 동무 관계이면서 노마, 영이, 똘똘이를 서민의 아이로 하고 기동이를 부잣집 아이로 해서 똑같은 욕망이 어떻게 다르게 굴절되는지를 보여준다. 기동이는 사회적 관계로 인해 굴절되는 동심을 대표한다.

아이들 세계에서는 서로 뽐내고 겨루는 마음도 자연스러운 욕망이다. 이를테면 노마가 앞장서서 돌축대 위에서 뛰어내리고는 자기가 제일이라고 외치면 기동이와 똘똘이도 차례로 뛰어내리며 자기가 제일이라고 외친다(「내가 제일이다」). 노마, 기동이, 똘똘이가 무슨 재미있는 장난이 없을까 생각하다 노마가 물구나무를 열 셀 때까지 설 수 있다면서 너희들 할 테냐고 큰소리치니까, 기동이는 큰행길 다리 위에서 뛰어내릴 수 있다고 큰소리치고, 똘똘이는 큰행길 전봇대 꼭대기까지 올라갈 수 있다고 큰소리친다(「큰소리」). 그런데 기동이는 부잣집 아이라서 종종 돈을 줘야 살 수 있는 장난감이나 과자를 가지고 나와서 뽐낸다. 이건 다른 세 아이들이 따라할 수 있는 성질이 아니다. 아이들 처지에서 보면 매우 불공정한 겨루기인 것이다. 아이들이 큰행길 장난감 가게까지는 정답게 손을 잡고 갈 수 있어도 기동이는 물건을 사서 앞장서지만 다른 아이들은 그럴 수 없는 처지라서 맥없이 기동이 뒤를 따를 수밖에 없다(「대장 얼굴」). 노마는 대야에 물을 떠나르는 심부름까지 해주고서도 기동이가 갖고 뻐기는 물딱총을 만져보지 못한다(「물딱총」). 영이는 바로 앞에서 옥수수과자를 맛있게 먹어 보이는 기동이를 빤히 쳐다보고 있는데도 기동이는 하나도 주지 않고 혼자만 먹는다(「옥수수 과자」). 이 때문에 기동이와 다른 아이들 사이엔 어떤 금이 그어지지 않을 수 없다.

기동이는 아이들 방식으로 곧잘 따돌림을 받는다. 노마가 앞장을 선 전차놀이에서 기동이는 승차를 거부당한다(「새끼 전차」). 노마와 영이는 어디를 가느냐는 기동이의 물음에도 아랑곳하지 않고 저희들끼리만 사이좋게 간다(「둘이서만 알고」). 똘똘이는 별 대수로운 얘기가 아니라서 기억조차 없는데도, 영이와 자기 흉을 본 게 아니냐고 따져 묻는 기동이의 시비에 입을 꾹 다물어 기동이의 마음을 애타게 만든다(「싸움」).

아이들이 함께 하는 놀이에서도 역할에 표가 난다. 노마, 영이, 똘똘이는 그림책 이야기 내용을 흉내내어 삼형제 토끼 놀이를 하던 중 기동이를 만나자 늑대 역할을 맡긴다(「삼형제 토끼」). 그림책 이야기대로 늑대는 삼형제 토끼의 꾀에 넘어가 종국엔 쫓길 수밖에 없는 운명이다. 또 고양이 잡기 놀이에서 똘똘이는 쥐가 되고 기동이는 고양이가 된다(「고양이와 쥐」). 다른 아이들은 이들 사이에서 둥그렇게 원을 치고 손을 맞잡아 고양이가 쥐를 잡지 못하도록 하는 놀이다. 그러니 아이들은 모두 쥐 편이 된다. 쥐가 잡히는 순간 아이들은 모두 쥐가 되어 고양이한테 덤벼들고, 고양이는 꽁무니를 빼고 달아나버린다.

기동이는 돈으로 산 것을 가지고 처음에는 우위를 점하지만, 나중에는 노마와 역전되는 경우가 많다. 포도를 가지고 나온 기동이가 구슬과 바꾸자는 노마의 제안에 아랑곳하지 않고 혼자 맛있게 먹어 보이다가 거의 다 먹고 난 뒤에는 거꾸로 제안해보지만, 이번에는 노마가 아랑곳하지 않고 혼자 구슬을 재미나게 가지고 놀아 보인다(「포도와 구슬」). 번쩍번쩍

한 장난감 칼을 허리에 찬 기동이는 대장이 되고 막대기를 든 노마, 영이, 똘똘이는 병정이 되어 놀다가, 노마는 대장 자격이 불공평하다며 용감한 일을 한 사람이 대장이 되어야 한다는 제안을 새로 하고, 사나운 개가 있는 검정판장집 대문을 한번 두들기고 와서 대장자리를 차지한다(「용기」).

이처럼 기동이는 주로 돈에 의존하고, 노마는 자연에서 슬기와 용기를 발휘하여 기동이를 극복한다. 노마는 자기가 원하는 것을 손수 만들어서 놀 줄도 안다(「조그만 발명가」, 「강아지」). 그래서 노마는 탐구심이 많고 영리하다. 저들만의 세계에서는 조금도 꿀릴 것이 없다. 기동이는 결국 노마가 중심이 되어 노는 아이들의 세계로 동화(同化)되어 오지 않을 수 없다. 동심의 승리요, 서민 아동의 승리다.

노마의 기지가 빛을 발하면서 '서민 아동의 승리'가 돋보이는 작품으로 「토끼와 자동차」를 들 수 있다. 눈 오는 날 노마, 영이, 똘똘이는 눈처럼 하얗게 되고 싶은 마음에 두 팔을 쳐들고 서있다. 그런데 기동이는 두루마기 자락을 들어올려 눈을 피한다. 그리고는 사람이 눈을 맞지 않는 자동차 놀이를 한다. 노마는 점차 기동이 자동차 앞에서 팔을 쳐들고 서있기가 싫어졌다. 자기도 자동차가 되고 싶지만 두루마기가 없다. 영이도 똘똘이도 마찬가지다. 마침내 노마는 좋은 생각을 해낸다. 저고리 소매를 올려 토끼 귀처럼 하고는 토끼처럼 뛰어 노는 것이다. 노마, 영이, 똘똘이는 모두 토끼처럼 아주 재미있게 깡충깡충 뛴다. 토끼는 눈 위를 데굴데굴 구른다. 그러나 자동차는 그럴 수 없다. 토끼는 경주도 하고 씨름도 한다. 자동차는 이제 토끼를 부러워한다. 결국 기동이는 두루마기를 벗어 내던지고 토끼들이 노는 사이로 뛰어들고 마는 것이다.

현덕 동화의 아이들은 특별히 누가 미화되거나 악인이 되는 법은 없다. 물 떠오는 심부름을 시키고도 약속을 지키지 않고 노마 얼굴에 물딱총을 쏘아대는 기동이나(「물딱총」), 같이 놀아준다고 약속하고서 기동이에게 과자를 얻어먹고는 과자가 다 떨어지자 마음을 싹 바꿔버리는 노마, 영이, 똘똘이나 다 한가지다(「과자」). 빤히 쳐다보는 영이 앞에서 과자를 혼자서만 맛있게 먹어 보이는 기동이나(「옥수수 과자」), 금을 그어 놓고 똘똘이를 못 들어오게 하다가 구슬 하나를 손에 받아 쥐고서야 금을 지워 맞아들이는 영이나 다 한가지다(「너하고 안 놀아」). 똘똘이는 노마나 기동이에게 뒤지지 않으려고 허세를 부린다(「큰소리」). 노마는 구슬을 잃어버리고 공연히 기동이를 의심하고(「의심」), 마음에 차지 않으면 어머니한테 우선 떼를 쓰고 보며(「물딱총」, 「여자고무신」, 「강아지」), 제멋대로 까불다가 기름병을 깨뜨리기도 한다(「실수」). 이렇듯 동심의 세계를 아이들은 함께 공유하고 있으며, 모두 한 마음으로 즐겁게 어울려 논다. 하지만 현덕은 인물 하나하나에 뚜렷한 개성을 부여했고,[270] 그들이 놓인 집안 환경과 더불어 현실성을 획득하고 있다. 현실의 계급 관계를 외면하지 않고서도, 아이들의 세계에선 아이들다운 질서가 만들어지고 해결되도록 배려한 것이다. 이는 동심천사주의 아동문학과 계급주의 아동문학을 함께 넘어선 세계다. 현덕 동화의 동심성과 현실성이 하나인 것은 다름 아닌 문학의 본질에 충실한 결과라 할 수 있다.


## 2) 옛이야기 방식의 서술 구조

동화의 세계는 단순성의 반영으로 인물과 사건이 과장되는 것이 보통이다. 거인과 난장이, 부자와 가난뱅이 등의 명확한 대립 구도가 그것이다. 그런데 현덕 동화는 실생활에서 취재한 것이라 명확한 선악의 대립이나 계급의 대립을 통해 교훈을 전하는 내용이 아니고, 자기 얼굴을 들여다보는 것 같은 사실성으로 공감을 이끌어낸다. 이렇게 사실적인 내용으로 유년기 아동이 즐겨 읽는 동화를 만들자면, 짜임과 서술에서

---

270) 용기나 창의가 요구되는 행동은 모두 노마가 맨 앞장을 서는 것으로 나오는데, 기동이에게 과자를 달라면서 손을 내미는 구차한 행동에서는 순서가 똘똘이, 영이, 노마로 바뀌어 나올 정도로 성격에 사실성과 일관성이 주어져 있다.

세심한 장치가 필요하다. 현덕 동화는 이 형식면에서 독보적인 경지를 열어 보인다.

노마 연작 동화는 여러모로 옛이야기의 세계에 뿌리 대고 있다. 주인공 노마의 형상은 옛이야기의 꾀 많은 약자를 잇는 것이다. 옛이야기에서 선량한 약자가 위기를 꾀와 슬기로 극복하는 구조는 보편적이라 할 수 있다. 그리고 현덕 동화의 아이들은 아동의 물활론적인 사고 특성을 반영하여 고양이, 쥐, 토끼, 늑대, 귀뚜라미, 눈, 바람이 되어 논다. 자연과의 거리감이 없이 그 세계에 동화되어 들어가기도 하고, 옛이야기 세계의 주인공으로 바뀌기도 한다. 그렇다고 현실과 환상을 넘나드는 판타지나 공상동화의 문법으로 씌어진 것은 아니다. 현덕 동화는 판타지가 아니면서 소년소설과도 구별되는 독특한 서술 구조를 지닌다. 엄밀한 의미의 '리얼리즘 동화'(사실동화, 생활동화)를 새로 개척한 것이다.

형식면의 가장 중요한 특징은 옛이야기가 입으로 전승하는 과정에서 기억하기 위해 마련한 단순 소박한 구조 곧 반복, 연쇄, 점층의 서술 구조에 바탕하고 있는 점이다.

> 귀뚤귀뚤 귀뚤귀뚤.
> 귀뚤귀뚤 귀뚤뒤뚤.
> 귀뚜라미가 웁니다. 응달 축대 밑에서 조용조용 혼자서 웁니다. 해 기울어 버드나무 그림자 길고, 축대 앞에서 혼자서 노마가 가만히 귀를 기울이고 앉았습니다. 가만히 노마는 귀뚜라미 마음이 되어 봅니다. 노마는 점점 귀뚜라미를 닮아 갑니다. 귀뚜라미는 점점 노마를 닮아 갑니다.
> 귀뚤귀뚤 귀뚤귀뚤.
> 귀뚤귀뚤 귀뚤뒤뚤.
> 귀뚜라미가 웁니다. 응달 축대 밑에서 귀뚜라미는 점점 노마를 닮아 갑니다. 응달 축대 앞에서 점점 노마는 귀뚜라미를 닮아 갑니다. 그래서 노마는 점점 귀뚜라미 마음을 알게 되었습니다. 축대 밑에서 귀뚜라미는 지금 노마처럼 어서 아버지가 돌아오기를 기다립니다. 그래서 어서어서 어서어서 하고, 어서 돌아오라고 그럽니다.[271]

귀뚜라미 우는 소리가 단락마다 반복 제시되고, 첫 번째 장면에서는 노마가 등장하여 어서 아버지가 돌아오기를 기다린다. 두 번째 장면에서는 영이가 등장하여 어서 밤이 익으라고 기다리고, 세 번째 장면에서는 똘똘이가 등장하여 어서 어른만큼 키가 자라길 기다린다. 마지막 장면은 세 아이가 함께 등장해서 다함께 귀뚜라미 소리를 내는 것으로 되어 있다. 이와 비슷한 반복, 연쇄, 점층 구조의 작품은 아주 많은 수를 차지한다. 반복 구조는 어떤 상황이나 인물의 행동이 거듭 똑같이 되풀이되는 것에서 발생한다. 그것은 단순반복이 아니라 사건의 진행과 심화로 이어지면서 점층 효과를 낸다. 그런데 여럿이 똑같은 행동과 말을 되풀이하더라도 현덕은 등장인물 모두의 인상과 행동을 분명히 드러내기 위해 하나하나 반복해서 써준다.

> 살살 앵두나무 밑으로 노마는 갑니다. 노마 다음에 똘똘이가 노마처럼 살살 앵두나무 밑으로 갑니다. 똘똘이 다음에 영이가 살살 똘똘이처럼 갑니다.[272]

> 분홍 치마─솜사탕 장수 어딨는 거 봤수?
> 기름 장수─나 몰라.
> 노랑 치마─솜사탕 장수 어딨는 거 봤수?
> 기름 장수─나 몰라.
> 파랑 치마─솜사탕 장수 어딨는 거 봤수?
> 기름 장수─난 모른대두.[273]

> 그렇지만 다 같이 팔을 쳐들고 소리칩니다.
> ─내가 제일이다. 어림없구나.
> ─내가 제일이다. 어림없구나.
> ─내가 제일이다. 어림없구나.[274]

---

271) 현덕, 「귀뚜라미」, 『소년조선일보』, 1938년 9월 11일자.
272) 현덕, 「고양이」, 『조선아동문학집』, 97면.
273) 현덕, 「바람은 알건만」, 『소년조선일보』, 1938년 5월 29일자.

그러다가 똘똘이, 영이, 노마를 보고 소리칩니다.

－너 생전 나구만 논댔지?

－너 생전 나구만 논댔지?

－너 생전 나구만 논댔지?[275]

첫 번째와 두 번째 인용 부분은 세 아이가 차례대로 움직이거나 말하는 장면이다. 세 번째 인용 부분은 세 아이가 동시에 움직이며 말하는 장면이다. 그리고 네 번째 인용 부분은 한 아이가 나머지 세 아이한테 똑같은 소리로 각각 차례대로 말하는 장면이다. 똑같은 행동과 말일지라도 이처럼 상황에 맞게 하나씩 되풀이해줌으로써 생생한 구체성이 획득된다. 한 장면을 그리는 데에서도 반복적 표현은 자주 쓰인다. 반복 표현은 장면의 구체성뿐 아니라 문장의 운율과도 관련되기 때문이다. 현덕 동화는 반복, 대조, 생략, 의성·의태어의 잦은 구사로 문장의 배치를 교묘히 하고 운과 율을 극대화한다.

기동이는 옥수수 과자를 혼자만 먹습니다. 하나를 먹습니다. 둘을 먹습니다. 셋, 넷을 먹습니다.[276]

그럴수록 영이네 광엔 쌀이 늘어갑니다. 그럴수록 노마네 가게엔 돈이 늘어갑니다. 돈이 늘어갈수록 쌀은 줄어갑니다. 줄어갑니다. 늘어갑니다. 늘어갑니다. 줄어갑니다.[277]

마침내 기동이도 제일이 되고 싶었습니다. 다리를 옴질옴질 두 팔을 훨훨, 그러다가 펄쩍 축대 아래로 뛰어내렸습니다.[278]

274) 현덕, 「내가 제일이다」, 『소년조선일보』, 1938년 7월 31일자.
275) 현덕, 「과자」, 『소년조선일보』, 1938년 8월 28일자.
276) 현덕, 「옥수수 과자」, 『소년조선일보』, 1938년 6월 5일자.
277) 현덕, 「싸전 가게」, 『소년조선일보』, 1938년 7월 10일자.
278) 현덕, 「내가 제일이다」, 『소년조선일보』, 1938년 7월 31일자.

우물 앞을 왔습니다. 노마는 돌래돌래 아무리 찾아도 구슬은 없습니다. 먼저부터 그런 것처럼 조끼주머니에는 노랑 구슬만 두 개가 도굴도굴, 아무리 찾아도 파랑 구슬은 간 데가 없습니다.[279]

함박눈이 내립니다. 펄펄 지붕 위에서 함박눈이 내립니다. 지붕 위에서 내리는가 하면 펄펄 버드나무 위에서 내립니다. 버드나무 위에서 내리는가 하면 펄펄 전봇대 위에서 내립니다. 전봇대 위에서 내리는가 하면 펄펄 그보다 썩 높고 먼 데서 함박눈이 내립니다. 아주 멀고 높은 데서 아주 수없이 내립니다.[280]

여기에서 보듯이 현덕은 우리말의 소리값과 어절 변화에 유의해서 문장의 운율을 거의 시적 수준으로 달성한다. 나이가 더 어린 독자로 내려갈수록 문장의 구조가 단순해야 하는 법인데, 현덕 동화는 간결하면서도 변화무쌍한 서술의 묘리를 통해 소리내어 읽는 즐거움을 배가시킨다.

현덕은 소년소설과 다르게 동화에서는 이야기성을 살리고자 서술자의 인격이 드러나는 경어체를 쓰고 있다. 경어체는 구화(口話)에 적합한 서술이다. 다음과 같이 서술자가 자연스럽게 끼여들어 가거나 끝말에 변화를 주는 대목도 이야기성을 염두에 둔 것이라 할 수 있다.

그리고 기동이는 막 뻐깁니다. 사실 그럴만도 합니다. 높다란 버드나무 위까지 물은 튀어올라갑니다. 나뭇가지에 한눈을 팔고 앉았던 까치도 깜짝 놀라 푸드득 달아납니다. 게까지 물이 올라갈줄은 까치 그놈도 뜻밖이든게지요.[281] (강조는 인용자, 이하 같음)

아침에 어머니는 광우리에 귤하고 사과하고 배하고 가득이 담아 머리에 이고 거리로 나가셨습니다. 거리로 나가 어머니는 그것을 집집으로 다니며 돈하고 바꾸십니다. 그렇습니다. 둥우리에 가득한 귤, 사과, 배, 그 수효만큼 그만큼 이

279) 현덕, 「잃어버린 구슬」, 『소년조선일보』, 1939년 2월 26일자.
280) 현덕, 「삼형제 토끼」, 『소년』, 1939년 3월, 22면.
281) 현덕, 「물딱총」, 『소년조선일보』, 1938년 5월 22일자.

집 저집으로 다니시느라고 늦는게지요.[282)]

노마가 구슬 한 개를 잃어버리었습니다. 파란 유리 구슬입니다. 분명 노랑빛 구슬이 둘, 파랑빛 구슬이 하나, 그렇게 새 개를 가졌었는데요. 먼저부터 그런 것처럼 조끼 주머니에는 노랑구슬만 두 개가 도굴도굴, 암만 뒤져도 노랑구슬만 두 개가 도굴도굴, 파랑 구슬은 간 데가 없습니다.[283)]

아이들의 천진한 성격은 생동감 넘치는 대화 장면에서 더욱 두드러진다. 상황과 심리 변화를 쫓아서 서울내기 아이들의 경아리 사투리가 간결한 어휘로 또랑또랑하게 표현되어 있다.

"맛있니?"
"그럼."
"다냐?"
"그럼."
(…중략…)
"우리 할머니 집엔 낼 빈대떡 부친다누. 그래서 나두 간다누."
"피 그까짓 거. 우리 집은 낼 고사떡 하는데, 뭐."[284)]

"어디 가우?"
"한강 가우."[285)]

"너 이것하구 바꿀까?"
"뭣하구 말야."
"포도하구 말야."
"이런 먹콩 같으니."

---

282) 현덕, 「조그만 어머니」, 『동화일보』, 1939년 1월 16일자.
283) 현덕, 「잃어버린 구슬」, 『소년조선일보』, 1939년 2월 26일자.
284) 현덕, 「옥수수 과자」, 『소년조선일보』, 1938년 6월 5일자.
285) 현덕, 「새끼 전차」, 『소년조선일보』, 1938년 6월 12일자.

"그럼, 구슬 두 개허구."

"난 일없어."

"그럼, 세 개허구."

"그래두 일없어."

"그까짓 먹는 게 존가. 가지고 노는 구슬이 좋지."

"그래두 난 일없어."[286)

"그럼 이따 우리 어머니 돈 주면 과자 사서 너 조금만 줄게."

"그까짓 조금."

"그럼 반만 줄게."

"고까짓 반."

"그럼 다 줄게."

"그까짓 사지두 않은 과자 누가 안담, 뭐."[287)

"개울이 퍽 넓으냐?"

"그럼, 넓기만."

"물두 깊구?"

"그럼, 깊기만."

"송사리나 미꾸라지 말구 붕어두 있니?"

"그럼, 정작 붕어가 없어?"[288)

위에 인용한 대화 장면에서도 비슷한 어구의 반복은 공통으로 드러
난다. 자랑하고 과장하면서 맞서는 심리가 생생한 입말의 억양과 더불
어 저들끼리 '말놀이' 수준으로 발전하고 있다. 시처럼 문장이 간결하고
생략이 많은 것도 같은 이치다.

현덕 동화는 유년기 아동의 생활세계, 그 심리와 행동 표현의 극치를
보여준다. 동화는 보통 구체적인 장면 제시보다는 스토리에 의존하고,

286) 현덕, 「포도와 구슬」, 『소년조선일보』, 1938년 9월 25일자.
287) 현덕, 「너하고 안 놀아」, 『소년조선일보』, 1939년 2월 19일자.
288) 현덕, 「실망」, 『소년조선일보』, 1939년 4월 30일자.

인물도 얼른 이해할 수 있는 평면적 성격이 많은데, 현덕 동화는 이와 다른 자리에서 유년동화를 개척했다. 이는 현실의 인물을 탐구하고 아이들의 생활을 사실적으로 그리면서도 '동화'라는 갈래의 특성을 염두에 두었기에 가능했다. 현덕 동화는 카프 동화작가들이 대부분 외면했던 옛이야기의 전통을 이어받아 일제시대 리얼리즘 동화의 정점에 도달한 것으로 평가된다. 현덕이 창조한 노마는 자신의 어려운 처지와 현실을 똑똑히 이해하는 가운데 발현되는 '협동심, 용기, 탐구심, 슬기, 지혜'의 대명사다. 따라서 현덕은 동화 장르를 통해서 일제 말의 암울한 시대 상황을 이겨나갈 어린이와 민족의 앞날에 대한 기대를 표현했다고 할 수 있다.


## 3. 소년소설의 세계―『집을 나간 소년』기타


우리 아동문학의 주된 독자는 연령이 높은 소년층이었기 때문에, 소년소설은 일찍부터 소설과 다름없는 리얼리즘의 문제의식을 끌어안고 있었다. 계급의식을 앞세운 카프시기의 창작 경향은 고용된 아이들, 곧 계급으로서의 아동 현실과도 짝을 이루는 것이다. 프로 아동문학은 노동자 농민의 자녀와 더불어 활기를 띠었다. 노동자 농민운동의 일환으로 야학교나 강습소가 널리 확산되는 현실에서 계급의식을 고양시키려는 계몽적인 소년소설이 많이 씌어지는 것은 당연한 일이다. 그런데 소설과의 차별성이 거의 없는, 그것도 훨씬 조야한 계급의식을 앞세운 작품들이 성행하면서 프로 아동문학은 아동문학의 본질에서 멀어져갔다.

프로 아동문학에 대한 반대급부는 리얼리즘의 문제의식을 등진, 이른바 동화도 아니고 소년소설도 아닌 어정쩡한 모습의 '생활동화'를 확산

시켰다. 그것은 시대 현실과 절연된 아이들의 비좁은 일상으로의 후퇴였다. 동화는 이야기성을 잃어버린 꼴이고, 소년소설은 현실성을 잃어버린 꼴이었다. 바로 이런 상황에서 현덕은 리얼리즘의 문제의식을 가지고 한쪽으로는 유년동화를, 또 다른 한쪽으로는 소년소설을 개척해갔다. 현덕은 다름 아닌 '아동'의 현실을 주목했다. 1930년대에는 학교교육의 확산으로 학생수가 대폭 증가하였고, 이로부터 아동은 성인세계에서 분리된 '성장기'라는 특수한 시공의 존재로 인식되기 시작했다.

현덕의 소년소설은 주제의식이 뚜렷하게 드러난다. 가해자와 피해자의 대립 관계도 선명하다. 선한 의도와 나쁜 의도의 대립은 도덕적 가치를 지향하는 것으로 해결된다. 이와 같은 내용은 그의 소설 세계와 구별되는 것인데, 성장기 소년 독자를 염두에 둔 작품의 교육적 측면이라 할 수 있다. 주요 등장인물은 보통학교 졸업반 학생들 또는 상급학교에 막 진학했거나 가난해서 진학하지 못한 아이들이다. 이 아이들은 현실의 계급 관계를 반영하는 행동 특성을 보여주지만, 적대적인 관계가 얼마든지 화해 가능한 세계로 그려진다.

작가의 관심은 가난한 아이들에게 쏠려 있다. 농촌을 배경으로 하는 「나비를 잡는 아버지」 한 편을 제외하고는 대부분 학교생활을 소재로 한 작품이다. 곤란한 생활은 경제적인 이유에서 비롯된다. 소질이 있음에도 자기 뜻을 펴지 못하는 아이들을 격려하려는 의도가 가장 두드러진다. 그리고 아직 사회적 관계로 편제되지 않은 학생 신분의 동급생 사이에서 오해나 편견으로 틈이 벌어지거나 갈등에 휩싸이는 문제를 올바른 관점에서 해결해 보이고자 했다. 다만 격려 차원의 해결을 위해 마지막 순간에 외부의 도움이라든지 우연적인 계기에 의존하는 모습이 종종 나온다. 그때에도 사건을 이끌어내는 빈부의 갈등은 매우 심각하게 사실적으로 그려진다. 심리 묘사 또한 탁월하다. 이런 점이 그의 소년소설을 다른 통속적인 교훈담과 구별 짓게 하는 요소다.

## 1) 양심과 우정의 회복

가치관이 자리 잡기 시작하는 소년기의 아이들은 저도 모르게 죄를 짓고 스스로 양심 때문에 괴로움을 겪곤 한다. 죄에 따른 고통은 마땅한 일이지만, 아이들은 생활상의 욕망에서 빚어진 작은 잘못을 감추고자 무심코 거짓말을 해놓고 더 큰 갈등을 초래하는 경우도 많다. 경계해야 할 것은 죄의식에 둔감해지는 일이다. 「하늘은 맑건만」과 「권구시합」은 거짓말 때문에 갈등 상황에 빠진 소년의 내면을 매우 실감나게 그려내어 떳떳한 마음의 소중함을 보여주려 했다.

「하늘은 맑건만」에서 문기는 심부름을 갔다가 가게에서 거스름돈을 본래보다 많이 받는다. 한참 갈등하던 중에 길에서 만난 수만이의 꾐에 빠져 돈을 써버리기로 한다. 이 과정에서 수만이가 시키는 대로 하니까 자기에게는 책임이 없을 거라는 자기 합리화, 마음껏 돈을 쓸 때의 희열감, 자기 행동이 스스로를 기만하는 것임을 자각하는 데에서 오는 두려움 등 복잡한 내면심리가 생생하게 그려진다. 문기는 어려서부터 삼촌의 보살핌으로 자랐다. 삼촌의 기대에 어그러지지 않는 인물이 되겠다고 거듭 다짐해온 문기였는데, 생각할수록 부끄러운 일이 벌어진 것이다.

> 문기는 골목으로 들어섰다. 대낮에 많은 사람 가운데서 거리낌 없이 가지고 놀던 그 공이 지금은 사람이 드문 골목 안에서도 남이 볼까 두려워졌다. 컴컴해질수록 더 허옇게 드러나 보이는 커다란 공을 처치하기에 곤란해 문기는 옆으로 꼈다 뒤로 돌렸다 하며 사람의 눈을 피한다. 쌍안경이 든 불룩한 주머니가 또 성화다. (…중략…) 개천가 앞에 이르렀다. 거기서 문기는 커다란 공을 바지 앞에 품고 앉아서 길 가는 사람이 없기를 기다린다.
> (…중략…)
> 그제야 문기는 무거운 짐을 풀어 논 듯 어깨가 거뜬했다. 아까 물 위로 둥실둥실 떠가던 그 공, 지금은 벌써 십리고 이십 리고 멀리 떠갔을 듯싶은 그 공과

함께 문기는 자기의 허물도 멀리 사라져 깨끗이 벗어난 듯 속이 후련했다.[289]

죄의식에 시달리는 소년의 심리가 생생하게 펼쳐져 있다. 문기는 자기가 산 물건들을 몰래 버리고 남은 돈은 종이에 싸서 가겟집에 던져 넣고서야 죄의식을 던다. 그러나 그것으로 일이 해결된 건 아니다. 공돈을 혼자만 쓰려 한다고 수만이가 다그치자 문기는 숙모의 돈을 훔치는 두 번째 잘못을 범하고 마는 것이다. 문기의 잘못을 아랫집 심부름하는 아이 점순이가 뒤집어쓰면서 죄의식은 최고조에 달한다. 문기는 얼이 빠져 길을 걷다가 그만 교통사고를 당한다. 결국 병원에서 삼촌에게 고백을 하고 난 뒤에야 문기는 죄의식에서 완전히 벗어난다. 마지막 부분은 어느 정도 통속성을 띠고 있다. 이 작품의 진가는 결말에 이르기까지다. 긴박한 전개를 뒷받침하는 단단한 짜임과 사실적인 심리 묘사가 결말의 문제점을 적잖게 상쇄한다.

「권구시합」은 상을 내건 시합 도중에 자신은 아웃으로 알았는데 세이프라는 소리에 어리둥절하고 있다가 그대로 우기게 되면서 겪는 갈등이다. 우여곡절 끝에 주인공 소년은 자기편의 엄포에도 불구하고 선생님에게 자백을 결심한다. 이 작품 역시 결말에 이르는 과정이 중요하다. 그럼 현덕은 어째서 그의 소설과 다르게 소년소설에서는 굳이 화해와 긍정의 결말을 보여주려 했을까?

> 무엇보다도 문기는 전일처럼 맑은 하늘 아래서 아무 거리낌 없이 즐길 수 있는 마음을 갖고 싶다. 떳떳이 하늘을 쳐다볼 수 있는, 떳떳이 남을 대할 수 있는 마음이 갖고 싶었다.[290]
>
> ―「하늘은 맑건만」

---

289) 현덕, 『집을 나간 소년』, 아문각, 1946, 10~12면. 작품집에 실린 소년소설의 인용은 그것에 따르고, 발표시와 의미 있게 달라진 점이 있으면 따로 밝힐 것이다.
290) 현덕, 위의 책, 20면.

모든 걸 선생님 앞에 바른 대로 자백할 결심이다. 물론 자기가 응당 받아야 할 벌이 내리리라. 그리고 등 뒤에서 갑동이가 "말만 하면 가만 안 둔다" 하던 말도 엄포만이 아니리라. 그러나 일성이는 부끄럼 없이 기수를 대할 수 있는 무엇보다도 그 떳떳한 마음이 갖고 싶었다.[291]

—「권구시합」

소년기는 타락한 세상에 완전히 물들지 않았으면서 현실과 부딪쳐 명확한 사리 판단을 배우는 시기다. 작가는 이때 양심의 소리를 외면 하지 말 것을 당부하는 메시지를 강조한다. 현실의 제반 관계와 생활 의 진실을 왜곡하지 않는 한도에서 교육성은 아동문학의 중요한 몫이 다. 더욱이 그의 소설 작품에서 보듯 타락과 훼절이 심화된 수난과 변 절의 암흑시대에 이런 종류의 교훈성은 각별한 의미를 띠지 않을 수 없다.

「모자」와 「고구마」는 빈부의 계급 현실에서 갈등이 비롯되는 작품으 로 가난한 아이에 대한 부잣집 아이들의 횡포가 적나라하게 그려져 있 다. 「모자」의 주인공 성만이는 철도국에 다니던 아버지가 다리를 다쳐 않은 지 오래고, 어머니의 삯바느질로 근근히 부지하는 형편이라 도시 락 반찬으로 늘 무김치만 싸온다. 그래도 공부에 보람을 느껴 전교 우등 생을 도맡아 한다. 그런데 첫째 자리를 빼앗긴 갑동이는 경쟁심으로 성 만이를 못살게 군다. 하교하는 길에 '무김치, 무방구'라 놀리는가 하면 성만이 아버지가 절룩거리는 흉내를 내곤 한다. 갑동이는 정미소 집 둘 째 아들로서 기운도 센데, 공연히 시비를 걸어 성만이를 넘어뜨린 뒤에 모자를 발로 차고 가버린다. 결국 성만이는 모자를 잃어버린다. 다음날 성만이의 모자를 들고 온 담임선생님은 갑동이의 짓이 아니냐고 다그치 지만 성만이는 끝내 입을 다문다. 밖에서 떨고 기다리던 갑동이는 그런 성만이에게 자신을 용서하라고 사과한다.

---

291) 현덕, 위의 책, 174면.

「고구마」에서는 가난한 아이에 대한 편견이 가혹한 상황을 만들어낸다. 학교 농업실습장의 고구마가 없어지는 것을 두고 아이들은 점심시간마다 호주머니에 뭘 넣고 슬며시 밖으로 나가는 수만이를 의심한다. 아이들은 얄궂게도 수만이를 따라다니며 호주머니 속의 물건에 대해 추궁해댄다. 어느 날 아이들은 점심시간에 학교 뒤편에 웅크리고 앉아 남몰래 무얼 먹고 있는 수만이를 붙잡아 꼼짝 못하게 하고 호주머니 속에 든 것을 끄집어낸다. 그러나 그것은 실습장에서 훔친 고구마일 거라는 아이들의 예상과 달리 그의 어머니가 남의 집 부엌일을 해주고 얻어온 누룽지였다. 작품은 "용서해라" 하는 한 마디와 함께 끝이 난다. 참담한 가난의 고통을 드러내고, 끝에 가서는 아이들다운 죄책감을 수반한 화해가 암시되는 것이다.


## 2) 고학생에 대한 격려

현덕의 소년소설에서 가장 두드러지는 요소는 가난한 고학생에 대한 따뜻한 관심이다. 현덕의 작품이 주로 가난한 아이를 초점으로 삼았다는 점에서 이 문제는 거의 모든 작품을 관통하는 것이다. 그런데 고학생에 대한 격려의 마음을 각별히 내세운 작품들은 고학생이 주동적으로 움직인다기보다 주위 아이들이 고학생을 돕는 내용으로 되어 있고, 어른의 도움을 청하는 경우도 많다. 「잃었던 우정」은 집안 형편 때문에 진학을 못하고 승강기 안내원이 된 동무와의 오해를 풀고 도움을 주는 내용이고, 「월사금과 스케이트」는 월사금을 못 내고 학교에 나오지 못하는 동무를 돕고자 스케이트 사려던 계획을 포기하는 내용이다. 「집을 나간 소년」은 큰형님을 맞으러 정거장에 나갔다가 상급학교에 진학하지 못한 형편을 비관하고 가출을 결심한 동창생을 만나서 도움을 주는 내용이고, 「군밤장수」는 소학교 때 천재라는 소리를 들었을 정도로 그림을 잘 그렸지만 거리의 군밤장수를 하고 있는 동창생을 만나서 도움을 주는 내용이다. 모두 외부 조력자의 힘으로 고학생의 문제가 해결된다는 점에서 한계를 보인다.

그렇지만 이들 작품에서도 서민 아동의 처지가 구체적인 생활 장면으로 생생하게 그려지고 있는 점을 놓칠 수 없다. 어느 작품이건 소질이 많은데도 능력을 펼치지 못하는 현실과 가난한 아이들을 업신여기는 눈길에 대해 비판적이기 때문에, 출세와 영달을 부추기는 것과는 거리가 멀다. 학창시절의 같은 반 학우끼리는 계급적인 관계에 앞서 동무의 관계로 일상을 영위한다고 볼 수 있다. 작가는 가난에 대한 편견과 오해를 동정의 마음으로 바꾸고, 가난한 아이들에게 생활의 용기를 북돋고자 했다. 식민지 근대의 희생양이 되었던 이 땅의 민중에게 교육은 단지 입신출세의 수단만은 아니다. 세상을 알고 자신의 뜻을 옳게 세우는 데에서도 교육은 중요한 것이다.

> "암, 상급학교에도 가고 싶겠지. 그리고 여기보다 좋은 환경을 찾아 먼 길을 떠나고 싶기도 허겠지. 허지만 백사람이 그렇게 집을 나가서 그 중 좋은 환경을 만나게 되는 사람은 한 사람이 되기도 드문 것이 이 세상일이거든. 그리고 공부란 사람이 자기 자신과 자기가 살고 있는 사회를 잘 알고 잘 이해하려는 데 보다 큰 목적이 있는 것으로, 그것은 반드시 학교엘 가서만 배워진다는 것은 아니야. 알려고 노력만 허게 되면 어떠한 환경에서든 그걸 배울 수 있는 것이거든."[292]
>
> ―「집을 나간 소년」

그림은 간단히, 시골 여인이 한 손엔 어린애를 이끌고, 한 손엔 머리에 인 광우리를 잡고 섰는 모양인데, 그 선 하나 점 하나에 힘이 흐르고 움직임이 있고 산 사람을 보는 듯싶다. 그야 기수의 그림을 보는 눈이 높지 못하다 해도 그것은 날카로운 관찰과 깊은 사랑하는 마음이 없고는 그렇게 살아 움직이는 듯 종

---

292) 현덕, 위의 책, 136~137면.

이 위에 옮겨 놓지 못할 것이다 싶어졌다.293)

—「군밤장수」

첫 번째 인용 부분은 집을 나온 아이에게 기수의 큰형님이 들려주는 이야기고, 두 번째 인용 부분은 성만이가 군밤을 팔면서 틈틈이 그린 그림을 보고 기수가 놀라는 장면이다. 여기에서 작가의 교육관과 예술관을 엿볼 수 있다. 교육에서는 출세에 앞서 사회적 자각을 더욱 중시하고, 예술에서는 기교에 앞서 작가적 눈을 더욱 중시하는 관점이다.

우리 아동문학은 즐거운 해방감을 만끽하게 해주는 '피노키오'식 유열담(愉悅談)보다는 고난 극복의 용기와 희망을 주는 '쿠오레'식 격려담을 전형으로 삼아 왔다.294) 이는 유년을 위한 동화보다는 소년소설이 압도적으로 많은 현상과도 관련되는데, 근본적으로는 이 땅의 아동 현실을 정직하게 반영하려는 건강한 작가의식의 소산이라 할 수 있다. 고학생에게 격려를 전하려는 작품들은 결말 부분에서 외부 조력자의 힘을 빌리는 교훈주의의 한계가 드러나고 있지만, 생활을 떠난 관념 현실이 아니라 구체적인 생활상의 문제를 고통 받는 서민 아동의 편에서, 인물의 절실한 심리와 더불어 그려내고 있다는 점에서 개척의 몫이 적지 않다.

---

293) 현덕, 위의 책, 69면. 현덕은 소학교 시절 그림에 뛰어난 재주를 지닌 동창이 졸업 후 "몇 해 지나 뒷골목에서 등에 커다란 광우리를 짊어지고 쓰레기통을 뒤지는" 모습을 보고 이 소년의 일을 「군밤장수」로 꾸몄다고 한다(「쓰레기통을 뒤지는 옛동무」, 『소년』, 1939년 4월, 20면). 그런데 「군밤장수」의 성만이 그림을 설명하는 대목은 소학교 때 그림으로 천재적인 자질을 인정받았지만 가난한 집안형편 때문에 상급학교에 진학하지 못하고 독학으로 1930년대의 선전에 여러 차례 입선한 박수근(朴壽根, 1914~65)을 투영한 것이 아닐까 싶다. 박수근은 특히 1930년대 후반에 한국 서민들의 생활풍경을 주제로 한 작품들을 잇달아 출품하였다(화집 『우리의 화가 박수근』, 시공사, 1995 참조).

294) 원종찬, 「한일아동문학의 기원과 성격 비교」, 『아동문학과 비평정신』, 창작과비평사, 2001 참조.

## 3) 현실의 모순에 대한 자각

「나비를 잡는 아버지」는 아이러니를 함축한 제목이다. 이 작품은 농촌을 배경으로 하는데, 현실의 모순을 아이의 처지에서 발견하고 자각하게끔 그려내고 있다. 작품의 사건은 아이들 사이의 다툼에서 비롯된다. 그것이 소작과 마름 관계로 엮여 있기 때문에, 계급 대립의 현실을 반영하면서 결말에 이르기까지 계급간의 화해는 이뤄지지 않는다. 대신에 가난한 농부의 형상인 아버지의 삶을 껴안게 함으로써 연민의 감정과 함께 현실의 모순에 대한 자각을 높인다. 이는 작가 메가폰으로 등장하는 어린 투사가 계급의식을 앞세워 지주한테 굴종적인 아버지와 대립하곤 했던 프로 아동문학을 리얼리즘 면에서나 아동문학의 특성 면에서나 한 차원 뛰어넘은 것이라 할 수 있다.

작품의 발단은 바우와 경환이의 다툼이다. 방학을 맞이해 집에 온 마름 집 아들 경환이는 표본 숙제를 한다면서 동네를 휘젓고 다닌다. 집안 형편 때문에 상급학교에 진학하지 못하고 소를 뜯기며 그림을 그리던 바우는 이를 보통학교 때 저한테 성적이 눌렸던 분풀이로 여겨 못마땅해 한다. 바우가 나비를 손으로 쉽게 잡고도 경환이 앞에서 날려보내자 심술이 난 경환이는 나비를 잡는다면서 바우네 참외밭을 망가뜨린다. 이렇게 해서 사태는 몸싸움으로 발전하는데, "우리 집 땅 내가 밟았기로 무슨 상관"이냐는 경환이 말에 분통이 터진 바우는 "그래, 나비가 중하냐, 사람 사는 게 중하냐"면서 경환이 몸을 내동댕이친다.

이 일로 바우 어머니는 경환이네 집에 불려갔다가 와서, 그렇잖아도 참외밭 문제로 아버지에게 야단을 맞고 있는 바우에게 어서 나비를 잡아가서 빌라면서 등줄기를 한 대 우린다. 마름집에서 바우가 나비를 잡아 가지고 와서 경환이에게 빌지 않으면 내년부턴 땅 얻어 부칠 생각을 말라고 하더라는 것이다. 그러나 바우는 잘못한 것이 없으니 머리를 굽힐 까닭이 없다고 생각한다. 오히려 자신의 체면을 몰라주는 아버지와 어머니를 야속하게 여기고, 그냥 집을 나와 도회로 가서 고학이라도 해볼까 하는 생각에 빠진다. 이렇게 심란한 마음으로 산등성이에서 내려오다가 바우는 뜻밖의 장면을 목격한다.

　　산 중턱쯤 이르렀다. 건너다보이는 맞은편 언덕을 너머 모밀밭 두덩에 허연 사람의 그림자가 엎드러졌다 일어섰다 하며 무엇을 쫓는 모양으로 움직인다.
　　'흥! 경환이 저놈이 또 나비를 잡는구나.'
　　하고 바우는 입가에 업신여기는 웃음을 짓는다. 산을 또 좀 내려와 바라볼 때 경환이로 본 그것은 어른이 분명했다.
　　'흥! 경환이란 놈이 저의 집 머슴을 시켜 나비를 잡게 하는구나.'
　　그리고 바우는 또 한 번 같은 웃음을 웃는다.
　　바우는 산을 내려와 맞은편 언덕 위로 올라섰다. 그리고 가까운 거리에서 모밀밭을 내려다보았을 때 그는 놀라 벌린 입을 다물지 못했다. 경환이 집 머슴으로 본 사람은 남 아닌 바루 자기 아버지였다. 아버지는 농립을 벗어들고 나비를 쫓아 엎드렸다 일어섰다 하며 그 똑똑지 못한 걸음으로 밭두덩을 지척지척 돌고 있다.[295]

　　바우는 머리를 얻어맞은 듯 잠시 멍해져 있다가 아버지를 소리쳐 부르며 미끄러져 내려온다. 한순간에 지금까지의 어지러운 마음에서 벗어나 아버지를 위한 새로운 다짐을 하게 되는 것이다. 바우는 뚝심 있는 농촌 아이의 형상이지만 처음에는 자기 처지에 대한 막연한 불만이 어디로 튈지 모르는 성격이었다. 그리고 아버지는 소작인의 삶에 결박되어 있는 탓에 아들에게 왜 공부하는 아이 훼방 놓느냐고 야단치지만, 실은 "서울 가서 공부한 것이 나비 잡는다고 남의 집 참외밭 결딴내는 거냐"고 여길 만큼 사태를 내다볼 줄은 안다. 아버지의 행동이 모순인 것은 왜곡된 현실의 반영이다. 인물의 형상이 굵고 사실적으로 그려진 이 작품은 현실에 대한 자각을 감동적으로 전하는 수작으로 평가된다.

---

295) 현덕, 앞의 책, 55~56면.

### 4) 각성을 주는 매개자

해방 후에 쓴 소년소설은 잡지에 연재하던 「행진곡」, 「아름다운 새벽」, 그리고 단행본으로 펴낸 장편 『광명을 찾아서』(1949) 등 3편이다.

「행진곡」은 중학생 잡지 『진학』 1946년 3월호에 연재물로 발표되었다. 잡지의 통권 호수와 연재물 회수가 모두 표시되어 있지 않기 때문에 확신할 수 없으나, 철학박사 조정환이 쓴 「진학을 읽고」라는 잡지의 격려사가 "단기 4279년 매춘(梅春)에 이 고고의 소리를 외치어 금수(錦繡)의 근역(槿域)에 그 탄생함을 삼천만에게 비로소 알리었다"는 문장으로 시작하고 있는 것으로 보아서, 『진학』은 1946년은 2월에 창간했고, 「행진곡」은 연재 2회분인 듯싶다. 「행진곡」 2회분의 내용은 거의 성만이와 기수라는 소년의 대화 장면으로 되어 있다. 성만이가 기수한테 민족의 장래와 관련한 시국관을 펼치며 자기 말에 동의한다면 동지로서 혈서를 나누자고 하는데 기수가 약한 모습을 보이는 내용이다. 두 소년의 대화가 기수의 시점에 가깝게 서술되고 있기 때문에, 주인공은 기수로 보인다. 혈서를 감행하지 못하고 훌쩍이는 기수한테 성만이가 동지들이 모여 있는 곳으로 가자면서 연재 2회분은 끝이 난다. 이 작품의 성만이는 주인공에게 사회의식의 각성을 주는 매개자가 되는 셈이다.

「아름다운 새벽」은 『어린이세계』 1947년 4, 5월호 합본호에 연재물로 발표되었다. 여기에는 '2회분'이라는 회수가 표시되어 있다. 뿐만 아니라 작품 앞부분에 '전달까지의 대강 애기'를 소개해놓았다. 창수는 일찍이 부모를 여의고 삼촌 집에서 자라고 있는 가엾은 소년이다. 삼촌집도 구차하여 다달이 후원회비를 정한 날에 내지 못하여 선생님에게 꾸지람을 듣곤 한다. 어느 날 창수는 삼촌이 후원회비로 내준 백 원짜리 한 장과 아주머니가 심부름 삯으로 준 십 원을 얻어 기쁜 마음으로 학교를 가는 길에 거지아이를 보고 잔돈을 준다는 것이 그만 백 원짜리를 주게 된다. 창수는 학교가 끝나고 오는 길에 주사위 놀음을 하는 곳에서 십

원을 가지고 백 원을 만들어볼 생각으로 야바위꾼 틈에 끼여든다. 여기까지가 1회분이다. 2회분은 야바위꾼들에게 그나마 십 원을 다 잃고, 집에 들어가서 삼촌과 숙모에게 어떻게 자기 잘못을 고백할까 고민하는 내용이다. 2회분까지의 내용으로 볼 때는 일제시대에 쓴 소년소설 작품 경향과 거의 다르지 않다.

그런데 『광명을 찾아서』에 대한 독후감을 보니, 『광명을 찾아서』는 「아름다운 새벽」을 완성한 것이라는 추측이 된다. 해방 후에 쓴 잡지 연재물은 필자 사정이나 잡지 사정 면에서 연재를 마치기가 어려웠을 것이다. 잡지 『어린이나라』에 나오는 광고문에도 『광명을 찾아서』는 현덕이 해방 후 처음 써낸 작품임을 강조하고 있다. 이 작품은 학생이 쓴 독후감을 통해서 대강의 내용을 살필 수 있다.

삼촌 집에서 학교에 다니는 창수는 숙모가 옷을 팔아 만들어준 눈물 나는 후원회비를 잃어버리고 집에 들어가지를 못합니다. 저는 이 대목을 읽으면서 창수의 안타까운 마음을 생각하고 눈물이 났습니다. 저의 집도 살림이 구차해서 후원회비 때문에 많은 고달픔을 겪어 그런가봅니다.

수만이라는 나쁜 동무의 꾀임에 빠져 창수는 도둑질을 하러 들어가는 데서는 저는 마음이 약하고 용기가 부족한 창수가 원망스러워서 옆에 있으면 따귀라도 한대 올려붙여주고 싶었습니다.

그러고도 창수는 나쁜 버릇을 버리지 못하고 어떤 신사의 만년필을 훔치려다 들키는데 그 신사는 이 사회의 좋지 못한 어린이들을 건져주려고 힘쓴 사람이었습니다. 잘 알도록 타이르고 나쁜 꿈을 깨쳐주는 신사는 참 훌륭한 사람이라 생각했습니다. 이 신사의 덕으로 창수는 모든 것을 깨끗이 씻고 광명의 길로 찾아가게 됩니다.

오래간만에 읽은 현덕 선생님의 이 소설은 참 재미있을 뿐 아니라 배울 점이 많고 퍽 유익한 소설이었습니다.[296]
―「현덕 저 『광명을 찾아서』」(서울효창국민학교 6학년 전철규)

---

296) 『어린이나라』, 1949년 9월, 19면.

주인공 이름도 그렇고, 그를 둘러싼 환경도 그렇고, 독후감의 첫 번째 단락 내용은 「아름다운 새벽」의 내용과 비슷하다. 이 작품에서 '어떤 신사'는 현덕의 소년소설에 자주 등장하는 외부조력자라고 할 수 있다. 이 신사가 어떤 내용의 격려와 각성을 매개해주었는지 독후감만으로는 파악이 안 된다. 단정 수립 직후의 탄압 상황에서 출간된 작품이기 때문에 일제시대의 작품 경향과 크게 다를 것이라고 여겨지지는 않지만, 「행진곡」의 일부 내용과 함께 볼 때, 해방 직후 현덕은 소년 독자에게 격려와 함께 사회의식을 불어넣어주려 했음을 알 수 있다.

제 **6** 장

## 월북 이후 소설

북한의 문학은 사회주의 리얼리즘과 주체의 문예이론에 입각해서 창작되고 있는바, 당에 의해 통제되는 전체주의로 인해 일제시대 및 남한의 문학과는 성격이 판이하게 다르다. 따라서 북한에서 발표된 현덕의 소설은 냉전체제와 남북대결의 구도에서 북한 정치에 종속된 활동의 결과물이라는 점을 감안해야 한다. 일제시대의 작품과 동일한 선상에서 평가하기 어려운 이런 특수성 때문에, 월북 이후의 소설은 작품론의 대상이기보다 작가활동의 일부를 살피는 것으로 제한될 수밖에 없다.

월북 이후에 이루어진 현덕의 작품활동은 크게 두 시기로 구분된다. 첫째는 6·25 동란 시기에 작가단에 소속하여 쓴 전쟁 관련 작품들이고, 둘째는 한동안 활동이 중단되었다가 다시 재개된 것으로 보이는 1960년을 전후로 한 시기의 작품들이다.[297] 1960년을 전후로 해서 쓴 작품들은

---

297) 고은 외, 『남북한문학사연표(1945~1989)』, 한길사, 1990 참조 「부싱쿠 동무」는 1959년 1월, 「싸우는 부두」는 1961년 9월에 발표된 것임이 확인된다.

단편소설집 『수확의 날』(1962)에 실려 있다.

동란기에 쓴 작품들로 그 제목을 확인할 수 있는 것은 「하늘의 성벽」 (1951), 「복수」(1951), 「첫 전투에서」 등 세 편이다. 이 가운데 작품을 구해 본 것은 「복수」 한 편뿐이고, 나머지 두 작품은 북한에서 나온 평론을 통해서 확인되는 것들이다. 『수확의 날』에는 모두 5편의 작품이 실려 있다. 농촌을 배경으로 천리마 운동을 그린 「수확의 날」, 「전진하는 사람들」, 4·19 직후 남한의 탄광노동자와 부두노동자의 투쟁을 그린 「불 붙는 탄광」, 「싸우는 부두」, 6·25 동란을 배경으로 중국인민지원군 용사의 활동을 그린 「부싱쿠 동무」 등이다.

따라서 북한에서 발표한 현덕의 소설은 내용과 배경에 따라 다시 전쟁체험, 천리마 운동, 남한 노동자 투쟁 등 세 부류로 나눌 수 있다. 1959년에 창작되어 작품집 『수확의 날』에 실려 있더라도 6·25 동란을 배경으로 하는 「부싱쿠 동무」는 전쟁을 다룬 작품들과 함께 살펴볼 수 있는 내용이다.

## 1. 전쟁체험과 창작의 변화 — 「복수」·「부싱쿠 동무」 기타

북한의 문학은 사회주의 건설을 위한 투쟁에서 사상개조를 담당하는 주요 수단으로써 인식적 기능보다는 교양적 기능이 중시된다. 1946년 12월 이른바 '『응향』 사건'을 통하여 퇴폐적인 낡은 문학적 잔재를 청산하고, 1947년 3월 당에 의해 '고상한 리얼리즘'이 유일한 창작방법으로 규정된다. 고상한 리얼리즘은 영웅적이고 긍정적인 모범을 제시하는 혁명적 낭만주의 경향이다. 이런 경향을 띠지 않은 작품은 사실적으로 그려졌다 해도 '자연주의'로 비판되었다.[298]

북한은 6·25 동란을 '조국해방전쟁'으로 규정하고 이 해방전쟁 수행의 일환으로 예술가를 동원했다. 그리하여 작가들은 숭고한 애국심에서 우러나온 인민의 헌신적이고 영웅적인 모습을 표현하거나, 미제국주의와 남한 지배계급의 부정적인 모습을 극대화하는 작품을 쓰는 것으로 전쟁에 참여해야만 했다. 전쟁 중에 월북한 현덕도 곧바로 작가단에 배속되어 작품활동을 전개한다. 하지만 사실적 심리 표현에 능한 현덕의 체질상으로 하루아침에 북한의 문예정책이 요구하는 작품을 충족할 수는 없었다. 현덕의 전쟁 소설은 자연주의적인 특징을 전형적으로 드러낸 것이라고 혹독하게 비판되었다. 예외가 있다면 "공화국의 영웅칭호를 받은 영웅 비행사 백기락의 영웅적 행동"299)을 그린 「하늘의 성벽」 같은 경우다. 이 작품은 영웅적인 모범을 보인 실제인물을 모델로 해서 여러 작가들이 쓴 작품을 모아 펴낸 단편소설집 『영용한 사람들』에 실려 있는 것이다. "인민군대의 용감성, 완강성과 그리고 그것의 전형적 표현으로서의 영웅의 형상을 테마로 하고 있는 성과 있는 작품"300)이라 평가되었다.

그럼 현덕은 평범한 인민의 전쟁체험에 대해서는 어떻게 그려내었는가? 「복수」를 통해서 이 당시 현덕 소설의 양상과 북한에서의 평가 문제를 살펴볼 수 있다.

「복수」는 미군의 학살 만행을 증언하고 원수에 대한 분노의 감정을 표현한 작품이다. 전사(戰士) 김은 병원 폭격으로 인해 전우 박이 자기 눈앞에서 유언을 마치지 못하고 사망하자 몸이 완치되지 않았음에도 자진해서 병원을 나와 전장으로 향한다. 김과 박은 부상당한 몸을 서로에게 의지하며 적의 포위망을 빠져나온 전우였다. 전장으로 가는 도중에 김은 박의 고향마을에 들르게 된다. 박의 고향마을은 폐허로 변해 있다. 김은 박의 동생으로부터 그 마을에서 자행된 미군의 학살만행을 전해 듣는다.

---

298) 김재용, 『북한 문학의 역사적 이해』, 문학과지성사, 1994 참조
299) 기석복, 「조국해방전쟁과 우리의 문학」, 『인민』(『현대문학비평자료집』 2권), 1952, 228면.
300) 안함광, 「1951년도 문학창조의 성과와 전망」, 『인민』, 1952년 1월, 150면.

이야기를 마치고 박의 동생은 김에게 인민의 원수를 갚아달라는 부탁을 한다. 김은 그 말을 박이 끝내 마치지 못한 유언으로 겹쳐서 듣는다. 또한 박의 동생과 비슷한 또래의 자기 동생을 떠올리면서 그런 수난은 자기 고향마을에서도 일어났을 것이라 생각한다. 그리하여 자기 동생도 인민군대를 보면 똑같은 부탁을 할지도 모를 것이라 여겨 이를 악문다.

> 이 나라 방방곡곡에서 원수의 도가에 쓰러진 그 숱한 애국인민들의 백골에 사모친 원한이, 그 늙은 어머니가, 그 젊은 아내가, 그 어린 아우가, 소리를 합해서 말하리라, '원수를 갚아주오'[301]

이처럼 원수에 대한 증오와 분노를 단호히 표출하는 것으로 작품은 끝이 난다. 이 증오와 분노는 폭격으로 인해 참담하게 변해버린 마을에 대한 묘사와, 구사일생으로 살아난 박의 동생이 미군의 학살만행을 김에게 전하는 생생한 대화 장면으로 뒷받침되고 있다.

> 지금으로부터 석달 전에 지나던 간이역이 있는 작은 거리나 인민위원회가 있는 조촐한 거리들 — 그 때만해도 장이 서서 돼지고기 냄새를 풍기며 얼굴이 기름진 사람들이 모여 욱적거리던 거리, 인민학교가 있고 소비조합이 있고 국수집이 있고 단란한 생활이 영위되고 아침과 저녁이 새롭고 하루가 백년처럼 장성해가던 거리다.
> 오늘 이 거리에 남아있는 것은 몇개의 굴뚝 뿐 휑한 벌판 가운데 손때 묻은 농짝이 원쑤가 누구인 것을 호소하듯 하늘을 향해 입을 벌리고 있다.[302]

> "개놈들은 우리를 그 보와굴 앞으로 끌고 가더니 주욱 일자로 세워 놓드군요 그러더니 하는 말이 이 굴 속에는 되놈도 들어갈 놈이 없겠지만 물론 우리도 아니 들어가겠다. 그러니 그 속에서 너이 마음대로 인민공화국을 꾸며 보아라 하는 거예요."

---

301) 현덕, 「복수」, 『문학예술』, 1951년 5월, 38면.
302) 현덕, 위의 글, 28면.

(…중략…)

"그 놈들은 한 사람씩 그 앞으로 끌고가 세우더니 발길로 걷어차 굴속으로 떨어뜨리기 시작하였어요 그것을 보고 어린아이들이 먼저 와아아 하고 떼울음을 터뜨렸어요 그러자 위협을 하느라고 그런 것인지 오발을 한 것인지 모르겠는데 건너편 언덕 위에서 망을 보고 있던 놈이 총을 탕 한 방 놓았어요 그 총소리를 듣자 아마 우리군대가 오는 줄 알았던 것이지요 우리를 경계하고 있던 놈들이 놀라 더러는 뒤로 물러서기도 하고 더러는 그 총소리 나는 쪽으로 향하고 뛰어 가기도 하였어요"

"그래서"

"우리는 이 때라고 싶어 그 틈을 타고 일제히 쫘악 흩어졌어요 그런데 우리 칠십여 명 중에는 나이 많은 노인이 열댓 명이 되고 어린애가 이십 명이 넘었어요 그리고 나머지 사람도 거지반 여인네들인데 오랫동안 먹지도 못하고 시달린데다가 노인과 어린애들의 손목을 이끌어야 해서 멀리 가지도 못하고 도루 그 놈들에게 붙잡혀 왔어요 그 통에 서너 사람이나 총에 맞아 쓰러졌는데 그런 사람들은 헨가래를 키듯 네 놈들이 팔하나 다리 하나씩을 들고 흔들다가는 굴속으로 던져버리고 하였어요

사람들은 이를 갈며 그 놈들에게 무서운 악담과 욕을 하였어요 다른 때 같으면 당장 총이라도 쏠텐데 그러지는 않고 그저 시시덕거리며 한 사람씩 붙들어 내다가 굴속으로 걷어차는 거예요 그 중에는 갓난애를 업은 여인네도 있었어요 개놈들은 등에 아기를 업은 그대로 걷어찼어요"

"그래 사람들은 그 놈들이 걷어차는 대로 순순히 당합디까."

"아녜요 나이 많은 노인들까지 악담을 하며 그 놈들의 팔이나 다리에 달라붙어 물어뜯었어요 그러면 그 놈들은 그대로 반짝 안아다 굴속에 쳐놓고 했어요 그 놈들은 사람에 아녜요 아귀예요 아귀보다 더 해요"303)

여기에서 보듯, 이 작품은 처절한 증언과 고발의 성격을 띤다. 그런데 고상한 리얼리즘의 관점에서는 이런 작품이 인민들의 영웅적인 모습에 대하여는 눈을 감고 어두운 부정적인 세계만을 보여주었다고 해서 전면

---

303) 현덕, 위의 글, 32~34면.

적으로 부정되었다. 안함광(安含光)의 비판을 보자.

> 이 작품은 미제 침략군대로부터 받는 놈들의 강점지대에서의 조선 인민의 처
> 절 참담한 가지가지의 고초를 정성껏 수집 나열하였다. 필연으로 이 작품을 짓
> 궂게 일관하고 있는 것은 어둡고 처참하며, 몸서리치게 무서운 부정적인 세계
> 다. 작가는 놈들의 만행에 항거하는 인민투쟁의 줄기에 대하여는 아무것도 보
> 여 주지 않는다.304)

과연 그러한가? 안함광이 지적하는 것처럼 「복수」가 "만행에 항거하
는 인민투쟁의 줄기에 대하여는 아무것도 보여 주지 않"았다고 할 수는
없다. 주인공 김은 박이 폭사한 뒤에 다리 부상이 충분히 치료되지 않았
음에도 원장에게 완고히 부탁을 해서 전장으로 나선다. 학살의 순간에
인민들은 미군에게 저주의 말을 퍼붓는다. 우군과 적군의 선악 대비도
확실하다. 아마도 비판의 빌미는 전쟁의 참화를 겪는 주인공의 심리를
인간적이고 개성적으로 그려낸 점, 다시 말해 감정의 다양한 스펙트럼
을 허용한 데 있을 것이다. "작가 현덕은 「복수」에서 적에 대하여 증오
심을 느낄 대신에 도리어 공포심을 가지게 하는 극악한 자연주의적 묘
사방법을 채용하였다"305)는 또 다른 지적이 이를 말해준다.

사실 현덕에 대한 비판은 남로당 계열 문인들을 제거하는 정치적 배
경과 따로 떼어낼 수 없다. 현덕을 비판하는 문건들은 임화·김남천·
이원조·이태준 등 남로당 계열의 주요 문인들에 대해서 이전과는 판이
한 태도를 보이면서 극단적인 표현으로 매도하고 있다. 여기에 현덕도
끼어들 수밖에 없었는데, 그가 남로당계 문인들과 각별한 관계라는 사
실이 작용했을 것이다. 현덕은 특히 「첫 전투에서」라는 작품으로 한효
(韓曉)에게 남김없이 매도를 당한다.

---

304) 안함광, 앞의 글, 159면.
305) 한설야, 「전국작가예술가대회에서 진술한 한설야 위원장의 보고」, 『조선문학』, 1953
　　년 10월(『현대문학비평자료집』 3권), 44면.

현덕은 「첫 전투에서」라는 그의 단편에서 우리의 생활에 대한 비방적인 왜곡과 노동 계급에 대한 모욕적인 중상에서 묘사의 자연주의적 양식을 전형적으로 이용하였다. 묘사되고 있는 사실의 '사실성'과 '확실성'으로써 자기의 반리얼리즘적 태도를 엄폐하려고 시도하면서 현덕은 가장 타기할 저급한 동물적 충동을 '흥미 있는 사건'이라고 간주하고 있다.[306]

한효는 계속해서 현덕 소설의 인물 묘사 방법을 "여지까지의 작가 생활의 필연적인 소산"[307]이라고 몰아붙인다. 인물의 형상화와 관련해서 현덕의 작품은 고상한 리얼리즘과는 거리가 멀었던 것이다. 한효의 글이 "공화국의 매로서 영웅의 대오에서 그 이름을 떨치고 있는 한 비행사의 천진난만했던 어린 시절을 회상"[308]하는 장면을 두고 비판이 이뤄지고 있는 것으로 보아, 「첫 전투에서」는 영웅 백기락에 대해 쓴 「하늘의 성벽」을 달리 보완하려 했던 것이라 짐작된다. 앞서 이원조는 「하늘의 성벽」이 상당한 성과를 거둔 작품임에도 "영웅의 일면성"밖에 보여주지 못한 결함이 있다면서 다음과 같이 충고한 바 있다.

현덕 씨의 소설 「하늘의 성벽」은 백기락의 영웅적인 행동, 즉 전투장면은 상세하게 묘사되었으며 어느 정도의 긴박성도 있으나 역시 이러한 영웅적 행동을 하게 되는 동기 또는 경과 즉 백기락이 영웅적 행동을 하기까지의 그의 인간적 장성이 보이지 않는다.[309]

작품을 구해볼 수 없어 확언할 수는 없지만, 현덕은 이원조의 비평에 일정하게 호응하는 형태로 「첫 전투에서」를 썼을 것이다. 이태준과 최명익도 이 작품에 대해 호평한 듯싶다.[310] 그러나 한효는 인물의 '성격

---

306) 한효, 「자연주의를 반대하는 투쟁에 있어서의 조선문학」, 『문학예술』, 1952년 1월~4월(『현대문학비평자료집』 2권), 494면.
307) 한효, 위의 글, 같은 곳.
308) 한효, 위의 글, 같은 곳.
309) 이원조, 「영웅 형상화의 문제에 대하여」, 『인민』, 1952년 2월, 176면.
310) 한효, 위의 글, 501면. 현덕의 작품을 두고 한효와 이원조·이태준·최명익 등이 어

발전'을 그린 현덕의 「첫 전투에서」를 인민들의 애국심에 대한 "중상적이며 모욕적이며 고의적인 묘사"[311]라고 매도한다. 이는 다름 아닌 고상한 리얼리즘의 관점에서 "사실성"과 "확실성"을 "반리얼리즘적 자연주의"라고 비판하는 태도다. 한효의 글에 따르면, "코 속이 알싸하도록 강한 꽃향기와 함께 땀내가 시큼한 처녀의 젖가슴"에 파묻혔던 14~15세 소년에 대한 묘사는 "추악하고 동물적인 것"[312]이다. 따라서 "별바우골 돌배나무 밑에서 생의 첫 눈을 떴을 때, 전율하던 그 심장은 오늘 조국애와 동지애의 크고 높은 감동으로 아찔하도록 강한 행복감에 취하는 것"이라고 주인공을 묘사한 대목은 "순전히 동물적인 충동에다가 오늘의 조국애와 동지애를 결부시키려고 드는 것"[313]에 지나지 않는다. 한효는 주인공의 애인 칠딴이의 성격 발전에 대해서도 "순전히 노동 계급에 대한 모욕적이며 비방적인 견지에서 옳지 못하게 형상화하였다"[314]면서 다음과 같이 비판한다.

우리의 아름다운 딸로 영웅의 진실한 애인으로 더 한층 아름답고 고결하게 그리어야 할 이 인물을 현덕은 놀라웁게도 매춘부로 전락시키고 그가 이태만에 마을에 돌아왔을 때는 "얼굴에는 능금 같은 생기 대신에 삶은 박처럼 누렇게 뜨고 눈가슬에는 퍼런 가락지가 돋았다. 그 고기 뱃대기 같이 싱싱하던 팔뚝에는 시퍼런 점이 점점이 박히었다. 몸에서는 풍뎅이 궁둥이처럼 고약한 냄새를

---

떻게 달리 평가하고 있는지에 대해서는 다음 대목을 참조할 만하다. "이원조는 전형이 아니라 유형 가운데서 매개의 특징을 선명하게 묘사하라 하였으며 우리 시대의 전형적 특징이 아니라 매개 인간의 과거의 경력 가운데서 매개의 특징을 찾아내라고 떠들어대고 있는 것이다. 이원조의 이와 같은 반리얼리즘적 견지에 입각한다면 현덕의 「첫 전투에서」야말로 가장 '훌륭한 걸작'일 수 있으며 그리고 이 입장이 바로 이태준이나 최명익이 이 작품을 가리켜 '잘 째인 성공한 작품' 또는 '놀랄만한 작품'이라고 말한 그러한 입장과 통하는 것이다. 그것은 「첫 전투에서」가 바로 매개 인간의 과거의 경력 가운데서 매개의 특징을 찾아내어 쓴 작품이기 때문이다." (강조는 인용자).

311) 한효, 위의 글, 494면.
312) 한효, 위의 글, 같은 곳.
313) 한효, 위의 글, 같은 곳.
314) 한효, 위의 글, 495면.

풍기었다. 마을 사람들은 늙은 노파까지 그와 자리를 같이 하기를 꺼리었다. 나무꾼 아이들은 지게 작대기로 괴상한 동작을 해보이며 그를 모욕하였다"고 하는 그런 인물로 만들었다. 이렇게 인물을 만화화한 다음 현덕은 기어코 이 인물을 노동자로 만들었으며 또한 그로 하여금 해방 후 처음 맞는 5·1절을 경축하는 노동자들의 대열의 맨 앞에서 "근로자들은 단결하라!"고 크게 쓴 푸랑카트의 한 쪽 깃대를 들고 전진하게 하였다.[315]

고상한 리얼리즘의 관점에서는 인물의 성격 발전을 표현하는 데에서 사실성보다 더 중요한 원칙이 있다. 영웅의 형상은 어디까지나 숭고함과 결부되어야 하는 것이다. 그러나 이런 창작원리가 당의 통제 아래 강제될 때, 삶의 진실이 스며들 틈은 없다. 한효는 "문학에 있어서 '있는 그대로'의 자연주의적 추구는 악명 높은 '사실 문학'에의 통로"[316]라고 강변한다. 이원조에게나 현덕에게나 본래적 의미에서의 리얼리즘을 탐구할 자리는 더 이상 마련되지 않았다.

1959년에 발표된 「부싱쿠 동무」는 당의 문예정책을 수용하는 창작 경향의 변화를 보여준다. 이 작품은 중국인민지원군 용사의 겸허하고 진솔한 모습을 그린 것이다. 선로원 김도명은 비행기의 폭격을 피하는 중에 중국인민지원군 한 명이 부상당해 쓰러져 있는 것을 발견한다. 그는 과거에 자기가 '부싱쿠'라 부르던 동무다. 부싱쿠 동무는 전략상 매우 중요한 교량을 엄호하는 임무를 맡고 있다. 김도명은 친목 같은 것을 운반할 때 부싱쿠 동무의 도움을 받지 않을 수 없는 처지라서 늘 고맙고 미안한 마음이었다.

김도명은 그 민망하고 난처한 심정을 혓바닥이 굳도록 압축해서 그리고 그가 아는 단 하나의 중국말로
"싱쿨라."

---

315) 한효, 위의 글, 같은 곳.
316) 한효, 위의 글, 499면.

하고 표시했다. 그리고 그 부족한 표현에 낯을 붉히었다.

그러자 지원군 동무는 거침새없이 활달한 얼굴 표정이 금시 굳어지며 정색을 하더니

"부싱쿠."

하고 고개를 들어 외면을 하는 것이다.

그 표정은 당치도 않은 치하를 받았다고 해서 거북하게 생각하는 것인데 그것이 또 어쩌도 겸손하고 진지한지 도명은 더욱 미안한 생각을 하게 됐던 것이다.[317]

'싱쿨라[辛苦了 : 수고합니다]'라는 치하에 대해 담담하게 '부싱쿠[不辛苦 : 별말씀입니다]'라고만 답을 해서 부싱쿠 동무로 기억되는 그 중국인민지원 군은 폭격 속에서 어린아이를 구한 용맹성을 보인 뒤에도 치하 같은 말을 어색하고 계면쩍어 하는 성격이다. 그랬던 그가 지금은 폭격을 받고 자기 눈앞에 쓰러져 있는 것이다. 작품의 후반부는 김도명이 위험을 무릅쓰고 '부싱쿠' 동무를 구하는 내용으로 되어 있다. 이 작품은 "참되고 진실한 겸손"의 태도를 보이는 중국인민지원군 동무를 선로원의 눈으로 객관적 이면서 정감 있게 묘사한 데에 장점이 있다. 그러나 중국인민군대와의 동 지적 연대감을 강조하기 위해 사건이 작위적으로 발생하고 있는 점은 프 롤레타리아 국제주의라는 정해진 틀 안에서는 어쩔 수 없는 것이었다.

## 2. 천리마운동과 농촌—「수확의 날」・「전진하는 사람들」

한동안 작품활동이 중단되었던 현덕이 다시 모습을 드러낸 시기는 천리마운동이 본격 전개되기 시작한 무렵이다. 1958년 말 북한 사회는

---

317) 현덕, 『수확의 날』, 조선문학예술총동맹출판사, 135~136면.

사회주의적 개조가 완결됨에 따라 적대적 모순이 사라지고 오로지 비적대적 모순만이 존재하는 사회로 규정되었다.[318] 시선을 내부로 돌린 작품은 적대적 갈등을 그릴 수 없었고, 천리마 기수의 전형을 창조하여 긍정적 모범을 보이는 것이 이 시기 작가의 임무였다.

「수확의 날」은 당의 요구와 작가 역량이 결합하여 이뤄낸 뛰어난 작품이다. 두 집안의 혼사를 매개로 해서 노동자 농민의 두터운 동맹관계를 인민의 낙천적인 심성에 기대어 낙관적인 미래가 내다보이도록 그려냈다. 작품은 강 영감의 딸 금녀와 윤남산의 아들 종호를 맺어주려는 강 영감의 부인 김씨의 주선에서 시작된다. 김씨는 친정 조카네를 갔던 길에 딸의 혼처를 알아본다. 마침 익살꾼인 노동자 청년 종호가 눈에 들어온다. 그리하여 가까운 시일 안에 금녀를 보러 오라하고 돌아온 것인데, 남편 강 영감과 금녀는 김씨의 주선을 마뜩찮게 생각한다. 강 영감은 조합 형편이 좋아져서 사무원이나 노동자가 부럽지 않았고, 무남독녀 외딸이라 멀리 외처로 시집보내기보다 홀가분한 신랑을 데릴사위로 맞고 싶은 심사다. 금녀는 혼사를 아무래도 낡은 편에 속해 있는 늙으신 어머니의 결정에 맡길 수 없다는 것이고, 신랑이 당사자의 의사를 알아보려 하지 않고 늙은이 말만 믿고 선을 보러 온다는 것도 그리 좋게 보이지 않는다. 한편 조합 서클에서는 금녀처럼 재주 많고 열성적인 서클 지도원을 잃는 것이 조합 존망과 관련된다고 여겨져 이번 혼사를 원치 않는다. 그래서 금녀와 서클원들은 종호가 선을 보러 오면 어떻게 거절할 것인지 논의하고 대비한다. 신랑의 의식 정도, 노동에 대한 태도, 문화 정도를 시험해보겠다는 계획이다. 어느 날 종호는 아버지 윤남산과 함께 금녀를 보러 온다. 그런데 강 영감과 윤남산은 서로 아는 사이다. 20년 전 마을에서 머슴으로 일하다가 사라진 윤남산은 '뻐꾸기'라는 별명을 가지고 있다. 강 영감은 종호 역시 자기 아버지 윤남산처럼 한군데 붙어있질 못하고 떠돌

---

318) 김재용, 앞의 책, 26면.

아다니는 버릇이 있을 것 같아 더욱 탐탁지 않게 여긴다.

계속해서 두 집안의 혼사 문제를 둘러싸고 줄거리가 진행되지만, 인물의 설정에서 신구 세대와 노동자 농민, 그리고 일제 식민지시대와 현재의 삶이 대비된다. 김씨가 종호의 아파트를 들러보는 과정에서는 도시 노동자의 삶이 묘사되고, 강 영감의 시점으로 와서는 축사 건설반 일이 소개되며, 윤남산을 만나고는 과거 일제시대에 있었던 지주의 수탈과 농민의 투쟁이 회고된다. 서사의 중심축은 금녀가 소속한 조합이다. 종호가 선을 보러온 날은 조합이 밀 수확을 하는 날이라서 들판의 성공적인 경작이 묘사된다. 농촌은 막 기계화가 진행되는 중이고, 천리마운동과 더불어 계획적인 영농이 이뤄짐을 드러낸다. 밀을 수확한 뒤에 또 옥수수를 심고 수확하면 거기에서 나오는 사료로 축산을 한다. 이것을 뒷받침하는 기계화는 노동자가 담당한다. 각각의 요소들이 퍽 자연스럽게 엮이면서 미래가 낙관적으로 드러나고 있는 것이다.

금녀와 종호의 혼담을 둘러싼 비적대적인 갈등은 종호가 금녀를 보러 들판의 수확 현장에 나갔을 때 트랙터가 고장을 일으킴으로써 전환을 맞이한다. 종호는 트랙터 천리마호를 만들어 처음으로 이 마을 조합에 보낸 노동자였다. 종호가 트랙터를 고치자 사람들은 단박에 존경의 태도를 보인다. 금녀는 트랙터를 고친 청년이 맞선 상대인지 확신하지 못하지만, 서클원 인숙이는 이 청년을 상대로 미리 준비한 질문을 던진다. 종호는 노동자들이 농민을 지원하기 위해 애쓰는 이야기를 들려준다. 도중에 들판에서 함께 노래를 부름으로써 문화적인 시험도 통과한다. 작품의 절정은 먹구름이 몰려와 이들이 노적가리를 쌓아올리는 대목이다. 풍년의 상징으로 거대한 노적가리가 만들어지고 그 맨 꼭대기에는 종호와 금녀 둘이 남게 된다. 둘은 들판을 내다보며 공산주의 사회의 새로운 미래를 꿈꾼다. 벌판에서 그 모습을 올려다보면 그대로 영웅적인 인민의 형상이다.

아래에서 아코디온수 창수는 로적거리 우에서 고개를 곧추 쳐들고 벌을 내다
보고 섰는 종호와 그 옆에 죠세트 브라우스 자락을 바람에 날리며 가슴을 펴고
서 있는 금녀를 황홀한 눈으로 쳐다보고 있다. 그는 두 사람의 섰는 모양이 어
떤 거장의 손에 의해서 만들어진 우수한 조각품 같았다. 그것은 한 사람의 조
립공 종호와 한 사람의 조합원 금녀가 서 있는 것이 아니라 로동 계급을 대표
한 한 로동자와 농민을 대표한 한 녀성이 그렇게 어깨를 나란이 하고 서서 자
기들의 굳은 동맹을 다지며 광휘로운 앞날을 내다보고 섰는 것 같았다.[319]

들판으로 나온 강 영감과 윤남산도 두 사람을 보고 잘 어울리는 한 쌍
이라고 감격한다. 윤남산은 강 영감에게 자신은 이제 '뻐꾸기'가 아니라
아들과 같이 일하면서 농기구를 창의 고안했다는 사실을 밝힌다. 작품은
두 집안이 기꺼이 혼사를 약속하면서 끝이 난다. 전체적으로 밝은 색조
와 유머가 두드러지는 가운데, 발전하는 사회상과 천리마운동에 매진하
는 각처 인민의 모습을 짜임새 있게 그려 넣었다. 암흑을 그린 일제시대
의 그의 소설이 현실의식의 소산이었다면, 당의 정책이 마련한 틀 속에
서일망정 밝고 구수한 입담으로 생동감 있는 인물을 창조해낸 것은 인민
을 따뜻하게 감쌀 줄 아는 작가적 품성과 묘사력의 결과라 할 수 있다.

「전진하는 사람들」도 천리마운동을 배경으로 농촌을 그리고 있다. 이
작품은 당의 정책을 실행하는 데 방해가 되는 형식주의와 관료주의의
문제점을 집중적으로 파고든 것이어서 눈길을 끈다. 인물의 심리와 성
격은 생활 속에서 은근하고 자연스럽게 드러난다.

그가 축사 맨 끝 끝 간의 송아지가 큰 눈알을 굴리며 입맛이 당겨서 푸른 옥수
수대를 질겅거리며 씹고 있는 것을 흡족해서 바라보고 있을 때 축사 경비를 서
고 있던 숙보 영감이 경비방에서 수염터가 시꺼먼 볼따구니를 긁적긁적 긁으며
밤샘을 한 뿌연 얼굴로 나왔다. 외양간 앞에 뒷짐을 지고 섰는 강 영감을 보자
"아니 부즈런도 하슈. 풀 옴 오르려고 이슬 맞은 꼴을 베셨수."

---

319) 현덕, 앞의 책, 51~52면.

그는 강 영감이 자기 책임도 아닌 꼴을 베 온 치사를 이런 말로 했다.

강 영감은 그 편으로 돌아 서며

"꼴이 아니라 강낭댈세."

"씨슘음을 하셨수?"

"온 사람들도, 낭모루 강냉이밭 말이야. 밀식을 한다고 콩나물 붓듯 했더군.
거름 먹지 않은 땅에 그러고 낟알 붙겠나. 그래 내 좀 숨아 주었지."

숙보 영감은 그 말 대꾸는 않고

"소란 놈이 아침 해장을 잘 하는군."

하고 물끄러미 외양간의 소를 바라보며 하품을 한다.

그 태도가 장한 일을 했다고 긍정을 표시한 것 같기도 하고 또는 아닌 것 같
기도 해서

"누가 뭐라구 하거던 내가 했다구 하라구."

"뭘 말유?"

하고 숙보 영감은 딴전을 한다.[320]

주인공 강 영감은 선진영농법의 일환으로 조합에서 옥수수 밀식을
한 밭을 그대로 두고 보지 못했다. 땅의 실정을 무시한 농법이라 생각하
기 때문이다. 그는 밭을 지나다가 밀식한 옥수수를 숨아주고서, 저로서
는 농사꾼이 땅을 사랑하는 마음으로, 또 조합 일을 자기 일처럼 알고서
한 행동이라고 여기며 뿌듯해 한다. 하지만 딸 상례에게조차 그런 아버
지의 모습은 선진영농법을 방해하는 보수주의자로 여겨질 뿐이다.

강 영감은 작업반 회의에서 반장 림창구에게 공개적으로 비판당한다.
강 영감과 림창구는 오랫동안 불화를 겪고 있는 사이다. 둘은 일제시대
부터 한 마을에 살았던 소작 농민인데 해방 후 마을에 협동조합이 조직
되고 공동생활을 하면서 사이가 버그러졌다. 림창구는 강 영감을 보수
주의자로 보고 있고, 강 영감은 림창구를 땅을 속이는 형식주의자로 보
고 있다. 림창구는 관리위원회에서 시키는 대로 하는데 무슨 문제가 있

---

320) 현덕, 위의 책, 61~62면.

느냐는 입장이지만, 강 영감은 땅의 구체적 조건에 대한 고려 없이 새로운 영농법을 일률적으로 적용하는 것에 문제가 있다는 입장이다.

작가는 강 영감의 편에서 림창구의 성격을 비판적으로 그려낸다. 강 영감이 보기에 림창구는 상부에서 시키는 일을 숫자적으로만 완수해놓고 보자는 것이고, 경쟁 도표에 오를 점수에만 급급한 태도다. 그건 진정으로 땅을 사랑하는 농민의 태도가 아니다. 곧 개인적 욕망에 사로잡혀 사업에 있어서는 형식주의, 사람에 대해서는 관료주의를 행사하는 것이다. 강 영감은 상부의 지시를 두고도 림창구가 조합의 구체적인 문제를 제대로 보고하지 못한 결과라고 여긴다. 관리위원회는 실정을 몰라서 그럴 수 있지만, 림창구는 그래서는 안 된다고 보는 것이다. 그러나 강 영감은 궁지에 몰릴 수밖에 없다. 외지에서 온 관리위원장은 림창구의 보고를 통해서 강 영감을 이해한다. 딸도 아내도 강 영감을 보수주의자라 생각한다. 딸과 결혼할 사이인 동혁만이 강 영감의 생각과 판단을 지지하는 통에 딸과의 사이가 어그러진다.

결국 장마가 끝나고 난 뒤에 강 영감이 솎음을 한 밭과 밀식한 밭의 옥수수 사이에 현저한 차이가 나타남으로써 강 영감의 옳음은 증명된다. 림창구와 관리위원장은 반성한다. 강 영감도 중의(衆議)에 의해서 심어놓은 곡식을 개인의 생각으로 뽑아내서 선진 영농법을 반대한 것처럼 된 잘못을 인정하고 자기 비판한다. 이렇게 해서 갈등은 해소되고, 딸이 트랙터를 배우고 와서 기계화가 진행되고 있음을 암시하며 작품은 끝이 난다.

이 작품은 당의 정책과 실행 사이의 문제를 둘러싼 갈등을 전면적으로 밀고 나갔다. 림창구라는 인물은 퍽 부정적으로 그려진 편이다. 그렇다고 적대적인 인물로까지 나아가지는 않는다. 당의 간부들은 일시적인 문제점을 보이더라도 당 사업과 그 추진방법에 대한 이해가 불충분한 데에서 비롯한 것이기에 근본에서 부정적인 인물로 삼을 수는 없는 노릇이다. 당의 정책을 비판하는 것에 자유로운 보장이 주어진 것은 아니다. 이 작품에는 갈등이 해소되기 직전에 수령 동지가 현지 지도를 가서 연설했다는 신문기사를 보고 강 영감이 감격하는 장면이 나온다. 당시에 보수주의와 함께 형식주의·관료주의 사업 작풍을 극복해야 하는 과제가 당으로부터 주어졌을 것이라 짐작하기 어렵지 않다. 이 작품은 그런 한계 내에서 개성적인 인물의 형상과 생활적 진실을 무리 없이 결합해낸 것으로 평가된다.

## 3. 4월혁명과 노동자 투쟁—「불붙는 탄광」·「싸우는 부두」

천리마운동을 배경으로 하는 작품들은 인물의 성격과 갈등에 깊이가 더해져 있더라도 생산 능률을 과제로 삼은 잘 만들어진 당 사업의 선전물이라는 느낌을 떨칠 수 없다. 이 시기에는 긍정적인 것이 사회의 기본으로 되었기 때문에 부정적인 것을 말하는 자체가 현실의 왜곡이라고 여겨졌다.[321] 이것들에 반해서 남한을 배경으로 하는 「불타는 탄광」과 「싸우는 부두」는 적대적인 대립과 투쟁을 그리고 있다. 물론 이조차 북한의 문예정책에 따른 결과일 것이다.

「불타는 탄광」은 4·19 직후 남한의 탄광에서 벌어진 사건을 다룬 작품이다. 세 사람의 탄광노동자가 낙반사고로 희생된 동료의 시체를 묻고 돌아오면서 작품은 시작된다. 해방 후 한 번도 사람 손이 간 적이 없는 갱내 안전시설은 붕괴직전이다. 하지만 막다른 길로 내몰리고 있는 노동자들의 갱 밖 생활은 갱내의 그것보다 나을 게 없다. 그래서 사고가 다반사인 탄광에서 하루 하루를 견디고 있는 것이다.

---

321) 신형기·오성호, 『북한문학사』, 평민사, 2000, 226면.

4·19 불길은 탄광에도 일어나 인권과 민주주의를 외치고 일어섰다. 노동자들은 자유당 출신의 경영주를 쫓아냈고, 이승만의 어용기관이던 대한노총의 간부층을 몰아낸 뒤 민주노조를 결성한다. 그런데 근처에 화력발전소가 생겨서 탄광이 그 발전소에 연료를 제공하기 위한 종속기관이 되자 해리슨이라는 미국인 고문이 실권을 잡는다. 해리슨은 수하의 오 장로를 내세워 교회와 탄광을 일원화하고, 4·19 이후 노동자들에게 쫓겨난 대한노총 패들을 불러들인다. 어느 날 민주노조의 대표를 맡은 윤동욱과 대한노총 패거리의 대표를 맡은 키다리 사이에 몸싸움이 벌어진다. 키다리는 병원에 입원하고 동욱은 경찰서에 잡혀간다. 그런데 동욱은 예상 밖으로 경찰서에서 잘 지내고 나온다. 집에 금일봉도 전해진다. 알고 보니 해리슨이 매수를 하려고 드는 것이다. 민주노조측은 매수되지 않을 경우 집단해고와 경찰력을 동원할 것이라는 사실을 알고 이후 사태를 대비한다.

해리슨은 신변안전을 위해 골프채와 개를 데리고 다닌다. 노동자들의 분위기도 그렇지만, 남편이 낙반사고로 죽은 막둥이 아주머니가 실성을 해서 언제 공격해올지 몰라 대비책이 필요하다. 마을을 지나다 막둥이 아주머니의 공격을 받은 해리슨은 개를 풀어 물게 한 뒤 도망친다. 이후 노동자들의 쟁의 요구 조건이 들어온다. 체불임금 즉시 지불, 임금 인상, 8시간 노동제, 갱내 노동보호시설과 사상자 보상 등의 일반적 요구 조건 외에, 살인자 해리슨을 처단할 것, 미군은 즉시 물러날 것, 북에서 제시한 남북통일안 절대 지지 등이 포함되어 있다. 쟁의가 벌어지자 국회위원단·중앙노조·보건사회부·경찰청 등에서 합동조사단이 내려온다. 해리슨은 선수를 쳐서 이들을 매수한다. 노동자들은 그들의 허위성을 간파하지만, 대한노총 패들이 대표자인양 나타나 타협을 벌인다. 민주노조측은 전열을 정비해 타협장소인 해리슨의 집으로 쳐들어간다. 그러나 노총패들이 약속 시간에 앞서 타협을 짓고 내려온다. 이들을 무찌르고 들어가 보니 모두 온천으로 가고 없다. 쟁의단은 갱내에 식량을 비축하고 바리케이트를 쌓으며 장기쟁의에 돌입한다.

보름이 지났다. 식량이 떨어지면 노동자들이 제 발로 걸어나올 것으로 알았던 해리슨은 착각임을 깨닫는다. 근처의 광산노동자, 공장노동자, 농민들이 동맹파업을 벌이는 통에 여론이 불리해져 가는 것이다. 여러 가지로 일이 성사되지 않자 해리슨은 다이너마이트를 터뜨려 갱 입구를 봉쇄한다. 그곳을 뚫고 나온 쟁의단을 선두로 해서 탄광마을 전체 인민들이 불길처럼 해리슨의 집으로 돌격하면서 작품은 끝이 난다. 갖가지 에피소드를 이어 붙이고는 있지만, 외세와 지배세력에 대한 계급투쟁이 현실성을 띠지 못하고 도식적으로 펼쳐지고 있는 점에서는 카프시기의 창작 경향으로 후퇴한 모습이다.

「싸우는 부두」는 부산 부두노동자들의 투쟁을 그린 작품이다. 남포 노인은 6·25 동란 때 "야수"들에 의해 강제로 떠밀려 남으로 내려오다가 부인은 얼어 죽고 아들과 단둘이 부산에 당도한 이향민이다. 그는 부두에서 미국화물선 하역인부로 일한다. 아들을 제대로 장성시키는 일을 낙으로 여기면서 북으로 돌아갈 길이 열리기만 기대하고 지낸다. 해방 후 북조선에서 실시한 인민적인 제도에 대한 신뢰 때문이다.

남포 노인은 미국 배에서 짐을 부리다가 다리를 다친 몸이다. 절름발이임에도 먹고살기 위해 노역을 할 수밖에 없다. 그런데 아들이 4·19 봉기 때 전위대로 남북 협상을 주장한 탓에 수배를 당한다. 집에는 아들을 찾는 사복경찰들이 드나들고 있다. 어느 날 아들이 몰래 와서 구내 출입증을 구해달라고 부탁한다. 남포 노인은 부두노동을 하다가 일본으로 밀항한 사람의 집에서 출입증을 구해 아들에게 전한다. 그러면서 혹시 아들이 부두노동자를 하려는 것일까 싶어 다음과 같이 말해준다.

"모든 화단은 미국 해적선이 실어 들이는 화물에 있는 거다. 그게 나라를 망치고 가정을 망치고 사람들을 망치는 마물인 것이다. 그런 걸 알면서도 자기 등으로 져 내려야 하니 조금 생각이 있는 사람이면 그건 차마 못 할 노릇이다.

알겠지."[322]

　며칠 후 남포노인의 주머니에서 "미국 해적선이 날라 온 살인 무기 하역을 결사반대하자!"는 구호가 적힌 종이가 나온다. 아들은 이 투쟁을 조직하기 위해 위장 잠입한 것임이 밝혀지는 것이다. 마침내 부두노동자들은 하역을 거부하는 투쟁을 벌인다. 그들은 '미제 타도'를 외치며 철의 대오를 지어 거리를 향해 전진하고, 가두의 군중들이 여기에 합류하면서 작품은 끝이 난다. 역시 카프시기의 관념적 도식을 닮은 것이다.
　북한에서는 1967년을 전후로 해서 그 이전까지는 카프문학이, 그 이후에는 항일혁명문학이 유일한 혁명적 전통으로 인식되었다. 현덕은 카프문학을 혁명적 전통으로 삼은 시기에 활동을 보인 경우다. 작품마다 묘사력만큼은 현덕 특유의 장점이 고스란히 살아 있다. 「싸우는 부두」의 서두를 보자.

　　바다와 육지는 짙은 안개 속에 잠겨 있었다.
　　어딘지 멀지 않은 곳에서 둔중한 고동 소리가 길게 꼬리를 끌며 음산하게 울렸다. 그 소리는 어떤 무제한한 식욕을 가진 동물이 위의 허기증을 호소하는 울부짖음 같았다.
　　산비탈에 닥지닥지 붙은 빈민굴의 좁은 골목길과 악취를 풍기는 컴컴한 다리 밑에서 남루한 옷차림을 한 사람들이 나와 그 기적 소리에 이끌려가듯 안개 속을 묵묵히 걸어가고 있었다. 어깨에 걸친 가대기 한 쪼각과 허리춤에 찌른 갈구리 하나가 유일한 노동 도구인 부두노동자들이었다.
　　부두로 나가는 큰길에는 그들의 초조한 발걸음이 어지럽게 얽히었다. 그 질서 없는 대오 가운데 약간 굽은 등에 헌 방수포 쪼박을 걸친 늙은 노동자 한 사람이 천천히 걸어가고 있었다. 그는 왼쪽 다리를 절고 있었다. 그쪽 다리를 옮겨 디딜 때마다 흰 눈썹이 수북한 미간을 찌푸리었다.[323]

---

322) 현덕, 앞의 책, 208~209면.
323) 현덕, 위의 책, 197면.

서술자의 지각을 통해 장면을 눈앞에 훤히 그려내고 있으며, 분위기 또한 실감난다. 그러나 줄거리는 인물의 내적 갈등이 없는 관계로 잘 짜인 각본을 따라가는 도식성을 벗어나지 않는다. 더욱이 그 도식성은 역사적 사실과도 어긋나는 것이어서 리얼리즘과 거리가 멀다. 「불타는 탄광」과 「싸우는 부두」는 둘 다 4·19 직후의 남한 사정을 토대로 노동자들의 투쟁을 그린 것이다. 당시에 대한노총이 자유당 기간단체에서 탈피한다는 성명을 발표했고, 부산 부두노조에서 신구파 분규와 파업이 발생한 사실은 있었지만,[324] 미국인 또는 미국을 상대로 하는 투쟁이 벌어졌다는 기록은 어디에서도 찾을 수 없다. 「불붙는 탄광」은 그나마 미국인 실권자의 악행이 폭로되고 있는데, 「싸우는 부두」는 그런 구체적인 계기가 없이 노동자들이 미국을 주적으로 삼고 있는 점에서 오로지 당의 정책과 부합하는 창작임을 알 수 있다.

1960년을 전후로 한 시기에 현덕은 단편소설에 대한 짧은 글을 두 편 발표한다. 하나는 "생활적 진실"의 중요성을 역설하는 가운데 "묘사가 전형화에 복종할 것을 강하게 요구"[325]한다는 내용이고, 또 다른 하나는 "주인공의 성격 창조에는 특히 정신적인 측면의 전형화가 강조되어야"한다면서 "혁명적 낭만성이 우리의 소설에 넘쳐흘렀으면 하는 요구"[326]를 밝힌 내용이다. 단편집 『수확의 날』에 실린 작품세계는 이런 생각과 일치하는 것으로, 자연주의로 비판되었던 전쟁시기의 작품과는 달리 북한의 정책이 요구하는 방향으로 인물의 형상화 방법이 변화하고 있음을 확인시켜 준다. 소설가 천세봉은 단편 「수확의 날」에 대해 "주인공들의 위력한 정신력이 천리마의 진군의 원동력이라는 것을 형상적으로 확증하고 있는 것"[327]이라고 평한 바 있다. 『조선문학』 171호의 표지

---

324) 육일회 편, 『4월민주혁명사』, 제3세대출판사, 1992; 김낙중, 『한국노동운동사―해방 후편』, 청사, 1982 참조.
325) 현덕, 「생활적 진실과 단편소설」, 『문학신문』, 1960년 10월 21일자.
326) 현덕, 「단편소설에 대한 나의 생각」, 『문학신문』, 1961년 10월 10일자.
327) 천세봉, 「천리마 시대와 소설문학」, 『문학신문』, 1961년 3월 21일자(『현대문학비평자

1부 현덕 연구   199

뒷면에는 현덕 단편집에 관한 출판 예고문이 다음과 같이 나와 있다.

> 소설가 현덕은 최근 시기 구수하고 유모라스한 농촌 단편 소설들로써 우리 문단의 색채를 다양하게 함에 기여하고 있다. 「수확의 날」과 「전진하는 사람들」이 그러하다.
> 그러나 일단 원수들에 대해서는 서릿발보다 더 차갑다.
> 소설집에 실린 「불붙는 탄광」과 「싸우는 부두」에는 조국 통일에 대한 작가의 열렬한 지향과 미제와 그의 졸개들에 대한 차디찬 증오가 거세게 맥박치고 있다.
> 다른 소설 「부싱쿠 동무」에는 한 중국 인민 지원군 용사에 대한 우리 인민의 뜨거운 사랑이 담담한 이야기 속에 무르녹고 있다.[328]
> ― 현덕 단편집 『수확의 날』

상당한 호평이다. 그러나 이후로 현덕과 그의 소설에 대한 언급은 어디에서도 찾아볼 수 없다. 문학사에서도 완전히 실종되었다. 하나의 정치적 사안으로 특정 부류의 작가들에 대한 숙청이 내려진 사정에서 현덕에게 구제의 길은 열리지 않았다.

---

료집』 5권), 362면.
328) 『조선문학』 171호, 1962년 12월.

# 제7장

## 현덕의 문학사적 위치

현덕의 문학은 크게 소설과 아동문학으로 나뉜다. 그의 작품활동은 1930년대 후반에 집중되어 있기 때문에, 카프시기와 해방 후를 잇는 교량의 몫으로서 그 성격이 주어진다. 그런데 이 시기는 여느 때보다 개성적인 작가들이 많이 등장하여 우리 문학을 풍성하게 만들었던 때이기도 하다. 현덕의 문학은 그중 하나로 빛을 발하고 있다. 그의 소설은 민중의 고통과 시대의 어둠을 정직하게 응시한 결과물이다. 소작농민과 이농민, 도시빈민과 무직자에 대한 일관된 관심은 그의 소설이 지닌 사회적 성격을 말해준다. 하지만 현덕은 카프작가들이 빠져들곤 했던 계급적 도식이나 주관적인 전망을 앞세우지 않고 시대의 모순을 한층 깊이 있게 드러내는 독특한 서술 원리를 창안함으로써, 이전 시기의 문학을 계승 발전시켰을 뿐만 아니라 우리 근대소설의 자산을 풍요롭게 하는 데 기여했다. 단편작가인데다 소설 작품이 그리 많지 않은 탓에 그동안 충분히 주목받지 못했으나, 수많은 아동문학 작품을 포함하여 그가 짧은 활동 시기에 창조한 인물과 서술 원리를 감안하면 그 성과를 결코 무시할 수 없는 것이다.

「남생이」·「경칩」·「두꺼비가 먹은 돈」을 함께 보면 농촌에서 항구도시로 배경이 옮겨지면서 노마네 집안의 몰락을 그린 연작으로 읽힌다. 지주와 마름의 횡포로 소작농민의 삶에 균열이 일어나고 도시의 생존경쟁으로 떠밀리는데, 여기서 천진한 노마의 시선은 파탄의 폭로와 회복의 염원을 동시에 감당하는 두 겹의 장치로 작용하고 있다. 「남생이」와 「경칩」 같은 경우에는 시점을 인물에 따라 교차함으로써 어느 일방이 아닌 역동적이고 입체적이며 한층 객관적인 서술의 묘미를 느끼게 해준다. 한편, 서울의 동편 빈민촌을 배경으로 하는 「골목」·「잣을 까는 집」·「군맹」은 뒤로 갈수록 깊어지는 시대의 어둠을 자기 현실에 대한 자각의 관점에서 그리고 있다. 근대의 신기루를 쫓는 맹목적이고 수동적이며 내적 유대감을 상실한 도시민의 생태를 파고드는 일은 냉철한 현실인식에서 비롯한 것으로 식민지 자본주의의 본질에 대한 고발과 성찰의 의미를 띤다. 특히 중편 「군맹」은 시장원리가 인간관계를 지배하면서 발생하는 삶의 위기를 도시빈민 내부에서 들여다봄으로써, 시장의 희생물이 될 수밖에 없는 식민지 민중의 곤경을 탁월하게 증언하고 있다. 이것을 하층민 사이의 대립이자 전망의 부재라 하여 프로문학으로부터의 후퇴라고 보는 것은 현실을 주관적이고 공식적으로 파악하곤 했던 프로문학의 한계를 답습하는 일이며, 아동문학을 포함하여 같은 시기의 또 다른 작품을 고려하지 않은 단편적인 견해다. 운동과 이념의 문제를 직접 내세운 「녹성좌」야말로 프로문학 운동에 대한 적극적인 공감의 표시였으나 작품성에서는 그 한계를 고스란히 보여주는 사례라 하겠다.

현덕의 아동문학은 문학으로서 차별과 차등을 두지 않고 예술의 본질 그 자체에 충실한 성과물이다. 이것은 다시 동화와 소년소설로 나뉜다. 현덕은 서민성과 현실성이라는 프로 아동문학의 문제의식을 아동의 연령에 따라 각각 동화와 소년소설의 형식에 담아 발전시켰다. 현덕의 동화는 생활 이야기면서도 소년소설과 구별되는 동화의 특성을 잘 구현하고 있다. 이는 프로 아동문학이 외면한 옛이야기의 세계를 창조적으로 계승한 결과다. 30여 편에 이르는 노마 연작 동화 하나하나는 시대를 달리해도 빛이 바래지 않는 우리 동화 문학의 금자탑이다. 현덕의 소년소설은 서민 아동이 성장기에 겪는 구체적인 생활의 문제에 밀착함으로써 소년 독자의 공감을 불러오는 세계다. 가난한 고학생을 다룬 작품들에서 외부조력자의 개입으로 문제를 해결지은 것은 한계지만, 외면만으로 인물의 대립을 강조하는 프로 아동문학이 결여한 생생한 내면의 갈등을 보여줌으로써 한계를 벌충하고 있다. 현실의 계급관계를 뚜렷하게 반영한 「고구마」와 「나비를 잡는 아버지」는 생활적 진실의 발견 또는 빈곤한 삶의 현실을 자각케 하면서 진한 감동을 전하는 수작이다. 현덕의 동화와 소년소설은 교육성·현실성·서민성을 함께 아우르는 작가의식의 소산으로서 우리 아동문학의 수준에 비추어볼 때 단연 돋보이는 성과이며 개척의 공로도 적지 않다.

현덕의 문학적 실천을 전체로 보면, 자기 체험에서 비롯된 근대의 소외계층에 대한 관심과 탐구라고 할 수 있다. 그의 집안은 대한제국의 멸망과 더불어 중심부에서 변두리의 삶으로 밀려나게 된다. 그의 연고지는 대부도 근방의 농촌, 화려함과 치욕을 함께 간직한 근대의 관문 인천항, 그리고 서울의 북촌과 동편 외곽이었다. 그의 소설은 농촌에서 뿌리 뽑혀 항구의 빈민촌으로 흘러들어오는 이농민의 삶의 궤적이었고(「남생이」, 「경칩」, 「두꺼비가 먹은 돈」), 청계천을 경계로 일본인거주지역 남촌과 대비되는 북촌 골목에서 다시 동편 성문 밖의 산동네를 거쳐 벼랑 끝으로 밀려나는 도시빈민의 삶의 궤적이었다(「골목」, 「잣을 까는 집」, 「군맹」). 중편 「녹성좌」는 흔들리는 문화운동의 이념을 되찾으려는 의지의 표현이었고, 아동문학 작품들은 어린 독자를 위해 따로 마련한 조화로운 삶의 회복에 대한 염원이자 민족의 내일에 대한 기대의 표현이었다.

현덕의 소설은 백철이 지적한바 "사소설, 신변소설이 아니고 근대의 실험소설이 가진 리얼리즘 문학의 정통을 존중"329)한 계보이고, "관념과 현실의 통일을 당면 의제"330)로 삼은 임화가 표현한바 "박영희적 경향과 최서해적 경향"331) 중의 후자에 속하는 계보다. 그러면 현덕의 소설은 소작농민과 도시빈민의 세계를 그린 단순히 빈궁문학인가? 여기에서 구인회의 모더니즘이 끼친 긍정적인 영향을 무시할 수 없으니, 현덕은 우리 근대문학의 발전에 상응하는 몫의 일부를 감당함으로써 전시대와 아울러 동시대 문학과의 주고받음을 그의 작품에 또렷이 새겨놓았던 것이다.

현덕은 러시아의 도스토예프스키와 일본의 시가 나오야라는 다소 이질적인 작가를 함께 사숙했다. 어째서 톨스토이가 아니고 도스토예프스키였을까? 현덕의 성장배경과 활동 시기는 인간의 선의와 역사의 발전이 모순 없이 조화될 수 있다는 믿음에 바탕을 둔 계몽의 체질을 그에게 허락하지 않았다. 그러함에도 그는 생명력에 내재한 천진한 낙관주의를 믿었다. 말하자면 현덕은 근대가 잉태한 마성(魔性)의 자의식을 회피하지 않는 가운데 더 나은 삶의 출구를 찾아 고투하는 문학활동을 했던 것이다. 그가 직간접으로 교류한 동시대작가들은 상호이질적인 것 같으면서도 이런 공통의 시대 고민을 보여주었던 이들이다. 김유정·이태준·박태원·이상·김남천·임화·오장환·서정주…… . 따라서 1930년대 작가 또는 신세대작가들 속에서 현덕의 위치를 도식화해서 한마디로 확정해내는 일은 쉽지 않다. 김남천도 지적했듯이 현덕의 소설을 세태소설로 뭉뚱그려보는 것은 독특한 '시점의 변주'를 놓치는 일이 되거니와, 어린 노마의 눈으로 세상을 보려 하기 때문에 '순수성의 한계'를 지닌다는 후대의 평가는 일면성을 면할 수 없다. 현덕의 문학을 리얼리즘과 모더니즘의 어느 한쪽으로 분리·견인해내려는 시도 또한 마찬가

---

329) 백철, 『조선신문학사조사―현대편』, 367면.
330) 임화, 「소설문학의 20년」, 『동아일보』, 1940년 4월 20일자.
331) 임화, 「조선신문학사론서설」, 『조선중앙일보』, 1935년 11월 9일자.

지다.

현덕의 소설을 공시적·통시적인 좌표 위에 놓고 가장 두드러진 점을 꼽으라면 대표작품 「남생이」와 「경칩」이 보여주듯 아동문학과의 경계를 지운 것이라고 할 수 있다. 이는 현덕의 소설이 어린이를 대상으로 하는 아동문학에도 포함된다는 것이 아니라, 어린아이를 주요인물로 삼는 것을 아동문학의 일이라고 간주하는 문학적 관습을 허무는 결정적인 전기를 마련했다는 말이다. 현덕 소설의 어린아이는 단순히 시점으로만 작용하지 않는 성격 창조에 해당하며, 그렇다고 어린이의 세계와 성장의 문제만으로 관심을 좁히는 것도 아니고, 어디까지나 삶의 현실을 탐구하려는 의도에 충실히 복무하고 있다. 현덕 이래로 천진한 어린아이를 등장시켜 인간과 사회의 모순을 일깨우는 방식은 엄연한 문학적 방법의 하나로서 우리 소설사의 전통의 일부를 차지하고 있는 것이다.

월북 후의 현덕은 이를테면 '최서해적 경향'을 '자연주의'로 격하시킨 북한의 혹독한 비판을 피할 수 없었다. 우여곡절 끝에 북한 문예정책의 테두리 안에서 한때는 천리마 기수의 형상화에 성과를 남겼으나(「수확의 날」, 「전진하는 사람들」), 결국은 정치적인 희생양이 되어 북한의 문학사에서 완전히 이름이 지워지고 말았다. 북한에서는 그의 아동문학조차 계승 발전되지 않고 있다. 새로운 동화 창작이 이뤄지지 않은 것은 물론이고 일제시대에 씌어진 최고 수준의 아동문학 작품까지도 유산 목록에서 빠져 있으니 불행한 일이 아닐 수 없다. 현덕은 1930년대의 문학사적 발전에 응분의 몫을 수행하고서도 비극적으로 기억되는 작가, 따라서 분단시대 민족문학의 숙제를 환기시키는 작가로 남아 있다.

제 **8** 장

결론

　우리 근대문학을 리얼리즘 또는 모더니즘의 시각으로 살핀다든지, 작품에 내재한 리얼리즘과 모더니즘의 요소를 추출해서 해석의 지평을 넓히는 일은 나름대로 가치가 있다. 하지만 두 요소를 이질적이거나 대립적인 관계로만 보려는 시각은 많은 것을 놓칠 수 있다. 작가는 의식적이든 무의식적이든 이전 문학의 성과와 동시대 창작 경향하고 영향을 주고받는 속에서 자기 세계를 구축하는 존재다. 지금까지 살펴본 현덕의 문학세계는 장르 또는 시기에 따라 조금씩 다르게 나타나기는 해도 일관된 작가의식의 소산으로서 독자적인 세계를 지닌 것인 동시에, 자기 시대의 주요 흐름들과 의연히 그 성과를 공유하는 것이기도 하다.

　현덕은 비록 간접적일망정 카프와 구인회라는 1930년대 양대 흐름에 모두 선을 대고 있다. 동시대의 선배작가 김남천은 현덕의 작품에서 자극을 받았다고 했고, 훗날 「바닷가 소년」을 비롯하여 소년 시점의 작품을 다수 남긴 한남철(韓南哲)은 현덕을 통해서 문학적으로 눈을 떴노라고 고백했다. 아동문학에서는 이원수를 비롯한 많은 작가들이 즐겨 '노마'를 자기 작품의 주인공으로 삼았다. 노마는 현덕 이전에 이태준과 박태원의 동화에도 등장했지만, 후대에 뚜렷하게 영향을 준, 우리가 기억하는 노마 캐릭터는 현덕의 몫이라고 할 수 있다. 이로써 문학사의 발전은 계승과 변화의 양면에서 파악해야 한다는 사실도 확인된다.

본고는 현덕의 삶과 문학 전반을 다루느라고 각 시기별·장르별 작품의 성과와 한계를 구체적인 방법론에 입각해서 깊이 있게 다루지는 못했다. 기존의 연구 성과를 단서로 삼아 우리 근대문학의 흐름을 염두에 둔 종합적인 작가론을 시도한 만큼, 여기에 기초하여 다시 사안별로 꼼꼼히 따져 보는 일이 진전되어야 할 것이다. 본고에서 미진하다고 여겨지는 점을 들어 결론에 대신하고자 한다. 첫째, 신세대작가의 일원으로서 현덕의 개성을 그의 작품이 지니는 스타일 분석을 통해 더욱 분명하게 부각시켜야 한다는 점, 둘째, 이를 바탕으로 동시대작가와의 비교를 더욱 폭넓게 수행할 때 비로소 현덕의 문학사적 위치가 확정될 수 있다는 점, 셋째, 현덕이 매력을 느끼고 본받으려 했던 시가 나오야 작품과의 비교를 '아버지 콤플렉스'와 관련지어 살펴볼 필요가 있다는 점, 넷째, 현덕은 성인문학과 아동문학을 하나의 범주로 인식하고 있었다는 점에서 이 양자를 통합하는 문학성을 추출해내야 한다는 점, 다섯째, 북한 아동문학의 현황으로 보아 현덕의 아동문학이 북한에서 완전히 배제된 이유, 또 그곳에서는 아동문학을 전혀 창작하지 않은 이유가 무엇인지 밝혀야 한다는 점 등이다. 이밖에도 인물과 시점을 변주하는 독특한 서술 원리 탐구, 토속적이면서도 모더니즘적인 문체 탐구, 그리고 자료의 부족으로 비워두었거나 추정으로 때운 작가의 생애를 보완하는 일이 앞으로의 과제다.

# 서자(庶子)의식의 극복 : 오장환론

「首府」에서 「病든 서울」까지

## 1. 문제제기

이 글에서 '서자'라는 말은, 물론 시인 오장환(吳章煥)의 출생과도 직접 관련되는 것이지만, 그의 문학 세계에 대한 하나의 비유다. 그 동안 씌어진 오장환론은 대부분 '시적 편력'이라는 말이 상기시켜 주는 바, 네 권 시집으로 드러나는 오장환 시 세계의 변모 양상에 대해 역점을 두어 왔다.[1] 그 주요 내용은 전통 부정에서 방탕한 도시 체험을 거쳐 고향의 발견으로 이어지고 해방 이후엔 정치 지향으로 귀결된다는 도식이다('모더니즘'에서 '리얼리즘'으로). 자상한 작품 분석의 미덕과는 별도로,

---

[1] 최두석, 「오장환의 시적 편력과 진보주의」, 『오장환전집』 2, 창작과비평사, 1989; 오성호, 「'성벽'에서 '붉은 산'까지의 거리」, 『민족문학사연구』 제6호, 민족문학사연구소, 1994; 김학동, 「전통의 거부와 좌경화 이념」, 『현대시인연구』 1, 새문사, 1995.

이렇게 오장환의 시적 편력을 단선적으로 살핀 글들은 나름대로 오장환 시에 관한 독법을 보여주는 것이기는 하나, 작품을 자의적으로 선택해서 만든 한 편의 드라마에 가깝다. 그것은 오장환 시 전체에 담긴 이질적이고 상호 모순적인 여러 혼란과 충돌의 양상을 오로지 설명하기 좋게 도식화한 단순 견해일 듯싶다. 무엇보다 그런 단선적인 도식은 거기 합당하지 않는 다른 자료들을 과감하게 무시해버리지 않고는 성립되기 힘들다. 『성벽』(1937) 시절의 오장환이나 『헌사』(1939) 시절의 오장환이나 뚜렷한 차이는 없다. 여러 요소들이 한 자리에 공존한다. 『나 사는 곳』(1947)[2]이나 『병든 서울』(1946)에 있어서도 시인의 의식에 국한해 보면 급격한 단절이나 굴곡은 보이지 않는다. 요컨대 '4분법적 편력'은 객관 사실을 희생하고 세운 드라마적 허상일 수 있다.

본고는 그 동안 오장환 연구에서 크게 주목되지 않은 몇 가지 새로운 사실을 제시하고, 그것들을 하나로 꿸 수 있는 전체상을 구성하면서 오장환 문학의 특질을 파악해 보려 한다. 그렇지만 작품 전체를 상세히 분석하기보다 초기작 「수부(首府)」(1936.11)에서 후기작 「병(病)든 서울」(1945.12)에 이르기까지의 문단 배경과 이 두 작품을 비교하는 데 초점을 두었다. 이 때문에 본고는 본격적인 오장환론이 아니라 문제 제기 수준임을 밝힌다.

## 2. 부계로서의 카프와 모계로서의 모더니즘

오장환의 출생년도는 최근의 연구에서 1918년생으로 확정되고 있다. 이는 호적이나 학적부에 기록된 사실을 근거로 했기 때문에 더 이상 의

2) 이 시집은 주로 일제시대의 작품을 묶은 것이다.

문의 여지가 없는 듯이 보인다. 그런데 『어린이』 1929년 10월호의 애독자 사진란에는 오장환의 사진과 함께 그의 나이를 14세로 기록한 것이 보인다. 주소는 '경성부 임정(林町) 69'로 되어 있다. 『어린이』 1934년 2월호에는 오장환의 동시가 세 편 발표되고 있으므로 동명이인은 아닌 것 같다. 오장환의 시에서 간접적으로 유추할 수 있는 나이도 1916년 생이다.

> 나라 없이 자라난 서른 해,
> 나는 고향까지 없었다.[3]
>
> ―「병든 서울」에서

> 기미년 만세 때
> 나도 소리 높이 만세를 부르고 싶었다.
> 아니 숭내라도 내이고 싶었다.
> 그러나 나는 그 전해에 났기 때문에
> (…중략…)
>
> 광주학생사건 때
> 나도 두 가슴을 헤치고 여러 사람을
> 따르고 싶었다.
> 그러나 그때의 나는
> 중등학교 입학시험에 미끄러져
> 그냥 시골구석에서 한문을 배울 때였다.
>
> ―「나의 길」에서

1916년 생이라면 "나라 없이 자라난 서른 해"의 진술이 꼭 들어맞는다. 기미년 만세 "그 전해"에 태어났다는 구절은 몇 년 전인지 다소 분

---

3) 본고에서 다루는 시들은 동시를 제외하고는 모두 최두석 편, 『오장환전집』 1(창작과비평사, 1989)에서 인용하였다.

명하지 않은 구석이 있다. "광주학생사건 때"(1929) "중등학교 입학시험에 미끄러져"라는 구절은, 1930년에 안성보통학교를 졸업한 뒤 중동학교 속성과를 수료하고, 1931년에 휘문고보를 들어간 그의 연보와 모순되지 않는다. 오히려 그의 실제 나이가 1918년보다 2년 빠른 1916년 생일 수 있음을 드러내 주는 구절이라고 판단된다. 『어린이』에 나타난 바대로 1929년 당시 14세의 오장환은 안성보통학교에 적을 두고 서울을 드나들며 중등학교 진학에 힘썼을 가능성이 큰 것이다. 이런 일은 당시에 아주 흔했다.

무엇을 근거로 했는지 알 수 없어도 오장환을 1916생으로 기록하고 있는 2차 자료들도 꽤 있다. 『한국문예사전』(어문학편집부 편, 어문각, 1988)과 『한국시대사전』(김영삼 편저, 한국사전연구사, 1994)이 그러하고, 조선문학가동맹의 전국문학자대회 인명록을 새로 작성한 최원식(『건설기의 조선문학』 부록, 온누리, 1991)과 월북문인들을 주로 연구한 정영진(『통한의 실종문인』, 문이당, 1989) 역시 오장환을 1916년 생으로 기록하고 있다.

오장환의 출생년도와 함께 중요한 사실은 그가 일찍이 『어린이』의 애독자였다는 사실이다. 오장환이 퍽 젊은 나이에 시집을 계속 발간한 천재성으로 크게 주목된 이면에는 보통학교 시절 아동문학으로부터 혼자 사숙한 경험을 빼놓을 수 없는 것이다.

1934년 2월 『어린이』에 발표한 동시 세 편은 그의 연보에 누락된 작품들로, 그가 본격적인 작품활동을 벌이기 바로 직전에 쓴 것이라는 점에서 주목할 필요가 있다. 1933년 11월 「목욕간」, 1934년 9월 「캐메라 룸」, 1936년 10월 「성씨보」로 이어지는 그의 작품 연보에서 『어린이』에 발표한 세 편의 동시들은 그 무게가 상대적으로 가볍지 아니하다.[4] 그 작품들은 다음과 같다.

---

4) 1934년 무렵에는 『조선일보』에도 여러 편의 동시들을 발표하고 있지만, 그것들은 수필과의 경계가 분명하지 않을뿐더러 지극히 소품인 탓에 작품으로서 거론할 만한 것이 못 된다.

눈물은
바다물처럼
짜구나.

바다는
누가 울은
눈물인가.

—「바다」 전문

기력이는
어디루 가나.

달두,
별두,
꽁―, 꽁―, 죄숨었는데
촛불두없이 엇더케 가나.

—「기력이」 전문

나는, 나는,
할아버지마냥 늙어서
쉬염나거든

누가, 누가,
더 기―ㅇ 가
내기 할테야.

—「수염」 전문

이 작품들은 운율 꿰맞추기에 급급했던 당시의 동시 수준을 감안할
때 일정한 위치를 점한다. 물론 이런 이미지 중심의 동시 경향은 1920년
대 후반 정지용에게서 선구적인 모습을 찾아볼 수 있다. 여기서 오장환

이 휘문고보 시절 정지용의 제자였다는 사실이 자연스럽게 떠오른다. 모더니스트 정지용은 어느 면으론 오장환을 불편하게 만든 모계에 해당한다고 필자는 생각한다.

그렇다면 오장환의 부계는 누구인가? 지금까지 충분히 언급되지 않고 작가 연보에서만 확인될 뿐인 『낭만』(1936.11) 동인을 주목하지 않을 수 없다. 그런데 그에 앞서 오장환이 애독했던 『어린이』잡지 또한 언급되어야 한다. 방정환과 소년운동으로 추동된 『어린이』는 1920년대 후반에 들어오면 당대 프로문학에서 고무된 경향적 색채를 강하게 띤다. 1928년 1월호에 실린 송영의 작품 「쫓겨가신 선생님」이 필화 사건을 겪는 것으로 시작해서 1934년 폐간시까지 『어린이』는 계급주의 아동문학을 내세웠던 『별나라』·『신소년』과 마찬가지로 경향적 색채에서 통일되어 있었다. 따라서 이상주의가 지배하는 어린 나이에 시적 출발을 보인 오장환에게서 당대의 지배적인 조류인 경향문학을 부계로 삼는 일은 아주 자연스러운 일에 속할 것이다.

오장환의 첫 작품인 「목욕간」(1933.11)은 그런 시인의 의식이 잘 드러난 작품이라 여겨진다. 아무 선입견 없이 이 작품을 대할 경우, "수업료를 바치지 못하고 정학을 받아 귀향"한 "나"와, 할아버지 적부터 아끼던 밤나무를 베어 팔 수밖에 없는 형편의 "아저씨"가 동일한 처지가 되어, 일본말로 떼투성이 시골뜨기들을 모욕하는 거만한 목욕탕 주인에게 품게 되는 계급적·민족적 반발 의식을 이 작품의 행간에서 읽어내기란 그리 어렵지 않다. 오장환의 경향적 색채는 반봉건 의식을 주축으로 하는 이른바 그의 전통 관련 시편들과 자본주의 모순의 하수구라 할 항구나 대도시 관련 시편들에도 일관되게 나타난다. 그뿐 아니라 식민지 자본주의의 결과로 피폐해진 농촌 현실을 그려낸 「모촌」(시집 『성벽』), 「북방의 길」(시집 『헌사』), 「붉은 산」(시집 『나 사는 곳』) 등의 시편들에서도 이 점은 다를 바 없고, 시집 『병든 서울』에 이르면 더 말할 나위가 없다.

다시 앞으로 돌아가 『낭만』 동인에 대해 생각해 보자. 1936년 11월 창간호로 마감된 『낭만』은 "현실과 시대에 밀착한 시를 추구"[5]한 동인지였다. 박세영의 대표작이라 할 수 있는 「산제비」를 비롯해서 임화·이찬·김해강·윤곤강·양우정·이정구·오장환 등의 작품이 실려 있는데, 적어도 위에 나열한 시인들은 카프에 소속되었거나 동반시인들로 분류되는 이들이다. 그리고 오장환은 카프 성향의 극단 '낭만좌'(浪漫座)에도 참여한다.

> 1938년 봄에, 카프사건으로 투옥되었던 일부 연극인들이 주동이 되어 새로운 극단 '낭만좌'가 조직되고, 제1회 동아일보 주최 연극경연대회에 참가함으로써 그 창립공연을 가졌다. 이 극단에는 노동자 출신의 극작가 박향민과 김욱·신우촌·안동수·오장환·유일준·최운봉·이화삼·박학·송재노·양훈 등이 모였다.[6]

오장환이 어떻게 해서 이들 카프 성향의 인물들과 관계를 맺게 되었는지는 알 수 없지만, 어쨌든 그의 시적 출발이 카프의 경향문학을 부계로 하고 있는 것은 거의 틀림없는 사실이라 하겠다.

하지만 시인 오장환은 카프의 적자일 수가 없었다. 우선 그의 문학 수업을 안내한 스승 정지용의 존재가 우뚝하다. 다 아다시피 모더니스트 정지용은 카프의 기관지격인 『조선지광』에도 여러 편의 시를 발표한다. 그러나 그런 사실조차 뜻밖으로 여겨질 정도로 초기 모더니즘과 카프는 사이좋게 결합할 처지가 아니었다. 더욱이 1930년대 중반 무렵이면 카프문학운동은 내외적 난관에 봉착했던 때가 아니던가. 동시를 제외하고 보더라도 오장환의 두 번째 작품 「캐메라 룸」(1934.9)은 모더니스트 정지용이나 김기림을 의식한 작품임이 뚜렷하다. 오장환은 일정한 한계에 이른 카프의 연장선상에서 자기를 드러내는 일 역시 마땅치 않

---

5) 『한국문학대사전』, 고려출판사, 1992.
6) 이강열, 『한국사회주의연극운동사』, 동문선, 1992, 91면.

앉을 것이다. 따라서 카프를 부계로 하고 그것과 불편한 관계로 출발한 모더니즘을 모계로 해서 탄생한 오장환 문학은 이런 '서자의 위치'로 말미암아 적지 않은 혼란을 드러낼 수밖에 없었다. 여기서 '혼란'이라 함은 일제시대에 발표한 오장환의 작품이 몇몇 시편을 빼고는 시적 완성도에서 그리 탁월한 편은 못 된다는 사실을 아울러 지적하는 말이다.

그런데 카프와 모더니즘의 불편한 관계 아래서 탄생한 오장환은 바로 그런 사실 때문에 동시대 문단에서 유례 없이 폭넓은 찬사를 받는다. 따지고 보면 1930년대 후반기 문학은 역사적으로 모두 카프와 모더니즘의 아들임에 틀림없다. 그렇지만 오장환의 경우는 시적 출발부터가 다른 시인들과 구별된다. 임화와 김기림은 1930년대 초에 서로 다른 자리에서 출발해서 1930년대 말에 이르러 비슷한 자리로 합류하는 모습을 보인 당대의 대표적 시인이자 비평가다. 오장환은 바로 이들 모두에게서 찬사를 받은 매우 드문 사례다.[7] 이는 오장환의 시적 출발과 도정자체가 비록 불협화음일망정 1930년대 시단의 전개 과정과 거의 겹치고 있는 데서 말미암는다. 김기림은 모더니즘에서 출발하여 당대 모더니즘 문학의 한계를 자각하고는 새로 사회성에 대해 주목했는데, 오장환의 모더니즘은 처음부터 강한 사회성을 띠고 있었다. 한편 임화는 경향문학에서 출발해서 계급문학의 한계를 자각하고는 새로 근대성에 대해 주목했는데, 오장환은 『백조』파적 낭만주의 기질[8]이 우세한 가운데서도 처음부터 근대의 새로운 풍경 속에 깊숙하게 들어가 있었다. 당시 김기림과 임화는 오늘날 오장환의 대표작으로 흔히 거론되는 일련의 리얼리즘 농촌 시편들에 대해서 거의 언급하지 않았는데, 이런 사실과 관련해서 매우 흥미로운 일이라 하겠다.

---

7) 김기림, 「오장환 시집 '성벽'을 읽고」, 『조선일보』, 1937.9.18; 임화, 「시단의 신세대」, 『조선일보』, 1939.8.18~8.26.

8) 오장환의 일제시대 시집을 살펴보면 '어둠' '묘지' '시체' '황혼' '병' 따위 막연한 감상적인 시어들이 영탄적인 어조에 실려 있어 『백조』 시대의 병적 낭만주의와 퇴폐주의를 닮은 것들이 많이 눈에 띈다.

# 3. 장시 「수부(首府)」의 경우

그렇다면 오장환의 서자의식은 어떻게 그의 창작활동을 간섭하고 마침내 해결을 보게 되는가? 그가 문단과 일정하게 관계를 맺으면서 『낭만』에 발표한 「수부」(1936.11)와 해방 후 『상아탑』에 발표한 「병든 서울」(1945.12)에서 그 면모의 일단을 찾아볼 수 있다.

「수부」는 식민지 수도 서울을 시적 대상으로 삼고 있고, 「병든 서울」은 해방 직후의 수도 서울을 시적 대상으로 삼고 있다. 아마도 자본주의가 그 모습을 집약적으로 드러낸 수도 서울에 대해서 이처럼 관심을 집중한 예도 우리 시사에서 찾아보기 어려울 듯한데, 이 두 작품은 그것을 쓸 당시의 시인 의식이 뚜렷이 드러나는 점에서도 좋은 대비가 된다.

여기서 잠깐 「수부」와 비슷한 시기에 발표한 「면사무소」(『조선일보』, 1936.10)를 살피는 것으로 논의를 풀어보기로 하자.

> 신작로 가으론 조그만 함석집이 있습니다.
> 유리창은 인조견처럼 뻔적어리고
> 촌민들이 세금을 바치러 들어갑니다.
>
> ─「면사무소」 전문

이 시는 서정적 자아가 농촌에 새로 들어선 "신작로 가"의 "함석집"을 바라보는 것으로 되어 있다. 촌민들에게 낯선 새로운 근대적 풍경에 눈길을 준 까닭은 3행에서 드러나는 것처럼 그것이 식민지 수탈의 한 모습이기 때문이다. 여기서 2행의 표현에 유의하지 않을 수 없는데, 그것만으로는 모더니스트 특유의 감각 이미지의 구사라 할 수 있다. 하지만 이 모더니즘의 기법은 촌민들에게 이질적이고 공격적인 느낌을 더욱 강조하는 효과로 작용하여 말의 빈 껍질에서는 벗어나 있다. 그럼에도 2

행은 전체적으로 잘 어울린다기보다 어딘지 '튀는' 느낌을 준다. 어쨌든 「면사무소」는 경향파적 요소와 모더니즘적 요소를 각각 선명하게 확인시켜 주는 작품이라 할 수 있다.

「면사무소」에서 일정하게 드러나는 것처럼, '살찌는 도시 / 여위는 농촌'의 두 모티프는 오장환 시에서 각각 동전의 양면을 이룬다. 「면사무소」가 '농촌'에 초점을 두었다면 「수부」는 '도시'에 초점을 둔 작품이다. 모두 11연으로 되어 있는 장시 「수부」는 의표를 찌르는 1연의 전복적 사고로 인해서 강렬한 인상을 전하며 시작된다. "首府의 화장터는 번성하였다"는 1행의 진술은 가히 충격적이다. 2연은 거꾸로 수부의 "포식"에 관한 서술이다. 황폐한 모습으로 그려졌으면서도, 자본주의 도시가 지니는 왕성한 잡식성을 붙들어낸 시인의 의식은 날카로운 데가 있다. 3연은 "강변가로 蝟集한 공장촌"을 그렸다. "무작정하고 연기를 품고 무작정하고 생산을" 하는 공장들과 선명하게 대비되는 직공들, 토막촌, 룸펜, 행려병자의 시체들……. 바로 자본주의 생산의 모순이 아닐 수 없다. 4연부터는 수부의 내부로 좀더 가까이 시선을 가져간다. 그리고는 갖가지 소비 행태가 낳은 퇴폐와 방탕, 위선의 모습들을 적출한다. 여기에는 식민지 수도의 시민계급에 대한 부정의 시각이 개입해 있다. 이렇게 해서 수도 서울의 모습은 오로지 수술로 도려내야 할, 그러나 나날이 커가고 있는 암적 존재라는 인식으로 마감된다.

> 수부는 지도 속에 한낱 화농된 오점이었다
> 숙란하여가는 수부—
> 수부의 대확장—인근 읍의 편입 (마지막 연)

이 시는 앞의 「면사무소」만큼 말끔한 시적 형상을 이룬 것으로 보기는 힘들다. 하지만 근대적 외관을 갖추며 안으로 식민지 자본주의가 본격화한 1930년대의 시로서 이 작품의 의의를 과소평가할 수 없다. 김광균 식의 풍경 묘사와도 판이하고, 또한 김기림 식의 추상적 문명 비판보다도 전진한 구체성을 이 시가 표현과 의식 양면에서 확보하고 있기 때문이다. 문명 비판이라기보다는 식민지 대도시에 투영된 자본주의적 생리를 날카롭게 묘파한 일면이 두드러진다. 바야흐로 수도 서울은 향토적·자연발생적 시정(市井)이기를 그치고 근대 부르주아지의 도시로 탈바꿈하여 그 모습을 드러내고 있는 것이다. 여기에 그의, 당대 모더니스트들과 구별되는 경향파적 의식의 일단이 드러난다. 그럼에도 전체적으로는 사회학적 언어의 시적 언어로의 번역 곧 식민지 수도의 불구적 외양을 단편적으로 모자이크하는 데 그친 일종의 '재치'에서 자유롭지 못하다. 이것야말로 김기림 장시와 동일한 '기법으로서의 모더니즘'에 결박당한 그의 어정쩡한 일면이다. 경향파와 모더니즘의 부조화는 곧 문학적 서자로서 태도의 불편함에 다름 아니며, 이 불편함은 이 시의 자연스럽지 못한 호흡 곧 답답한 리듬으로 고스란히 옮겨지고 있다.

## 4. 장시 「병(病)든 서울」의 경우

오장환이 갈 데 없는 모더니스트의 일면을 지닌다고 할지라도 그 지향성은 애초부터 경향파임을 앞에서 지적했다. 자기 의식의 일단을 직접 드러낼 수 있는 산문에서 이는 더욱 두드러진다.

> 조선에 새로운 문학이 수입된 지 30년 가차운 동안 어느 것이 진정한 신문학이었느냐고 한다면 그것은 『백조』 시대의 신경향파에서 '카프'에 이르기까지 그들의 그룹이 가장 새로운 문학에 접근한 것이었다고 생각된다.9)

---

9) 오장환, 「문단의 파괴와 참다운 신문학」, 『조선일보』, 1937.1.28~29; 최두석 편, 『오장

또한 오장환은 해방 직후에 소월 시와 농민 시에 대한 평론들을 발표했고,[10] 일제시대부터 에쎄닌을 즐겨 읽었다.[11] 이런 사실은 그한테도 농촌 정서와 낭만주의가 의외로 뿌리깊었음을 암시하는 대목이다. 그 때문인지 아무리 근대적인 풍경을 담았다고는 하지만 오장환의 시는 기본적으로 "날마다 야위어가는" "고향"(『황혼』)에 대한 송가의 성격을 띠고 있다. 이점에서 필자는 오장환이 근대적 의장을 두르긴 했어도 그 지향은 철두철미 근대 부정에 있다고 판단한다. 이는 '근대＝자본주의＝부정의 대상'이라는 경향문학의 도식에 그의 시가 놓여 있음을 재삼 환기시킨다.

한편 1930년대 후반에 이르면 문단을 가로지른 미학적 대립이 일정하게 해소된다. 이제 오장환은 문학적 서자의식의 불편함에서 자유로울 수 있게 되었다. 이는 주로 소재와 기법 차원에서 기웃거린 데 그친 모더니즘의 지양으로 나타나는데, 여기에 그의 일제시대 말의 작품『나 사는 곳』의 세계가 놓인다.

　　이조 이후, 더 나아가서는 고려 이후로 우리의 문화가 자주성을 잃은 대신에, 남의 귀틈으로만 살아온 슬픔을 생각해보라.
　　4천년이나 되는 문화를 가지고 이것이 중간에 와서 한번도 자기를 반성함이 없이 덮어놓고 외계로만 향한 속절없음을 생각해보라. 그렇게도 우리의 풍토와 문화 속엔 돌아볼 재산이 없었었는가.[12]

일제시대 말에 오장환은 임화, 현덕과 자주 교류했다.[13] 임화와는 이

---

환전집』 2, 11면.
10) 오장환, 「조선시에 있어서의 상징」, 『신천지』, 1947.1; 「소월시의 특성」, 『조선춘추』, 1947.12; 「자아의 형벌」, 『신천지』, 1948.1; 「농민과 시」, 『협동』, 1947.3.
11) 오장환, 「에세닌에 관하여」, 『에세닌 시집』, 1946.5.
12) 오장환, 「방황하는 시정신」, 『인문평론』, 1940.2; 최석두 편, 위의 책, 30면.
13) 해방 직전 오장환은 현덕이 근무했던 와카모도(若素)제약회사에 시인 임화와 함께 자주 들렀다고 한다. 당시 오장환은 현덕이 다니던 회사 건너편에 있는 어느 광산 사무소에 다녔는데, 작품 원고 뭉치를 가져와서 현덕과 많은 이야기를 나눴다고 한다(현덕과 같은 회사에서 일했던 시인 전승묵과의 면담, 1995년 1월 28일 서울시 불광동 자택).

미『낭만』시절에 함께 활동한 바 있다. 1930년대 말에 작가 활동을 벌인 현덕은 처음부터 모더니즘과 충돌 없이 세련된 언어 구사로 주목받은 리얼리스트다. 오장환이 더 이상 혼란을 겪지 않고 이들과 함께 해방 직후 곧바로 조선문학가동맹의 한복판으로 나아간 사정은 몹시 자연스럽다.

「병든 서울」(1945.12)은 「수부」의 연장이면서 동시에 그 혼란스러움을 말끔하게 지양한 전위정신의 표현이다. "연옥"[14]과 "탁류"[15]를 나름으로 통과한 시인에게서 발견되는 자기 신뢰의 목소리가 이 시에는 뒷받침되어 있다. 그 때문에 「수부」에서 이미 파악된 바 있는 "병든 서울"을 "다정한 서울"(4연)이라고도 거리낌 없이 부를 수 있었다. 또한 퇴폐적이던 "청춘의 반항"도 "눈물나게 신명나는 일"(같은 곳)이라 자신 있게 회상할 수 있었다. 오장환은 탁류에 몸을 담근 채 홀연히 머리를 들어 문학과 정치가 행복하게 조우하는 예언적·지도적 자리로 자기 시를 단숨에 끌어올렸던 것이다.

이 차이는 일제시대와 해방 정국이라는 정세의 차이에서 비롯할 것이다. 식민지 수도 서울과 함께 방만하게 타락해 가는 시민계급에 대해 총체적인 부정의 언어를 내어쏘았던 「수부」의 가파른 계급의식에 견줄 때, 「병든 서울」은 일부 정치·경제적 모리배를 제외한 광범한 민중 연대에 의탁한 건강한 인민성을 확보하고 있다. 총 9연으로 된 이 시에서 다음 대목은 절정이다.

> 병든 서울, 아름다운, 그리고 미칠 것 같은 나의 서울아
> 네 품에 아모리 춤추는 바보와 술취한 망종이 다시 끓어도
> 나는 또 보았다.
> 우리들 인민의 이름으로 씩씩한 새 나라를 세우려 힘쓰는 이들을······
> 그리고 나는 웨친다.

---

14) 김기림, 앞의 글.
15) 김동석, 「탁류의 음악」, 『예술과 생활』, 박문출판사, 1947.

우리 모든 인민의 이름으로
우리네 인민의 공통된 행복을 위하야
우리들은 얼마나 이것을 바라는 것이냐.
아, 인민의 힘으로 되는 새 나라(6연)

「수부」의 연장으로서 서울을 병들었다고 파악하는 시인의 눈은 여전히 날카롭다. 그런데 그것을 변혁하여 '인민의 새 나라'로 만들어 가는 도정에 자신이 놓여 있음으로 해서 이 작품에는 어떤 주저함이라든가 혼란스런 자의식이 조금도 나타나지 않는다. 작품 배면(背面)에 시인의 비애를 담은 감회가 없지 아니함에도, 이미 불굴의 낙관주의에 시인의 몸은 실려 있다. 「수부」와는 비교도 안 되는, 이 시의 거침없는 도도한 리듬감은 여기에서 비롯된다.

그는 해방기 격동의 시국을 맞이하여 각종 행사들을 다니며 시를 낭송하였고, 남로당의 비밀 당원으로 활약하였다.16) 이렇게 해서 그는 『백조』파와 카프의 후계, 곧 경향문학의 적자로 스스로를 완성시킨다. 물론 그의 서자적 위치로서의 경험은 전혀 쓸데없는 것이 아니었다. 오히려 "연옥"과 "탁류"의 시인임으로 해서 그가 일찍부터 문단의 이목을 끌었다는 사실은 앞서 지적한 대로이고, 해방 후에도 그의 전위주의는 평지돌출이라거나 극적인 반전의 사례가 아닌 문학사의 합법칙적 발전으로 평가되기에 안성맞춤이었다. 1946년 조선문학가동맹에서 주관한 제1회 해방기념조선문학상 심사에서 오장환이 이용악을 누르고 시부문 후보로 최종 추천된 사실17)은 이런 배경과 분리될 수 없다.

오장환의 「병든 서울」은 일제시대 경향시의 단순 연장이 아니다. 「병

---

16) 대검찰청 수사국에서 발행한 『좌익사건실록』 제4권(1970)에 수록된 「남로당 서울시 문련 예술과 사건」에는 이용악이 "1947년 8월 중순경 자택에서 문학가동맹원이며 남로당원인 오장환의 권유로 남로당에 입당하여"란 구절이 나온다(최원식, 「이용악연보」의 부록, 『도남 정기호박사회갑기념논총』, 1991, 477면).

17) 조선문학가동맹 46년도 문학상심사위원회, 「1946년도 문학상심사경위급결정이유」, 『문학』 제3호, 1947.4.

든 서울」에는 사회학의 언어를 문학의 언어로 바꾼 개념의 평이한 배열을 찾아볼 수 없고, 세계관을 강요하는 듯한 위압의 목소리도 아닌, 자기 성찰과 희생과 결단의 목소리가 비장하게 울려 나온다.

> 그러나 나는 이처럼 살았다.
> 그리고 나의 반항은 잠시 끝났다.
> 아 그동안 슬픔에 울기만 하여 이냥 질척어리는 내 눈
> 아 그동안 독한 술과 끝없는 비굴과 절망에 문드러진 내 쓸개
> 내 눈깔을 뽑아버리랴, 내 쓸개를 잡아떼어 길거리에 팽개치랴. (마지막 연)

그렇다면 해방기의 시편을 수록한 시집 『병든 서울』은 문학사의 합법칙적 발전에 따라 최고의 자리로 올라섰는가? 선뜻 그렇다고 답변하기도 어렵다. 현실 정치 노선에 입각한 창작활동은 작품의 긴장을 현저하게 떨어뜨리고 마는 것이니, 시집 전체로 보아 오장환은 20세기 한국문학에 짐 지워진 '이중의 과제'(근대성의 쟁취와 근대의 철폐)[18]를 서둘러 종결짓고 '낭만적 근대 부정'으로 치달려간 카프계 시인들의 운명을 보여주는 한 사례다.

## 5. 맺음말

본고에서 논의된 사항으로 다음과 같은 잠정 결론을 얻을 수 있다.
첫째, 오장환의 출생 년도는 호적상으론 1918년 생이지만 실제로는 1916년 생일 가능성이 크다.

---

18) 최원식, 「한국문학의 근대성을 다시 생각한다」, 『생산적 대화를 위하여』, 창작과비평사, 1997, 37면.

둘째, 오장환에겐 『백조』파적 낭만주의 기질이 가장 우세하며 따라서 시인은 줄곧 카프계 경향문학의 테두리 안에서 작품활동을 벌였다.

셋째, 오장환의 네 권 시집에서 간접 확인되고 또한 염두에 두어야 할 더욱 중요한 사실은 시인의 개인사적 편력이라기보다 각 시집을 생산할 당시의 문단사적 배경이다.

넷째, 카프계와 모더니즘계의 초기 불협화음은 시인 오장환에게 서자의식을 형성하였고 그에 대응하는 작품이 「수부」(1935)라면, 카프계와 모더니즘계의 합류는 시인에게 서자의식을 극복하게 하였고 그에 대응하는 작품이 「병든 서울」(1945)이다.

# 일제시대의 민족협동전선과 절충주의 문학론

## 1. 문제제기

일제시대, 특히 1920년대 문학논쟁을 파악하는 두 개의 대표적인 통설이 있다. 그 하나는 당대의 여러 논의들을 '프로파'와 '비프로파'라는 평면적·획일적 구분으로 대별하고, 이를 다시 '계급'과 '민족'으로 등치시켜 단순화한 것이다. 그 결과 민족문학론을 프로문학론과 배타적·적대적으로 위치시키고, 중간파적 견해를 본래보다 축소하거나 왜곡된 관점에서 바라보게끔 하는 폐단이 초래하였다. 좌우파의 논리를 각각 자석의 양극으로 삼고 그 편차 속에 존재하는 여러 논의가 결국 자장(磁場)의 어느 편에 귀속하느냐의 여부에만 치중하였던 것이다. 그 때문에 1920년대의 절충주의 문학론(이하 '절충론')을 단순히 국민문학론의 일부 혹은 그 연장선상에서 파악하는 관점이 굳어지고 말았다. 그런데 이러한 관점에서는 절충론이 새로운 역사 단계에 조응하는 문학이론의 모색을 주요 내용으로 하고 있다는 역사적 의미가 충분히 고려될 수 없었다.

최근에 더욱 영향을 미치고 있는 또 다른 하나의 대표적인 통설은, 앞의 주장과는 좀 다른 입장에서 제출되긴 했어도 결과에서는 마찬가지 도식으로 귀결되는 임화(林和)의 '민족문학 수립 불가 혹은 유보론'이라는 것이다. 좀더 정확히 말하자면, 일제시대에는 민족문학의 기치가 성립할 수 없었고 대신 계급문학의 형식으로 표현할 수밖에 없었다는 논리다. 해방직후의 구(舊)카프(KAPF)맹원들, 나아가 북한의 1920년대 문예비평사 기술이 이점에서는 공통된 관점에 서 있다.

> 조선의 시민이 힘으로 미약하고 그 진보성이 역사적으로 단명하였다 하더라도 근대적인 민족문학 수립 과제는 의연히 전민족 앞에 놓여 있었던 것이었다.
>
> 그럼에도 불구하고 민족문학 수립이 계급문학운동으로 바뀐 것은 이 시기에 있어 문학사적 진보와 민족해방의 정신이 계급문학의 형식으로밖에 표현될 수 없었기 때문이다. 바꿔 말하면 타협화하고 있는 시민에 대한 반대투쟁을 추진하면서 노동자계급은 자기의 반제국주의투쟁을 계급적 형식으로 전개한 것이다.[1]

일면 타당한 견해다. 그런데 한 가지 지적할 것은, 임화가 근대적인 민족문학의 수립과 관련한 조선사회의 특수성에 주목하고 있으면서도 해방 이전에는 민족문학 수립의 전제 조건만을 표나게 강조함으로써 민족문학을 당대 역사적 과제 해결의 능동적 주체 즉 현실태(現實態)로 보기보다는 하나의 이념적 목표로서의 이상적인 완성태(完成態), 즉 현실에서는 피동형의 객체로 파악하려는 경향을 은연중 내비치고 있다는 점이다.[2] 그런데 이런 맥락에서라면 그가 해방직후에 계급문학(또는 프로문학) 대신에 민족문학(또는 인민문학)을 내세운 것도 자기 모순이 아닐 수 없다.

---

1) 임화, 「조선민족문학건설의 기본과제에 관한 일반보고」, 『건설기의 조선문학』(조선문학가동맹 편), 백양당, 1946, 36면.
2) 임화, 위의 글, 30·41면.

이것은 그가 일제시대 계급문학의 정당성을 옹호하려다가 미끄러져 내려간 혼란이다.

또한 임화는 실천상의 통일을 주장하면서도 반제반봉건의 과제를 두고, 그 강조되는 시기에 따라서 반제민족해방의 과제는 프로문학과 더욱 결부시키고 반봉건민주주의개혁의 과제를 민족문학(또는 인민문학)과 더욱 결부시키는 편향을 해방직후에 발표한 글들의 곳곳에서 내비치고 있다. 임화의 이러한 논리는 주지하다시피 해방직후 조선공산당이 제기한, 노동자계급이 주도하는 부르조아민주주의혁명 단계에 입각한 인민전선과 보조를 같이 하고 있는 것이다. 그는, 해방 이후에도 조선의 시민계급이 혁명의 주요 담당층이 되지 못할 뿐만 아니라 정세의 진행에 따라 계급적 대립도 매우 첨예화할 것이지만 그럼에도 불구하고 현하의 과정이 부르조아민주주의혁명이란 원칙엔 변화가 없기 때문에 광범한 인민층을 대상으로 한 통일전선의 유지가 필요하다고 지적하였다.3) 요컨대, 당면 변혁의 성격과 그 동력에 대한 파악상의 차이가 해방 이전과 이후 문학의 성격을 바꾸어 놓았던 것이다. 문제의 핵심은 바로 여기에 있었다. 이는 당대 사회주의운동세력의 정세인식으로부터 직접 규정되었다.

어쨌거나 임화는 해방직후의 역사단계에 조응하는 문학이론으로서 민족문학(론)이 일제시대의 프로급문학(론)의 연장선상에 놓이는 것임을 분명히 하였다. 그런데 그가 일제시대와 그 이후의 문학운동을 연계시키는 데에는 다소간의 혼란을 피할 수 없었다. 이 혼란은 대체 어디에서부터 비롯되었을까? 당시 임화가 주도한 조선문학건설본부측과 일정하게 대립하고 있던 조선프롤레타리아문학동맹의 문제제기는 바로 이러한 해방직후의 민족문학론(또는 인민문학론)에 놓여 있었던바, 필자는 반대로 일제시대의 프로문학론에 대해 의문을 제기할 수 있다고 판단한다.

---

3) 임화, 「현하의 정세와 문화운동의 당면임무」, 『문화전선』 창간호, 1945.11.

최근 일제시대의 프로문학론 혹은 카프문학운동에 대해 새로운 해석과 평가를 시도하는 성과가 축적되고 있어 주목된다. 이는 80년대의 우리 운동이 도달한 지점에서 과거의 문학유산을 올바르게 정리해 내고 또한 비판적으로 계승하려는 움직임인바, 의도적이든 그렇지 않든 대부분 임화식의 통설 즉 일제시대의 '민족문학 수립 불가 혹은 유보론'에서 크게 벗어나지 못한 문제점을 드러내고 있다. 이는 프로문학론을 부정하는 입장에서 절충론을 프로문학론에 일방적으로 대항하는 민족주의 문학론의 일부분으로만 파악하려는 논리와 역으로 통하는 바가 없지 않으며, 따라서 1920년대의 국민문학론 혹은 민족주의문학론의 일부로서 절충론 역시 당대 민족문학운동(곧 프로문학론)의 정당한 발전에 질곡으로 작용했음을 은연중 인정하는 태도와 다를 바 없다. 이 때문에, '당파성'이나 '프로문학의 계급적 독자성' 문제에 관심이 집중되어 해당시기 문학운동의 포괄적 서술로서는 불충분한 한계가 드러나기도 하며,[4] 지나치게 '운동사적 접근'에만 매달림으로써 결과적으로 일면적이고 편협한 평가에 빠져드는 문제점을 보이기도 하였다.[5] 다름 아닌 문학운동의 지도성 확보는 어떻게 가능할 것인가에 대한 물음을 소홀히 할 때, 자칫 당대 문학 현실으로부터 유리된 '일개 관념으로서의 당파성'에 빠져들

---

4) 조정환, 「예술운동의 볼셰비키화에 관한 연구」와 「1930년대의 현실주의 논쟁」(『민주주의 민족문학론과 자기비판』, 연구사, 1989)은 이러한 문제점에 대해 자기 진단하고 있다. 그러나 그는 이후 그 스스로도 이러한 편협한 시각의 문제점을 노정하고 있다.

5) 역사문제연구소 문학사연구모임, 『카프문학운동연구』(역사비평사, 1989)는 "민족해방운동의 입장에서 리얼리즘의 원칙으로 프로문학을 연구한다는" 방법론을 통해, 이전의 연구에서 소홀하게 다루었던 논점과 자료들을 새로운 의미로 재해석한 성과를 낳아 주목된다. 그러나 이 책의 제1부 '프로문학론의 전개양상' 부분은 '운동사적 접근'에 너무 편중되어 프로문학론의 계급적 독자성과 당파성의 문제를 당대 현실과 문학과의 올바른 관계에서 해명하는 데 무리를 보인다. 가령 카프 제1차 방향 전환을 둘러싼 논쟁에서, 김기진의 견해는 창작을 운동의 차원에서 조망하지 못한 한계를 지니며 제3전선파는 정치주의적 편향을 보이긴 했지만 그것은 그것대로 받아들여야 할 합리적 핵심이라고 말하는 대목이 그러하다. 김기진의 비평활동이 과연 운동의 차원에서 이탈했는지의 여부는 다시 살펴져야 할 것이다.

위험이 없지 않다. 따라서 일제시대의 문학논쟁 혹은 문학운동을 검토하는 데에서 절충론에 특히 주목하는 일은 비단 절충론 자체의 실상을 파악하는 일뿐만이 아니라, 당대의 요청이었던 반제 문예통일전선의 건설을 위한 프로문학론의 민족주의문학론에 대한 방침을 평가한다는 의미에서도 매우 중요하리라고 판단된다.

본고에서 '절충론'이라 함은, 1920년대 중반 이후 문학논쟁에서 좌우파 대립을 지양하고 그를 통일적으로 해결하고자 한 일련의 논의들을 지칭하는 개념이다. 이는 신간회운동(1927~1931)을 뒷받침했던 민족협동전선론에 조응하는 문학이론상의 한 형태로, 당시 '계급'과 '민족'으로 대립하고 있는 문단의 좌우파가 서로 협동·제휴해야 함을 적극 주장한 이론이다.

그런데 지금까지 절충론을 국민문학론의 일부로서만 간략히 취급해 온 이유는 무엇일까? 이는 논의 진전의 역사적 단계를 충분히 고려하지 못한 때문이라고 여겨진다. 다시 말해서 프로파와 비프로파(당시 카프 가맹 여부가 하나의 기준이었을 것)의 '계급' 대 '민족'이라는 단순이분법적 수렴론이 하나의 통설로 굳어져, 거꾸로 양극단에 대한 반작용의 추세가 뚜렷한 역사적 입각점을 지닌다는 사실을 간과하고 이러한 추세를 하나의 독자적인 변수로 설정하는 일 자체를 가로막아왔기 때문이다. 그러나 절충론을 하나의 독자적인 조류로서 인정하지 않으려는 태도는, 가령 1920년대의 민족운동사에서 민족개량주의세력과 비타협적 민족주의세력을 동일하게 묶어내려는 태도와 다름없는 오류에 빠지게 될 것이다.

이러한 오류를 피하기 위해서 필자는 1920년대의 문학논쟁을 그 대립구도의 성격 변화로 보아 크게 두 시기로 나누어 검토해야 할 필요성에 대해 지적하고자 한다. 첫 번째 시기는 3·1 운동 이후의 정세 변화와 사회주의이념이 보급, 확대됨에 따라 계급문학론이 대두하여 기성문단과 대립하던 시기다. 이 시기에는 프로문학의 발생 과정에서 나타난 극좌편향에 기회를 얻어 민족개량주의적·예술지상주의적 분파가 국민문학파라는 상대적 구심을 만들고 계급문학론과 대립하고 있었다. 두 번째 시기는 1926~27년경 민족협동전선을 배경으로 절충론이 등장하여 기왕의 반동적·복고적 국민문학론을 비판하는 동시에 민족 현실에 올바르게 정초할 수 있는 근대적인 민족문학의 건설을 주장하면서 프로문학론과도 대립하던 시기다. 이 시기에 민족개량주의적·예술지상주의적 국민문학론은 복고주의와 결합하면서 보수적 국민문학론으로 변화해갔다. 물론 반제반봉건 투쟁의 일환으로 전개되던 프로문학론에 비해 당대의 민족사적 요청을 내부로 수렴하기 어려웠던 기존의 민족개량주의와 예술지상주의 그리고 복고주의적 목소리는 두 번째 시기에 와서 거의 퇴색될 수밖에 없었다. 이처럼 절충론이 등장함에 따라 보수적 국민문학론이 논쟁의 중심에서 탈락하고 프로문학론은 내부의 무정부주의자들을 청산하는 등 자체 정비를 강화하며 양자간에 한층 심화된 논의구조를 갖추어 가던 두 번째 시기는 앞 시기와 확연히 구분된다. 이 시기는 대체로 민족협동전선론에 입각하여 비타협적 민족운동을 펼쳤던 신간회활동의 부침(浮沈)과도 때를 같이 하고 있다. 절충론은 이 시기의 민족협동전선과 일정하게 조응하는 것으로, 그 안에 좌우편차가 존재하는 등 단순히 이전의 보수적 국민문학론에서 발전해 나왔다고 파악하기 힘든 점이 발견된다.

이렇게 볼 때, 논쟁의 단계를 무시한 기존의 단순이분법적 도식으로는 절충론의 의의를 온전하게 평가할 수 없다는 점이 확실하다. 1920년대의 문학논쟁 양상은 단계에 따라 두 시기로 구분해서 살펴보았을 때 비로소 절충론의 이론적 토대가 당시의 대립적 극단에 대한 비판적 매개로서의 독자성과 그에 상응한 역사단계의 진보성에 입각해 있음을 주목할 수 있게 되는 것이다.

## 2. 절충론의 등장과 새로운 논쟁 구도의 성립

프로문학의 발생기에 문단에서 가장 큰 역할을 한 이로는 아무래도 김기진(金基鎭)과 박영희(朴英熙)를 꼽지 않을 수 없다. 그런데 이들의 글을 자세히 살펴보면 차이점이 적지 않게 발견된다.[6]

김기진은 동경 유학시절 일본문단으로부터 영향을 받아 프로문학을 받아들이긴 했지만, 식민지 조선의 구체적 현실에 대한 고민과 탐색을 바탕으로 하여 그의 문학이론을 변화시켜 나간 흔적이 역력하다. 그러나 이 시기 그의 이론에서 보이는 소박한 민중주의적 한계는 상대적으로 목적의식성을 강조한 박영희에게 주도권을 넘겨주게 하는 요인이 되고 있다.

박영희의 '목적의식성'은 이 당시 교조주의의 다른 표현이었다. 그는 관념성의 과다노출을 특징으로 하고 있다. 그의 계급이론 안에서 현실은 극단적으로 도식화되었으며, 이런 그가 기성문단을 부르조아적이라 일괄 매도하면서 그것에 대한 프로문학의 투쟁적 가치를 역설했을 때, 문단의 양극화는 가속화될 수밖에 없었다. 그는 청산주의적·속류사회학주의적 이론을 통해 프로문학진영을 협애한 배타적 분파로 이끄는 데 적지 않은 영향력을 행사하였다. 그렇지만 맑스주의 문학이론이 아직 소개와 전파의 차원에 놓여 있는 프로문학 형성기에 박영희는 특유의 교조성으로 말미암아 오히려 프로문학 진영 내에서 논쟁을 주도하게 된다.

문학논쟁의 제1기는 초기문단의 문화엘리뜨주의적 성향을 극복하려는 움직임이 사회주의이념과 결합하여 프로문학운동으로 발전하고, 또 다른 한편에서는 그에 대응하여 민족개량주의와 예술지상주의가 복고주의와 결합하면서 이른바 국민문학파를 형성하게 되는 과정이라 볼 수

---

6) 상세한 내용은 원종찬, 「1920년대 절충주의문학론 연구」(인하대 석사논문, 1991) 참조. 이 글은 위 논문을 요약, 재정리한 것이다.

있다. 이 시기의 프로문학운동은 박영희식 소부르조아적 급진주의의 영향 아래 있었기 때문에 갈수록 청산주의적·속류사회학주의적 경향이 팽배해 갔다. 민족개량주의와 예술지상주의가 그런 대로 자신의 입지를 마련할 수 있었던 것도 대개는 이러한 사정에 기인했다. 이들은 점차 『조선문단』을 중심으로 일정한 연대를 형성해서 '계급'을 부정하고 '민족성'에 대한 강조로 대응해 갔다. 최남선과 조운(曺雲) 등에 의해서 '조선심'과 '조선혼'이라든지 '시조부흥론' 같은 것들이 조선주의로서 표방되었으며, 국민문학이라는 용어도 일반화되어 갔다. 그러나 이들의 민족인식이 식민지 현실에 대한 과학적 성찰의 결과가 아니라, 복고주의와 관념성을 특징으로 하고 있다는 점, 그리고 이 때문에 프로문학진영에서는 '민족'이라는 용어 자체를 반동시하기까지 했다는 점은 그 어느 쪽도 민족문제를 계급모순과 더불어 통일적으로 파악하기 어렵게끔 상황을 이끌었다.

한편, 문학 인식에서 프로문학론은 계급의식을 중심으로 한 내용편중현상을 극단적으로 내보였기 때문에 문학유산의 계승에 관한 문제는 생각할 수도 없었고, 형상성을 무시하는 등 문학의 특수성에 대해서도 거의 몰각하였다. 문학논쟁의 양상이 예술성은 부르조아적인 것, 사상성혹은 사회성은 프롤레타리아적인 것인 양 호도되고 있었던 것이다.

이처럼 프로문학운동이 진전하면서 비평계의 주요 논점은 현실 인식과 문학 인식이라는 두 측면에서 각각 제기되었다. 그런데 전자에서는 계급과 민족 개념의 환원론적 대립으로, 후자에서는 내용과 형식 문제의 환원론적 대립으로 나타났던 것이 초기 문학논쟁의 양상이었다. 이러한 구도는 표면상 '계급지상주의=내용우위론=프로문학론', '민족지상주의=형식우위론=국민문학론'으로 정리되고 있었다. 우리는 여기서 관념론과 유물론이라는 좀더 근원적인 인식상의 대립 구도를 엿볼 수도 있겠으나, 박영희에 의해 주도된 초기 프로문학론의 속류적 태도를 염두에 둘 때, 결국 이때까지의 문제의식이 매우 단순하고 평면적이며, 관넘적인 대립 구도를 따라 움직였다고 판단할 수 있다.

이러한 사정이 바뀌는 주요 계기점을 우리는 민족운동의 국면 전환으로부터 찾을 수 있다. 이른바 정우회선언(1926년)이라든지 신간회의 창립 및 조직 위상을 둘러싼 여러 논의 가운데서 독자적인 민족해방투쟁 이론의 출현과 더불어 민족문제에 대한 인식상의 진전이 뚜렷이 나타나고 있음을 확인할 수 있다.

주지하다시피 초기 사회주의자들은 민족적 요구와 계급적 요구를 통일적으로 파악하지 못하고 소박한 계급지상주의와 국제주의를 열렬히 주장하고 있었다. 이는 맑스주의에 대한 초보적 이해 수준의 산물로서, 초기 사회주의사상이 구체적인 실천과 결합되어 주장되었다기보다는 하나의 진보 이념으로서 지식인 중심의 계몽·선전 차원에서 수용되었던 사정과도 관련이 있다. 그러나 노동·농민운동의 고양과 각 부문단체의 전국적 조직 결성에 따라 사회주의사상은 민중운동의 구체적 현실을 반영하여 새로운 지향성을 갖게 되었다. 각처에서 전개되는 민중투쟁의 민족해방에 대한 지향과 민족개량주의 세력의 대일타협화 노선에 직면하여 사회주의자들도 비타협적 민족주의세력과 제휴할 필요성을 인식하게 된 것이다.

이 시기에 민족협동전선론의 이론적 토대는 주로 조선공산당계열에서 대중투쟁과 그에 따른 실천적 이론의 모색과 결부되어 마련되었다. 그러나 보다 광범하게는 이른바 '민족적 무산계급론'에서 비롯되었음을 지적하지 않을 수 없다. 민족적 무산계급론이란 피정복민족의 무산계급 해방은 정복민족의 무산계급해방과 그 조건이 다르기 때문에 조선에서는 전민족이 점차 무산계급화 한다는 논리로서, 비록 소박한 인식이긴 해도 당시의 많은 비타협적 민족주의자들과 사회주의자들이 이러한 인식에 기반하여 사회주의자와 민족주의자가 민족적 무산계급의 입장에서 서로 협동·제휴해야 한다고 피력하고 있었다.[7]

문학부문에서도 이러한 기운이 싹 터 나오는 것은 예외가 아니었다.

양주동(梁柱東)은, 당대 신문지상을 통해 적지 않은 사회적 영향력을 행사하고 있던 대표적 민족개량주의자 이광수의 글에 맹공을 퍼부으면서 등장하여 바야흐로 문학논쟁의 새로운 구도를 예고해주었다.

이광수는 신흥 프로문학을 비판하기 위해 쓴 「중용과 철저」(『동아일보』, 1926.1.1~1.3)에서 혁명과 시대의식을 각각 병적(病的), 일시적이라 규정하고 상적(常的), 정적(靜的), 평범한 문학의 필요성을 주장하였다. 그러나 양주동은 거꾸로 「철저와 중용」(『조선일보』, 1926.1.23~1.24)이라는 제목의 글에서 이광수의 관념적인 현실 인식에 대해 '시대정신'의 개념을 들어 공박하였다. "위대한 문학은 깊이 그 시대정신의 저류와 골수에 사무쳐야 할 것"인즉, "현하 조선의 문학이 요구하는 시대정신은 소극적으로 퇴폐적, 적극적으로 혁명적 경향"이라는 지적이었다. 특히 양주동이 이 글에서 "우리 생활이 이미 상적(常的)이 아니므로 우리의 문학이 변적(變的)이 될 것은 당연하다"고 주장한 것은 과거 국민문학파의 관점에서 보자면 가히 획기적인 문제 제기가 아닐 수 없었다. 예컨대 "종합은 나중의 일"이고 우리 문학이 우선은 "안티테제의 과정"에 있음을 그가 토로했을 때, 이는 프로문학에 대한 적극적인 수용의 자세를 드러낸 것이었고 따라서 프로파와 비프로파의 이분법적인 대립이 새로운 국면으로 진입하게 되었음을 알리는 일대 신호였던 것이다.

한편, 문학의 예술적 가치를 비계급성과 비사회성이라는 전제 아래 옹립하려 했던 김억(金億)의 경우도 "예술을 생활의 표현이라 단언"한다는 양주동의 추궁 앞에서는 무색해지지 않을 수 없었다. 김억은 「예술의 독립적 가치」(『동아일보』, 1926.1.1~1.3)에서 예술을 수단과 방법으로 생각하는 프로문학은 예술을 타락시킨다며 예술의 독립적 가치를 웅변하고 나섰다. 그런데 양주동은 「예술과 생활」(『동아일보』, 1926.2.5~2.6)에서 "생존의 동기가 예술 성립의 조건"이며 "생활 행동인 예술도 역시 생활

---

7) 김경택, 「일제하 국내사회주의자들의 민족협동전선론」, 『통일전선과 민주혁명 II』(박현채·김홍명 편), 사계절, 1988, 335면.

행동의 목적의 지배를 받는다"고 하여 "예술에 있어서 가장 필요한 것은 진정한 생활의 표현"임을 역설했다. 이와 같은 그의 발언은, 초기문단의 일반 경향에서 한 발짝 걸어나온 박종화와 염상섭에서부터 생활의식의 분열이 곧 예술의 분열을 초래한다고 보는 계급문학론자들에게까지 이미 폭넓은 공감대를 형성해 온 이른바 '생활문학론'과도 일맥상통하는 바가 있다. 바로 이 생활문학론이야말로 당시 문단의 일각에서 제기되어 나왔던 농민문학론과 함께 좌우파 양자의 협동과 제휴를 매개해줄 공분모로서 그 의미가 주어지는 것이었다.

이처럼, 사회운동선상에서 민족협동전선론이 논의되고 있을 무렵, 프로문학파와 극단적으로 대립하고 있던 종래의 국민문학파와는 또 다른 자리에서 양파의 협동과 제휴를 모색하고자 절충적인 이론을 펼치고 나선 이가 바로 양주동이었다. 이 시기 양주동의 관심은 한마디로 "조선문학의 건설과 완성"이었다. 초기에 그는 '조선문학'이라는 용어를 '국민문학'이라는 용어와 거의 구별하지 않고 사용했으며, 다만 그 내용에서 민족적·민중적일 것을 요구하였다. 이러한 그의 절충주의적 구도는 「병인문단개관」(『동광』, 1927.1)에서 일목요연하게 정리되었다. 그는 프로문학이 발생한 1924, 25년 이후의 시기에 와서 "작문계에서 비로소 벗어나 조선의 문단이 구체적으로 형성"되었다면서 그 중요한 이유로 문단의 민중화 경향을 지적하였다.

여기서 한 가지 흥미로운 사실은, 양주동이 프로문학을 문단의 민중화 현상이라는 관점에서 주목하고 이를 다시 국민문학 건설의 도정에서 살피고 있는 점이다. 그는 어째서 프로문학(운동)을 굳이 국민문학(운동) 속에 포괄하려 했던가? 우리는 이 시기 그의 국민문학론이, 프로문학론자들은 한결같이 부정하고 나섰던 이른바 '조선의 시민계급적 이상'을 일정하게 반영하고 있다는 사실을 간파할 수 있다. 예컨대 그가 각 장르별 검토를 마치고 나서 얻은 결론은 우리 신문학운동의 십 년 이상이 오로지 "조선문학의 건설과 완성"에 있다는 지극히 평범한 사실이었는데, 그러나 이 가운데 특히 그가 조선문단이 나아갈 방향으로서 "시단에 있어서는 시의 민중화, 소설단에 있어서는 소설의 사회화"를 지적하고 있는 대목이라든지, "우리는 엄밀한 의미로 과거에 순조선적 문학을 남기지 못하였고 다만 외래문학의 영향을 받기에만 몰두"하였던고로 "과거의 우리 문학이 빈약한 그만치 우리의 이 운동은 실로 창시적 운동이요, 따라서 가장 중요한 민족적 사업이요, 역사적 의미를 가진 것"이라고 역설하는 대목에서 그의 의식의 일단을 엿볼 수 있다. 또한 문학과 생활의 관계에 대한 그의 주장에서 보듯이 그는 나름대로 현실주의 문학관을 견지하려 함으로써 식민지 조선의 특수한 상황에 다가설 수 있었고, 이점이 그의 국민문학론을 민중 지향과 이어지게 하는 요소가 되었다. 말하자면 그는 국민문학론을 근대적이고도 진보적인 민족문학론으로 발전시키고자 했다. 그러나 기존의 국민문학론자들이 이후에도 계속해서 복고적이고 보수적인 경향을 벗어나지 못하게 되자 결국 나중에는 국민문학이란 용어 대신에 '민족문학'이라는 용어로 자신의 문학론을 피력해갔다.

어쨌든 이 시기에 양주동이 국민문학과 프로문학을 상호 배타적으로 바라보지 않는 주요 원인으로 그의 현실 인식이 '민족적 무산계급론'에 기반하고 있음을 쉽게 알아챌 수 있다. 조선민중이 모두 프롤레타리아로 되어 가는 추세에서 부르조아문학이 웬말이냐는 것인데, 김기진과 다르게 그가 이러한 의문을 프로문학론자들에게 반문하고 있는 것이 중대한 차이점이다.

혼히 프로문학측에서는 자파 이외의 문학을 일괄하여 '부르파'라고 지목하는 경향이 있는 듯하다. 이것은 내 생각에는 아무래도 타당치 않다는 말이다. 왜 그런고 하니, 사실 말이지 현문단뿐이 아니라, 우리의 전부가 프로로 되어 있는 현상에, 어디서 부르조아문학을 찾아 낼 수 있느냐 말이다. 우리 중에도, 대부분의 문사는 프로라고 할 수 있다. 프로의 생활속에서 프로의식이 생길 것은 정한 이치다. 다만 다른 점은, 한편에서 프로문학을 적극적으로 주창하고 선전함에 반하여, 한편에서는 보통적 '사람'으로서의 문학을 말할 뿐이 아닌가, 그역(亦) 양자의 결과가 동일한 점에 도달하고야 말 것은, 우리 전체의 생활이 결정적으로 논증하는 바이다. 양자의 차이는 결코 내용적이 아니요, 피상적, 명의적이다. 양자는 진정한 의미에서 넉넉히 협일의 가능성을 가졌다고 나는 생각한다.8)

이 대목은 김기진의 초기 계급 인식보다도 훨씬 단순소박하다. 그렇지만 양문학 협일(協一)에 대한 그의 천착은 어느 정도 구체적인 노력과 이어져 있다고 평가되는데, '절충적 국민문학론'의 주요 내용이 '생활문학, 농민문학, 민중문학' 등으로 표현되고 있기 때문이다. 요컨대, 조선의 문학은 진정한 조선의 생활을 반영하는 것이라야 하며 그러자면 무엇보다도 조선 민중의 삶, 즉 농민의 현실에 최대한의 관심이 주어져야 한다는 것이 그의 생각이었다.

현금에 있어서 제국(諸國)의 문학은 그 궁극의 의미에서 아직도 그 민족적 필연한 범주를 벗어나지 못하는 동시에 우리의 현재 이상은 '조선문학'을 건설하는 데 있지 않을 수가 없습니다. 프로문학 같은 것도 조선의 현금 사회조직이나 그 상으로 보아 농민문학 방면에 전력을 집중하여야 될 줄 생각합니다. 쁘띠부르조아나 혹은 일부의 인텔리겐챠를 위한 것인 듯한 현금의 프로문학은 아직도 조선이 요구하는 참다운 프로문학이 아니라고 생각하는 까닭입니다.9)

작금 문단에 있어서, 기분문학이 점차 생활문학으로 변천하는 것은, 물론 기쁜 일이다. 저급한 연애소설, 성욕소설이 잠종(潛縱)한 대신으로, 계급적 자각 등류의 시대상을 제재로 한 문학이 도도유행하는 것은, 그 정신으로 보아 가하(可賀)할 일이다. 그러나 우리는 결코 거기에 만족할 수는 없다. 일보 진하여, 참으로 민중정신의 직접 표현(간접이 아니오)으로서의 문학을 요구하고 있는

---

8) 양주동, 「문단잡설(其二)」, 『신민』, 1926.11, 98~99면.
9) 양주동, 「병인문단개관」, 8면.

것이다. 우리는 낡은 말이나마 V Narod를 모름지기 서신(書紳)할 필요가 있다.[10]

양주동의 민중문학론은 생활문학론의 연장선상에 놓여 있는 것이고, 따라서 그에게 프로문학은 결코 폄하될 수 없는 가치를 지닌 것으로 받아들여졌다. 프로문학의 의의나 가치에 대한 호의적인 평가는 그의 글 곳곳에서 찾아볼 수 있지만, 한편으로 조선의 프로문학이 민중 현실과 유리된 관념의 도식으로 짜여 있다는 데에 그의 불만이 놓여 있었다. 그는 외래사조의 직접적 이식에 그친 프로문학에 대하여, 더구나 그것이 문학적 구성조차 거의 갖추지 못한 점에 대하여 줄곧 비판을 가하였다.

그렇지만 이 시기 양주동의 절충적 국민문학론은 이론의 깊이나 체계를 갖추지 못한 일종의 비빔밥식 구성에 지나지 않았다. 그는 「문단신세어(文壇新歲語)」(『동아일보』, 1927.1.1~1.5)에서 '국민문학'에 대해 "보다 더 민족적인 혹은 역사적인 혹은 시대적 요소를 귀하다 생각"한다고 했는데, 아직은 그가 말하는 민족적 · 역사적 · 시대적 요소가 내적인 연관을 지니지 못한 채 나열되고 있기 때문에, 프로문학을 좀더 근본적인 의식 파악의 문제로 인식하고 있는 계급론자들에게나 국제주의 신봉자들에게 격렬한 반박의 소지를 남겨놓고 있는 것이 아닐 수 없었다.

한편, 이 시기 양주동의 절충론을 더욱 부추기면서 좌우파 제휴의 필요성을 역설한 이로 염상섭(廉想涉)을 간과할 수 없다. 그는 1927년 벽두에 들어서자마자, 민족운동과 사회운동의 문제를 양자택일적으로 고민하는 현실에 대해 나름의 해결점을 찾지 않을 수 없어 글을 쓴다면서 『조선일보』와 『신민』 신년호에 각각 「민족 · 사회운동의 유심적 일고찰」 「조선문학의 현재와 장래」를 발표하여 당시 민족협동전선에 부응하는 문학인의 자세를 피력하였다.

먼저 그는 「민족 · 사회운동의 유심적 일고찰」(『조선일보』, 1927.1.1~1.15)

---

10) 양주동, 「문단전망」, 『조선문단』, 1927.2, 19면.

에서, 민족적 전통과 시대적 혁신 요소가 본래 동근이체(同根異體)에 불과하므로 민족운동과 사회운동도 결국 협동, 일치할 수밖에 없으며, 특히 피압박민족의 실제 운동에서는 그렇게 될 때에야 비로소 각자의 운동도 일층 권위가 있게 된다고 주장하였다. 문단의 두 경향도 이와 마찬가지 관계에 있다는 것이 그의 생각이었다.

「조선문학의 현재와 장래」(『신민』, 1927.1)는 국민문학과 프로문학의 두 경향이 장차 어떤 관계로 발전할 것이냐의 문제를 집중적으로 검토한 글이다. 염상섭의 이 글은 양주동도 전적인 지지를 밝힌 바 있는데, 국민문학을 주장하더라도 그 안에서 계급적 요소를 고민하여야 하며, 계급문학을 주장하더라도 그것이 민족적 전통에서 완전히 벗어날 수 없으니, 양자는 공통점을 찾아 협력함이 마땅하다는 내용이었다. 염상섭 역시 양 문학의 향후 협력방향을 농민문학에서 구하였다.


## 3. 카프 제1차 방향 전환과 절충론


프로문학이 아무리 그 초기적 특징을 반영하고 있다 하더라도 박영희식의 청산주의적·속류사회학주의적 오류가 창작에 끼친 부정적인 영향은 적지 않았다. 프로문학론은 이미 그 선언적·당위적 수준에서 벗어나야 할 것을 내외로부터 요구받고 있었는데, 이처럼 자체 이론의 취약성을 시급히 보완해야 할 필요성이 대두되는 시점에서 흔히 카프 제1차 방향 전환의 내적 계기로서 지적되고 있는 김기진과 박영희 사이의 '내용·형식논쟁'이 벌어지게 된다.

프로문학의 온전한 발전을 위해서 사실 김기진의 주장은 귀 기울일 점이 적지 않았다. 그는 「무산문예작품과 무산문예비평」(『조선문단』, 1927.2)에서, "문학은 조직되고, 고안되고, 통일되어 아당(我黨)의 모든 일 가운데 한 부분이 되어야 한다"면서 속류사회학주의적 오류에 대해 극복할 것을 주장하는 한편, "프로문예도 풍부한 역사를 가진 부르문학의 발달의 결과 속에서 태생된 것"인만큼 "표현기교 형식은 각 시대의 우수한 것으로부터 배우지 않으면 안된다"면서 문학유산에 대한 폭넓은 수용의 태도로써 청산주의적 오류를 극복해야 한다고 주장하였다. 그러나 문제는 그의 인식이 아직 프롤레타리아적 사상(내용)에 부르조아적 기교(형식)를 단순히 접합시키는 차원 이상이 아니었다는 점이다. 이 때문에 박영희가 공박한 사상성 및 태도의 문제에서 김기진은 불리한 입장에 놓일 수밖에 없었다. 더욱이 사회운동선상에서 일어난 일대 방향 전환의 여파를 몰아 박영희가 새로 프로문학의 목적의식성을 들고 나왔을 때, 상황은 박영희에게 주도권이 넘어가게끔 바뀌어갔다. 이때 절충론자와 아나키스트문학론자들이 박영희식의 논리에 대해 계속 비판을 가했지만, 당시의 분위기에서는 도리어 김기진의 입장만을 더욱 난처하게 만들 뿐이었다. 결국 김기진이 자신의 입장을 표면상 철회하는 식으로 이 논쟁은 마감되었는데, 여기에는 당시 사회주의운동과 긴밀한 연계 속에서 움직이던 카프의 조직적 구속력이 크게 작용하였다.

이처럼 카프의 논쟁이 문학 외적인 측면에서 더욱 강하게 규정되는 가운데 프로문학의 방향전환론이 전개되었다. 카프 제1차 방향전환론의 핵심은 1926년 정우회선언으로부터도 영향 받은 것인데, 자연생성성에서 목적의식성으로, 그리고 분파의 극복과 사상의 통일이라는 좌파연합에만 관심을 두었지 역시 정우회선언의 주요 골자인 비타협적 민족주의자와의 적극적인 협동 부분은 거의 주목하지 않았다. 오히려 일본 사상계의 변화에 민감했던 카프는, 소위 결합 이전에 맑스주의적 요소의 분리를 강조한 후쿠모토이즘[福本主義]의 영향 아래 프로문학의 계급적 독자성을 더욱 강화하면서 조직 안의 무정부주의와 민족주의적 경향을 청산하는 등 격렬한 이론투쟁을 전개하였다. 이 과정에서 사회운동과 문학운동의 관계를 기계적으로 파악하고 문학의 정치선전 기능만을 극대화한 오류는 뒤에 자체 내에서도 지적되었던 것들이다.

이 시기에 절충론은 주로 내용·형식논쟁에 대한 개입과 민족의식에 대한 강조, 그리고 국민문학과 프로문학의 제휴 모색 등으로 전개되었다. 내용·형식논쟁에 대한 개입은 김기진과 박영희 사이의 논쟁에서 박영희가 보여준 논리적 비약과 카프의 방향전환론과 관련하여 나타난 문학의 정치선전 기능의 강화에 따르는 형식무시론에 대한 비판이었고, 민족의식에 대한 강조나 좌우파 제휴 모색은 카프의 후쿠모토이즘의 영향에 따른 종파주의적 태도와 민족의식을 계급의식과 대립시키는 계급 지상주의에 대한 비판으로서, 이 시기의 절충론이 주로 프로문학론과 논쟁을 벌였기 때문에 문학논쟁의 양상은 자연 절충론과 프로문학론의 대립으로 부각되었다. 그러나 논쟁의 내용에서 과거와 다른 질을 갖고 있음은 절충론이 보수적 국민문학론과 구별되는 자기 성격을 뚜렷이 보여주는 것과 함께 당시 논쟁의 중심에서는 이탈했어도 보수적 국민문학론이 여전히 문단의 일각에 존재하고 있었다는 사실로 설명할 수 있다. 그러니까 민족협동전선의 대두와 더불어 문학논쟁의 중심이동이 이뤄진 것이다.

양주동은 「문예비평가의 태도·기타」(『동아일보』, 1927.2.28~3.4)에서 다시 절충주의적 문학관을 피력하고 나섰다. 그는 "민중의 요구도 요구려니와 문예부터가 초시대적인 되기는 거의 바랄 수 없는 까닭"에 계급투쟁 시기에 있는 조선에서 프로문예가 발생함은 필연적이라고 전제한 뒤, 그러나 "현금 우리 문단의 프로작가들은 그 창작심리의 과정상 목적의식 편중의 결과로 고의성을 많이 포함하였기 때문에 문학구성의 내용 및 형식에 관한 조건이 ××한 데가 많다"면서 박영희식의 창작방법을 비판하고, "문예비평가의 태도에 취하여 그 소위 내재비평과 외재비평의 두 가지 태도를 겸유해야 당연한 귀결일 것"이라면서 김기진의 입장을 두둔하고 나섰다. 다만 김기진이 외재비평을 주로 하고 내재비평을 종으로 하는 경향인 데 반해서 자신은 그것이 본말의 전도이며 따라서 내재비평을 주로 하고 외재비평을 종으로 함이 정당하다고 주장하였다.

양주동의 주된 관심사는 역시 조선문학의 완성이었는바, 그는 조선문학이 무엇보다도 먼저 "일개의 국민문학으로서 체계와 양상"을 이루어야 한다고 보고, 중요한 문제는 그 체계와 양상이 어떠한 정신과 어떠한 형식 위에서 어떻게 전개되며 발달될 것이냐는 점이라고 하였다. 그는 자신이 이 문제를 명쾌히 규명할 능력에는 미치지 못한다고 고백하는데, 그러나 자신의 정당한 문제 제기조차 프로문학론자들로부터 적잖게 오해되고 있음이 안타깝다고 했다. 그것은 그의 논리 전개가 소박하고 다분히 형식논리적인 절충주의에 근거하고 있기 때문이었으나, 그렇다고 당대 프로문학론으로부터 그의 한계에 대한 올바른 지도를 기대하기도 힘든 사정이었다.

김기진조차 카프 내부의 논전에서 태도의 선명치 못함을 지적받고 있던 터라 국민문학론자와의 논전에서는 관점의 차이를 더욱 선명히 부각시키는 쪽으로 경사되어 갔다. 가령 김기진은 「문예시평」(『조선지광』, 1927.2)에서 "조선 민족정신의 발현, 문학고전의 부활, 민족적 예술형식의 창조, 외래사조 추종의 배격 등이 그 중심 골자인 듯"한 '조선주의'에 대하여 "민족주의의 문단 침윤"이라고 지적한 뒤, "그것은 사회주의사상을 근저로 하는 프로문학운동에 대항하는 무기로서의 재래문단인의 시만(時晩)한 자기 발견이요, 시기적절한 방향전환이요, 전술"이라고 꼬집었다. 향토성, 민족성이란 것도 교통기관의 발달에 의하여 그리고 국가형태의 변천과 생활조직의 변천에 의해 문학의 중요한 요소가 되지 못한다는 것이 그의 논지였는데, 따라서 문단상의 조선주의는 "일개 국수주의의 변형이요, 보수주의요, 정신주의요, 반동주의요, 그 이상 아무것도 아니"라는 것이 김기진의 주장이었다. 보수적 국민문학론자들과 절충론자들을 일괄적으로 프로문학파에 대립시켜 파악하는 바의 원조를 우리는 여기서 확인할 수 있는바, 카프 안에서 궁지에 몰려 명확한 당파적 입장에 서기를 강요받고 있던 그의 처지를 고려해야 할 것이다.

이에 대해 양주동은 "현금 일부의 논자와 같이 국민문학이라는 것을 일종 구식의 봉건사상의 유물로 보아 등한시하고 심지어 배척하려는 편견과 독단이 있는 것은 유감된 일"이 아닐 수 없으며, 또 한편으로는 "이 국민문학이란 것을 무슨 편협한 배타적·보수적 문학으로 오인하여 그릇된 결과를 산출케 하는 국민문학론자가 있는 것도 사실"이니 "이러한 양극단적 편견에서 탈각하여 진정한 국민문학의 견지로서 문단의 앞날을 지시하는 것"이 필요하다고 주장하였다.

그런데 이런 절충론은 그 문제의식이 당대의 시대적 요구였던 민족협동전선론에 기반하고 있다는 점에서는 중대한 의의를 지닌다. 그는 「정묘평론단총관」(『동아일보』, 1928.1.1~1.18)을 통해 "민족주의와 사회주의가 현금 그 정당한 의미에서 일치 협력할 수 있음과 같이 우리의 전적목표를 위하여는 양자의 문학이 병행호조할 수 있으리라 믿는"다면서 국민문학과 프로문학운동이 서로 제휴할 것을 역설하였다. 그는 무산문학에서 국민문학을 극렬 반대하는 이유가 "민족주의적 사상 그중에서도 애국적 사상이 흔히 편일적 경향에 기울어질 염려가 있을 뿐만 아니라 계급의식이나 계급투쟁을 마쳐시켜 방해하려는 고의적 수단인줄로 오해함에서 기인"한다고 파악하고, "일민족인 동시에 계급인이며 계급인이면서도 민족인"일 수밖에 없는 식민지 조선의 현실에서 무차별적으로 민족주의사상이나 국민문학을 배척하는 프로문학론은 곡해와 아설에 다름아니라는 논리를 펼쳤다. 그는 "물론 다수의 민족주의자 중에는 (특히 부르조아계급에 있어서) 고의로 애국심을 이용하는 수가 있고 계급사상의 반동적 수단으로 민족의식을 내어미는 자가 있을 것이로되 그렇다고 일부로써 전반을 율(律)할 수는 없다"고 하여 자신의 입론이 민족개량주의와 구별되는 비타협적 민족주의에 기반하고 있음을 드러냈다.

양주동은 결국 카프 제1차 방향 전환의 과정에서 목적의식성의 이름

아래 문학을 선전삐라화하려는 데 염오를 느끼고 문학의 사회적 가치와 예술적 가치를 함께 중시해야 한다는 내용·형식 조화설을 주장하는 한편, 민족의식에 대해서는 그것을 편협한 보수적 관념 속에 가둬두려는 국민문학론자의 일부와 그 때문에 식민지 조선사회에서 그것이 가지는 적극적 의의조차 무차별적으로 배격하려는 프로문학론자들을 다 함께 비판하고 나선 것이다. 무엇보다도 신간회운동의 고조기에 그가 "투쟁의 의미로 보더라도 민족적 투쟁과 계급적 투쟁은 제휴할 수가 있을 것이요, 의식상으로 논하더라도 민족정신과 계급정신은 서로 모순될 까닭이 없다"고 인식하고 있는 것은 그의 의식이 아직 민족적 무산계급론의 소박한 수준에 머물러 있긴 해도 당시로서는 중요한 의미를 지니는 것이 아닐 수 없으며, 따라서 "국민문학과 계급문학은 일언으로 하건댄 현금 우리의 전적 목표를 위한 노력의 '방패의 양면'에 불과하다"는 지적도 정당하게 평가해야 마땅하다. 그가 "국민문학과 계급문학의 연결이 농민문예를 통"하여 성립해야 할 것을 지적하고 있는 대목 또한 시사하는 바 적지 않은 것이다.

신간회운동이 전개된 1927년에 와서는 민족협동전선을 배경으로 하여 민족문학론의 적극적인 의의를 살핀다든지 좌우파 제휴의 필요성을 주장하는 논자들이 양주동과 염상섭 외에도 다수 등장하게 된다. 무엇보다 이 시기의 논의는 민족문제를 식민지조선의 사회 현실과 결부지어 살펴보려는 과학적 인식의 진전이 뚜렷하게 나타나고 있으며, 식민지 조선의 현실에 올바르게 정초한 문학 건설을 일차적인 목표로 내세우고 있다는 점에서 국수주의적, 보수적 국민문학론과 명확히 구별되고 있다. 정병순(鄭昞淳)의 「조선주의에 대하여」(『조선일보』, 1927.2.17), 김영진(金永鎭)의 「국민문학의 의의」(『신민』, 1927.3), 김동환(金東煥)의 「애국문학에 대하여」(『동아일보』, 1927.5.12~5.19) 등이 바로 그런 것들이다. 특히 카프맹원이기도 했던 김동환에 의해 제창된 '전투적 애국문학'은 당시 국내에서는 거의 유일하게 항일구국문학의 기치를 들어 올린 것으로 눈길을 끄는

데, 그는 민족해방운동으로서의 애국문예를 당시의 신간회운동과 같은 민족협동전선의 한 형태로 간주하였다. 그러나 김동환의 애국문학론은 크게 주목받지 못하고 오히려 민족주의 색채 때문에 그가 카프에서 추방당하는 요인이 될 뿐이었다.

한편, 프로문학론의 관점에서 양파 제휴의 필요성을 지적한 글로는 풍운학인(風雲學人)과 김영수(金榮秀)의 당시 방향전환론에 대한 평가문이 주목된다. 풍운학인은 「무산계급문예운동의 전망」(『조선일보』, 1927.5.23~5.26)에서, "우리는 국민문학과 제휴하여 합동전선을 취할 필요가 있다한다. 왜 그러냐 하면 운동선상에 있어서 국민문학운동자와 합동전선을 취한다하면 그것이 계급화하는 동시에 대중화되는 까닭이다"라면서 "제국주의 압박하의 민족운동은 혁명적"임을 상기시켰다. 김영수는 「방향전환기에 입(立)한 문예운동」(『중외일보』, 1927.7.17~7.20)에서, 지금 조선은 식민지적 특수관계에 처한 만큼 "조선의 해방은 계급해방보다는 우선 ×××해방이 긴급해야 한다"고 주장하면서, 이를 위해 애국문학파 곧 국민문학파와의 공동전선이 필요함을 지적하였다. 이들은 모두 프로문학의 방향전환론을 분석적으로 평가하고 새로운 단계에 맞는 운동 방향을 모색하는 가운데, 조선의 특수한 정세가 제국주의의 지배하에 있기 때문에 목적의식적 정치투쟁은 민족해방투쟁을 제일로 하고 그를 위한 좌우파 협동전선이 문예운동에서도 필요하다는 논리를 공통으로 펼치고 있다. 차이점은 풍운학인이 진영의 정리와 결속을 먼저 요구한 데 반하여 김영수는 카프의 해체를 주장하고 나선 점이다. 김영수의 방향전환론은 김기진에 의해 주목받기도 하지만, 이북만(李北滿)으로부터 "민족주의문학에 중독된 대중과 애국문학 — 조선주의 — 의 반동적 이론과 역사적 역할을 혼돈한, 분리결합의 맑스적 방법을 몰이해한 일"이라고 맹렬히 비판받는다.[11] 카프는 계급의 독자성을 더욱 강화시켜 나가야 한다는 입장에서

---

11) 이북만, 「예술운동의 방향전환론은 과연 진정한 방향전환론이었던가」, 『예술운동』, 1927.11, 14면.

그것을 희석시킬 우려가 있는 양파 제휴에 관한 논의를 조금도 고려하려 들지 않았던 것이다.

카프 제1차 방향전환론은 1927, 28년에 걸쳐 치열한 내부논쟁을 수반하면서 전개되었다. 그런데 일본프로문단의 영향권으로부터 결코 자유스럽지 못했던 이 시기의 방향전환론은, 박영희를 제치고 문학의 정치적 색채를 더욱 강하게 발하며 등장한 이북만·조중곤(趙重滾)·김두용(金斗鎔) 등 동경의 소위 제3전선파가 거의 주도하는 형국이었다. 물론 신간회 운동과 더불어 진전된 민족해방투쟁 이론은 이 시기 프로문학론의 이론적 성숙을 위해서 더할 나위 없는 조건들을 제공해 주고 있었고, 실제로 당대의 프로문학론자들도 민족문제에 대한 인식 변화를 보여준 것은 틀림없는 사실이지만, 문제는 이 시기의 문학 논의가 사회운동에 무매개적으로 추종해 들어가는 정치주의적 편향을 크게 드러낸 데에 있었다.

특히, 사회운동에서 거의 극복되어 갔던 후쿠모토이즘(福本主義) 경향이 이 시기 프로문학운동의 지배 조류가 되었음에 주목할 필요가 있다. 당시 조선공산당의 주류는 이른바 '양당론(兩黨論)'과 '청산론'을 비판하면서 민족해방운동의 이론을 독자적으로 발전시켜 나갔는데, 조선혁명의 성격을 부르조아민주주의혁명으로 규정하고 일본제국주의에 반대하는 모든 세력의 협동투쟁을 강조하였다.[12] 여기서는 프롤레타리아트의 헤게모니와 함께 광범한 중간층의 획득을 목표로 하였다. 그러나 후쿠모토이즘의 영향은 카프 안에서 계급의 독자성에 대한 일방적인 강조로만 나타났으니, 비록 선언적인 형태일망정 신간회의 방침에 노선을 일치시키려 했던 카프의 공식적인 발표문조차도 계급표지 철거의 청산파적 견해라고 즉각 비판받을 정도로 당시엔 극좌적인 견해들이 더욱 기승을 부리고 있었다.[13] 당시 대부분의 프로문학론자들은 맑스와 레닌의

---

12) 「민족해방운동에 관한 논강」, 참조. 이 논강은 1928년 3월중에 제4차 조선공산당의 중앙집행위원회에서 채택한 정치논강이며, 안광천(安光泉)이 기초한 것으로 알려졌다. 김준엽·김창순, 『한국공산주의운동사』 3, 청계연구소, 1986, 276면.

문구로써 자기 주장의 정당성을 입증하려고만 했을 뿐, 문학운동의 구체적인 내용과 방법을 제시하는 데에서는 턱없이 미흡한 수준에 머물러 있었던 것이다.


## 4. 카프 제2차 방향 전환과 절충론


당대 사회운동과의 결부가 기계적임으로 해서 제1차 방향전환기의 프로문학론이 도식성과 추상성의 문제를 야기하게 되자, 창작활동과 관련해서 프로문학 안에서도 다시 반성적인 이론이 나오지 않을 수 없었다. 이미 간헐적으로 작품을 자살케 해서는 안 된다는 목소리가 있어 왔는데다, '공장으로, 농촌으로'라는 구호가 일반화되는 추세였고, 1928년 경부터 일제당국의 검열 강화로 인해 프로문예운동에 대한 압박이 더욱 심각한 문제로 되자 프로문학론은 창작방법과 관련된 논의, 그 중에서도 예술대중화론으로 나아가게 되었다.

이 시기에도 김기진은 과거 문학외적 사정에 의해 일시 중단되었던 내용·형식논쟁의 연장선상에서 프로문예의 양식문제를 고찰하는 한편, 농민문학론, 문예대중화론 등으로 문단에 활력을 불어 넣었다. 그의 대중화론은 민간형식, 곧 민족형식에 대한 나름의 접근을 보여주는 것이기도 했다. 그런데 김기진은, "극도로 재미없는 정세에 있어서 우리들의 연장으로서의 문학은 그 정도를 수그리어야"[14] 한다는 일시적 전략수정

---

13) 정희권과 장준석은 「금후의 예술운동─조선프롤레타리아예술동맹 성명」(『동아일보』, 1928.3.11)에 대해, 그것이 민족적 견지에서 카프를 규정한 계급표지철거론이자 청산주의적 견해라고 맹렬히 비판하였다. 정희권, 「방향전환과 목적의식성 문제」, 『중외일보』, 1928.4.25~4.29; 장준석,「조선무산계급예술운동의 실천적 임무는 무엇이냐」, 『중외일보』, 1928.5.18~6.6.

을 표방함으로써 카프 안에 다시 당파성의 문제를 대두시킨다. 이것이 소위 카프 제2차 방향 전환의 계기로 작용하였던 예술대중화 논쟁을 불러일으킨 시발이었다.

김두용은 「우리는 어떻게 싸울 것인가」(『무산자』, 1929.7)에서 김기진을 가리켜 "프로예술을 팔아서 문단적 명예를 보전하며 민족문학자와 타협하여 반동적 문학을 선전하는 몰락한 소부르조아문사"라고 비난했으며, 임화는 「탁류에 항하야」(『조선지광』, 1929.8)라는 제하에, 김기진이 "원칙의 치명적, 무장해제적 오류"를 범했다면서 카프는 "자기 진영내의 우경적 경향과도 사력을 다해 싸워야 할 것"이라고 지적하였다. 이에 대하여 김기진은 "작품행동과 정치투쟁의 동일시! 일반적 공식의 기계적 연결! 전략문제에 대한 극도의 무지와 혼란!"이라며, 임화가 몇 개의 관념적 공식을 인용하여 놓았을 뿐이라고 반격하였다. 그는 일반적·개념적 공식이 예술의 특수한 영역에까지 그대로 적용되는 것은 아니라며 예술운동의 특수성을 환기시키고, 섹트주의를 청산할 것에 대해 강력히 요구하였다.

> 임군과 같이 이 특수적 방략을 거절하는 때에 우리의 작품행동은 지하실속으로 들어가고 만다. 이렇게 하자고 하는 것은 표면단체로 하여금 ××××의 행동을 취하라고 강요하는 것과 똑같은 무지가 아니면 안된다. 하여간 나는 우리들 중에서 다시 발작하는 소아간기(小兒肝氣) 같은 병을 발견한다. 이미 일본에서 청산된 말류(末流) 후쿠모토이즘[福本主義]이 예술동맹 동경지부의 몇몇 분자를 통하여서 다시 유입되기 시작하려 한다.
> 문예운동은 무산계급운동의 일분야이다. 그것은 무산계급의 전면적 ××에 있어서 오랫동안 계속할 조직사업에 참가하되 예술의 형식에 의하여서 대중의 감정과 사상과 정감을 통하여서 그들을 봉건적, 소부르조아적 사상과 취미의 감염으로부터 격리하고 그들의 불평불만을 끄집어내고 나아가서는 그들의 투쟁의식을 응결케 하여 조직에까지 참여하도록 하되 현실에서 얻을 수 있는 조건

---

14) 김기진, 「변증적 사실주의」, 『동아일보』, 1929.2.25~3.7.

하에서 이 작품행동을 끝내 해나가는 것을 주요 임무로 한다. 물론 이 말은 작품행동만으로 예술운동을 다하였다고 하는 말이 아니다.

우리는 작품을 가지고 직접 공장으로 농촌으로 들어가야만 한다. 그런데 그렇게 함에 있어서는 가지고 갈 만한 작품, 그 물건이 먼저 있어야 한다. 그럼에도 불구하고 우리들 중에는 그러한 작품이 아직까지 거의 생산되지 못하여 왔다.15)

여기에 이르면 프로비평가 중 자신의 입장을 분명히 하면서도 비교적 끈기 있게 절충론과 토론을 계속했던 김기진의 인식이 어디에 닿아 있는지를 알 수 있다. 그러나 한편으로 이러한 주장은 작품행동을 그의 대중화론과 관련하여 거의 합법출판물에만 한정해 놓은 데에서 기인한 것이기도 했다. 여기서 그의 주장이 당대 사회주의세력의 조직 전망과는 긴밀히 연결되지 못했고, 따라서 그의 위치가 카프의 핵심으로부터도 벗어나 있다는 사실을 짐작할 수 있다. 결국 예술운동으로써 정치운동에 복무해야 한다는 김기진의 정당한 주장은 예술운동이 정치운동을 대행해야 하며, 할 수 있다고 믿는 이들에게 당파성으로부터의 일탈 이외에 아무것도 아니었다.

임화는 곧 김기진의 합법주의적 편향을 지적하면서 자신의 강조점이 "우리들 자신의 기관의 강대화" 즉 프로문예의 계급적 독자성이라든지 당파성의 문제에 있음을 분명히 하고 나선다.16) 동경에 머무르면서 일본 프로문단의 볼세비키화 추세와 함께 상대적으로 발언의 강성을 유지할 수 있었던 임화가 카프의 주도권을 잡게 되는 것은 단지 시간문제일 뿐이었다. 김기진은 곧바로 "예술대중화의 문제를 전운동의 발전중에서 파악하지 못하고 객관적 정세의 중에서 파악한 것에 필자의 중대한 오류가 횡재했다"고 자기 비판을 보이지만,17) 임화를 비롯한 동경의 무산

---

15) 김기진, 「예술운동에 대하여」, 『동아일보』, 1929.9.20~9.22.

16) 임화, 「김기진군에게 답함」, 『조선지광』, 1929.11.

17) 김기진, 「예술의 대중화에 대하여」, 『조선일보』, 1930.1.1~1.14.

자사 일원은 볼세비키적 대중화론을 강력히 주장하면서 대중화논쟁을 주도해 갔고, 이 과정에서 김기진의 이론은 멘세비키적 기회주의로 몰려 청산의 대상이 되고 만다. 이는 물론 당대 사회운동의 변화와 무관하지 않다.

이른바 카프 제2차 방향 전환으로 알려진 카프의 볼세비키화 방침은 조선공산당재건운동을 배경으로 하는 것이다. 당시 조선공산당이 존재하지 않는 상황에서 조선의 사회주의자들은 코민테른의 지침, 일명 12월 테제의 좌경노선에 많은 영향을 받고 있었는데, 이들은 혁명적 노동운동의 독자성을 강조하면서 반제통일전선의 문제를 뒷전으로 밀어두었다.[18] 12월 테제는 조선혁명의 성격을 부르조아민주주의혁명이라고 규정하면서도 그 내용에 있어서 노농소비에트의 건설에 의한 사회주의혁명으로의 이행에 중점을 두었다. 이렇게 해서 민족해방투쟁과 부르조아민주주의혁명을 거쳐 인민공화국을 건설하기 위해 사회주의세력과 민족주의세력이 통일전선을 결성해야 한다는 조선공산당 시절의 전략적 과제는 사실상 전술적 차원의 문제로 격하되었다.

사정이 이러한 때에 임화·권환(權煥)·안막(安漠) 등이 활동한 동경의 『무산자(無産者)』가 조선공산당 재건운동의 발판으로서 당기관지의 성격을 띠고 있었다는 점, 그리고 이들이 신간회 해소운동에도 관여하고 있었다는 사실은 카프 제2차 방향 전환의 성격과 내용을 시사해 준다. 그것은 한마디로 계급의 독자성과 당파성의 문제였으며, 카프를 전위조직으로 규정하는 가운데 문학운동을 조직운동 차원으로 협소화시키는 오류를 남겼다. 따라서 이 시기의 프로문학론은 예술이 당의 슬로건을 직접 선전하는 도구로 그 역할과 임무가 부여됨을 강조하였다. 부분으

---

18) 김민우, 「조선에 있어서 반제국주의 협동전선의 제문제」, 인터내셔널 편집부 편, 『조선문제』, 전기사, 1930. 김민우의 이 글은 「민족해방운동에 관한 논강」의 내용을 해당(害黨)적·인민주의적이라고 비판하였으며, 당시 신간회 해소론의 이론적 토대를 제공한 글이다. 김민우는 1930년대 초 동경의 무산자사를 통하여 왕성하게 활동을 전개하였다. 배성찬 편역, 『식민지시대 사회운동론 연구』, 돌베개, 1987, 참고.

로는 "정치적 슬로건과 예술적 구상간의 결부관계"를 탐색하였고,[19] 또한 그런 만큼 당파성의 원리에 입각한 창작방법론의 심화가 미약하게나마 이루어지고 있었지만, 그것이 독자성과 당파성의 이름으로 문단 깊숙이 각인시켜 놓은 공식주의와 종파주의의 해독을 상쇄하기에는 충분할 수 없었다. 특히 신간회의 해소가 강력히 주장되는 마당에 절충론 또는 민족문학론과의 사이에 더 한층 두터운 장벽이 쌓아지고 말 것은 명백히 예상되는 일이었다.

카프 제2차 방향전환론을 둘러싼 정치주의적·계급지상주의적 편향의 상대편에는 절충론이 여전히 자신의 고유한 논리 전개 방식으로 새로 민족문학론을 주장하고 있었다. 양주동은 일본 유학을 마치고 돌아와서 곧바로 『문예공론(文藝公論)』을 발간하여 자신의 절충론에 입각한 다방면의 노력을 경주하였다. 『문예공론』 창간호(1929.5)에는 양주동이 발간취지를 삼아 제시한 몇 가지 강령이 있는데, '첫째, 우리 문단의 총체적 발표기관으로서 공기(公器)가 되려함, 둘째, 문예상 모든 의견과 주장을 먼저 불편부당의 태도로써 포용하려 함, 셋째, 조선문예운동의 근저를 공고케 하기 위하여 문예의 민중화·사회화를 기(期)코자 함'이라고 하여 『문예공론』이 그 자신의 구상을 직접 실천한 것임을 보여주었다. 『문예공론』은 3호까지 발간되었으며, 집필진에서 이광수·염상섭·양주동·김기진·한설야(韓雪野) 등 좌우파 문사를 포괄하려는 편집의도를 분명히 드러내었다.

김기진의 창작방법론과 관련하여 진행된 프로문학진영의 논전을 보고 개입해 들어간 양주동의 문학적 입장은 『문예공론』 매호에 집필한 '문예공론'이라는 제목의 단상에 잘 나타나 있다. 이것들을 보면, 비록 일방적일는지는 몰라도, 그가 거의 김기진과의 공감과 연대를 이루고 있음을 확인할 수가 있다. 양주동은 김기진의 '변증적 사실주의'가 프로

---

19) 안막, 「조선프로예술가의 당면한 긴급한 임무」, 『중외일보』, 1930.8.16~8.22.

문예의 허무주의적 경향을 문예의 본도(本道)로 만회시킨 주목할 만한 결과라고 지적하고, 프로문예는 이처럼 양식문제의 구명과 더불어 바야흐로 본무대에 올라서게 되었다고 평가하였다. 그 때문에 염상섭이 「'토구(討究)·비판' 3제; 무산문예양식 문제 기타」(『동아일보』, 1929.5.4~5.15)에서 내용·형식 상호 결정론을 피력하고 김기진의 변증적 사실주의가 객관보다는 더욱 주관을 강조하는 것에 문제가 있다는 요지의 비판을 가하자, 이것이 변박을 위한 변박에 가깝다면서 오히려 김기진의 창작방법론을 옹호하기도 하였다. 만일 김기진의 소론에 부족함이 있다면 이는 무산문예진영 내의 일만이 아니라 적어도 문단 전체에 과하여진 숙제라는 것이 양주동의 입장이었는바, 왜냐하면 "무산문예내의 문제는 동시에 조선문학권내의 일지파 문제인 까닭이고, 하물며 무산문예가 금후 조선문학에 주류를 지을 필연성이 있"기 때문이라고 그는 지적했다.[20]

그렇지만 양주동은 문학원론상의 내용·형식 조화설에 입각해 있었기 때문에, 프로문학운동의 계기적, 내적 발전에 대해서는 거의 눈을 돌리지 못하였다. 임화는 「탁류에 항하여」에서 이러한 양주동의 인식을 가리켜 '속학적 관념론'이라 일축하고 이의 박멸에 대해 독설로써 비난을 퍼부어댔다. 양주동은 다시 임화류의 신경질적인 반응을 두고 "무산문예의 적이요, 파괴자"라고 대응하였다. 무산문학은 "힘과 열의 문학" "조직과 신념의 문학", 따라서 "투쟁의 문학, 승리의 문학, 명일의 문학"인데, "힘과 열보다는 신경을 더 많이 발휘함으로써" 투쟁을 말초신경화 하고 결국 이론의 정당한 발전을 가로막는다는 지적이었다.

양주동 최대의 관심사는 역시 좌우파 제휴의 문제였고, 그에 따른 조선문학의 완성이었다. 이 문제는 뒤에 가서 연합전선적 전망의 민족문학론으로 좀더 명확하게 정리되는데, 민족문학과 계급문학은 서로 다른

---

20) 양주동, 「문예상의 내용과 형식문제」, 『문예공론』, 1929.6.

계급적 내용 및 기반을 가지고 있음을 상호 인정하는 가운데 협동전선을 만들어야 하며, 이를 통해 조선문학을 완성시켜야 한다는 내용이었다. 따라서 "민족문학과 사회문학이 빙탄불상용(氷炭不相容)이라 보고 상호 배격하는 자류는 소위 종파주의의 여독이다. 우리는 둘다 현정세에 타당한 것으로 보고 더구나 양파는 서로 그 합치점을 연관하여 합류함이 필요"하다고 그는 계속해서 주장하였다. 그런데 당시 프로문학론자들은 이러한 주장을 가리켜 "코뮤니즘과 파시즘의 합치점을 발견하고, 물과 불의 친화력을 발견"한 것에 불과하다면서 민족문학과 프로문학의 관계를 대부분 빙탄관계로 인식하였다. 이 시기에 김동환이 『삼천리』 창간호(1929.6)에서 「민족문학과 무산문학의 합치점과 차이점」이라는 제목으로 좌우파 문인들의 설문 내용을 실은 바 있는데, 여기에 참가한 프로문사들의 인식이 거의 모두 그러하였다. 양주동은 이러한 현상에 대하여 "제 꼬리를 저희끼리만 물고 돌아가는 조선의 문단", "결국은 제 뺨을 제가 할퀴고 있는 것"이라고 하면서 농민·상인·노동자 등 대다수 민중과는 유리된 채 "제 노래, 제 장단에 우리들 서로가 춤추고" 있는 꼴이라고 비판하였다.

그러나 김기진은 「문예적 평론의 평론」(『중외일보』, 1929.10.1~10.9)에서, 양주동이 말한 과거 프로문학파의 형식부인론이 사실과 다른 곡해라면서 "먼저 급한 것이 형식이 아니요, 작가의 의식"이라는 말이 주장되었다고 해서 즉시 "형식의 부정, 배격의 결의"라고 속단하는 것은 가당치 않다고 지적하고 나왔다. 그는 프로문학이 민족의식을 부인한다는 의견에 대해서도, 양주동의 민족의식이 민족해방운동의 임무와 결합하기 위해서는 더욱 과학적이고도 구체적인 논증이 있어야 할 것인데 이것이 보이지 않고 단지 전통, 정조, 동족애 등의 관념성에만 매몰되어 있다고 비판하였다. 그는 또한 현재의 민족협동전선이 결코 무차별적·초계급적·전민족적 일치에서 일어나는 것이 아니라 국제적 프롤레타리아해방운동의 일환을 성립하고서 나타나는 것임을 양주동이 몰각하고 있다면서, 따라서 양주동이 주장하는 양문학의 원칙상 제휴 문제는 현실적·사회적 근거를 떠난 막연한 주장에 불과하다고 통박하였다.

이에 대해 양주동은 「속(續)·문제의 소재와 이동점」(『중외일보』, 1929.10. 20~11.2)을 통해 자신의 입장을 다시 피력하였다. 그는 형식무시론과 관련한 자신의 비판은 김기진에게라기보다도 프로문학의 전반적 경향에 대한 것이었다고 하여 김기진과 자신의 차이점을 애써 축소시키면서, 다만 김기진은 어째서 과거 박영희와의 논전에서 무력하게 후퇴하게 되었느냐는 점이 자신의 불만이었으며, 지금은 형식문제에 관하여 김기진과 자신이 어느 정도 이론의 일치를 보게 된 이상 이 문제를 놓고 너무 갑론을박할 필요는 없다고 했다. 나아가 김기진은 '형식과 내용의 완전한 조화'와 '형식과 내용의 통일' 사이에 인식론적 차이가 있음을 지적하였는데, 그것은 자구(字句) 문제일 뿐으로 자신의 '조화'를 김기진의 용어인 '통일'로 바꾸어도 무방하다고 했다.

다음으로 민족의식과 민족문학에 관한 김기진의 질문에 대하여 양주동은 자신의 과거 이론이 너무 단편적이었기 때문에 많은 오해가 있었다고 한 뒤, 김기진이 민족의식을 유령적 현상이라고 보는 것에 대해서는 존재와 의식이라는 유물론적 견지에서도 충분히 그 실재를 밝힐 수 있다고 주장하였다. "만일 한 민족의 생활관계 중에서 필연적으로 산출된 민족의식이 없을 양이면 한 개의 계급의 생활관계 중에서 산출되는 계급의식도 없을 것"이 아니냐는 지적이다. 이어서 그는 조선인은 민족인인 동시에 무산계급인이고, 현단계의 대중은 민족의식과 무산계급의식을 병립 혹은 교차의 형태로서 함께 가지고 있으므로 그 의식을 표현하고 선양하는 바의 문학은 민족문학과 무산문학과의 병행 혹은 교차로서 구성될 것이라는, 이후 자신의 연합전선적 민족문학론에 관한 구상을 초보적인 형태로나마 밝혀두었다.

## 5. 절충론의 심화와 결산─계급적 민족문학론과 연합전선적 민족문학론

　양주동과 김기진의 논전에서 양주동이 제기하는 정당한 문제의식을 잇고 동시에 그의 인식론상의 한계를 넘어서 새로 계급적 민족문학론을 주장하고 나선 이로 정노풍(鄭蘆風, 본명은 鄭哲)을 주목할 수 있다. 시인이기도 했던 그는 특히 1929~30년 사이에 집중적으로 비평활동을 전개하여 당시 평단의 시선을 끌어 모았다.

　그 자신의 기록에 의하면,[21] 정노풍은 경도제대(京都帝大)에서 수학하였고 이때 사회과학연구써클에서 진보적인 이론을 학습하였다. 이 써클의 구성원들은 "조선의 운동이란 것이 맹렬한 종파적 색채를 띠고, (…중략…) 더욱 후쿠모토[福本]이즘의 중독에 빠져 그릇된 이론으로써 갑론을박하는 현상을 작히 개탄하여 마지않았다"고 하는데, 이로써 정노풍의 사상적·이론적 배경을 가늠해 볼 수 있다.

　그럼 그의 절충주의적 문학이론은 어떤 성격인가? 먼저 그는 자신이 계급문학을 절대 배척하지는 않는 입장이지만, 정감과 상상의 세계인 예술을 소위 과학적 태도라는 미명하에 기계적으로 해석하려드는 프로문학론의 공식주의적 경향, 곧 외래의 직역식 관념은 배격되어야 한다고 주장하였다.[22] 그리고 「예술의 시대상과 전통상」(『백치』, 1928.7)에서 그는 예술을 생활의 반영으로 파악하여 양주동과 염상섭, 기타 초기 프로문학파의 생활문학론과 비슷한 인식을 보였다. 그가 프로문학의 필연성을 수긍하는 인식에 도달한 것도 생활의 변화에 따른 문학예술의 변화를 중시하는 태도에서 비롯된 것인데, 물론 그는 초기 생활문학론의 소박한 인식에서 한 걸음 나아가 현실의 사회적 계급대립을 직시하였으며, 계급투쟁에 의한 역사적 진전에서 예술이 결코 괴리될 수 없다고 파

---

21) 정노풍, 「시단회상」, 『동아일보』, 1930.1.16~1.18.
22) 정노풍, 「변증의 세계와 감정 급 상상의 세계」, 『조선일보』, 1929.1.27~2.1.

악하였다. 또한 그는 염상섭이 시대적 혁신요소와 민족적 전통을 각기 프로문학과 민족문학의 주요 정신으로 보고 그 양자의 협동을 주장한 것과 흡사하게, 대신 '시대상과 전통상'의 문제의식을 통해 양문학의 이론적 통일을 모색하려고 하였다. 예술의 시대상과 전통상은 변혁적 교호작용을 통해 부단히 진전하여 왔는데, 이 변천 전개의 추동력은 사회적 현실성이라고 했다. 그런데 예술의 전통상과 시대상에 대한 몰이해로 인하여 그 변혁적 상호관계를 파악하지 못하고 범하게 되는 공론탁설이 적지 않다면서 문단의 좌우양파가 지니는 편향성을 지적하였다. 그는 특히 조선의 프로문학론이 일본의 그것을 직수입해 오는 데서 비롯된 공식성과 관념성을 비판하고 나섰는데, "조선의 대중의 현실생활의 의도위에 입각한 무산계급예술의 요구는 필연적으로 사이비, 직역적, 공식주의적 예술을 양기(揚棄)할 수밖에 없는 객관적 정세에 있다"며 자기 이론 전개의 방향을 암시하였다.

이런 그가 양주동과 김기진 사이의 민족문학시비논쟁의 와중에서 새로 '계급적 민족문학론'을 들고 나온 것은 문단의 주목을 받기에 충분하였다. 그는 「조선문학건설의 이론적 기초」(『조선일보』, 1929.10.23~11.10)에서 민족 형성의 객관적 요인을 상세히 구명한 뒤, "역사와 문화와 언어, 혈통, 생활, 지리 등 유대를 타고 한덩어리의 민족적 성격을 형성한 민족"은 자민족공동체로 돌아가려는 민족의식을 지니게 되는데, "이러한 민족의식은 현실의 민족적 피지배 관계에 당면하여 계급적 민족의식으로 전개"된다고 주장하였다. 따라서 우리 민족 갱생운동의 기초의식은 계급적 민족의식일 수밖에 없고, 우리가 건설할 조선문학도 계급적 민족의식에 근거한 문학일 수밖에 없다는 것이 그의 지론이었다.

계급적 민족문학의 성격과 내용에 대해서는 대체로 '힘과 생명'을 통해 '조선민족 갱생의 의식'을 불어넣는 것이라고 했다. 이 문제는 뒤에 다른 글을 통해 더욱 구체화되는데,[23] 계급적 민족의식은 노동하는 생산대중의 정서에 기반한 남성적일 것을 요구한다고 하였다. 그러나 표현의 문제에 있어서는 "작가의 창작역량의 자유로운 활약에 관한 문제이니 그 누군들 결정적 규정을 내릴 수는 없다"고 했다. 그는 이런 점에서 김기진의 '변증적 사실주의'도 창작활동의 제약에 관한 규정이라고 비판하였다.

대체로 식민지 조선의 특수성과 문학예술의 특수성에 대해 주의를 환기시키는 내용이었던 정노풍의 문학이론은 당대의 프로문학론자들로부터는 반발을 사게 되지만, 염상섭으로부터는 그의 이론이 자신이 충분히 언급하지 못하였던 점을 논진(論盡)하였기에 적극적으로 동감한다는 표시를 얻기도 하였다.[24] 정노풍의 이론적 입장이 양주동이나 염상섭과 같이 절충론에 입각하고 있는 것은 틀림없지만, 무엇보다도 그의 장점은 상대적으로 유물변증법적 인식론에 대한 이해가 깊은데다가, 문학 행위를 더욱 실천운동선상에서 파악하고 있는 점, 그리고 제국주의 지배하의 민족문제에 대한 과학적 인식이 명료하다는 점에 있었다. 「기사논단개관」(『조선일보』, 1929.12.21~12.31)에서 그는 다음과 같이 중대한 지적을 하고 있다.

일본운동과 조선운동의 특수성을 몰각하고 방향전환을 운운하며 또는 아직도 후쿠모토식[福本式] 종파적 분열주의의 태도를 버리지 못하고 조선 빈천계급의, 종주국의 프로와의 특수성 또는 공업국의 프로와의 특수성을 이해하지 못하며 망동하는 말류(末類)는 문제삼을 여지도 없는 것이거니와 (…중략…) 단순히 운동가에 있어 그러할 뿐만 아니라 진보적 색채를 띤 문예작가에 있어서도 (…중략…) 실로 각기 자기의 입장에서 실행하여야 할 일익적 임무의 정당한 규정과 아울러 그 파악은 오로지 조선의 특수성에서 할 수밖에 없고 그럼으로 인하야만이 조선의 현실에서 가능한 실천성을 획득할 수 있는 까닭이다.

---

23) 정노풍, 「현대시의 강력적 요구―여성적 관능예술에서 남성적 혈약시편으로」, 『동아일보』, 1930.1.4~1.18.
24) 염상섭, 「문단10년」, 『별건곤』, 1930.1.

「문단의 회고전망」(『동아일보』, 1930.1.1~1.11)은 정노풍이 자신의 입장을 김기진과 양주동과의 대비 속에서 보다 명료히 하려는 의도가 돋보이는 글이다. 그는 당시 문예이론의 추세를 "남의 이론에서 우리 이론으로에 즉 직역적·공식적 조류에서 조선특수현실에 입각한 조선이론에의 전개"와 "배격 배격의 종파적 경향에서 그 분열성의 청산으로 말미암아 모쪼록 획득 합류로에 의식적 노력을 힘쓰자는, 말하자면 공동의 목적을 달성키 위한 협동 제휴의 과학적 성찰"이라고 지적한 뒤, 이 "두 가지 경향은 비록 기사년에서 그가 조그마한 불길을 보였으나 병인년에 있어서 한결 현실화할 가능성을 가지고 있는 문제"들이라면서 문예제작에 관한 문제와 작가가 가져야 할 근본의식의 문제를 해명하고자 하였다.

그는 문예제작에 관한 문제에서, 김기진의 변증적 사실주의가 의식파악에 관한 문제에서 의의를 가지지만, 문예생산자의 자유로운 창작역량의 발휘를 구속할 뿐으로 결국 "의식파악에 관한 문제와 제작생산에 관한 문제를 혼동"한 것이라 보았다. 그는 창작방법의 문제를 표현과 수법의 문제로만 파악했는데, 즉 변증적 의식을 파악한 문인에게 있어서는 작품내용에 따라 다양한 형식과 수법을 자유롭게 선택하여도 좋다는 의견이었다. 그리하여 상징주의나 표현주의나 관계치 않을 것이되, 다만 중요한 것은 "그 요체를 파악할 것, 그리하여 내 연장으로서 이용하지 않아서는 아니" 된다는 것이었다. 그의 이런 주장이 문예상의 청산주의를 배격하려는 의도를 보이고 있음은 명확하지만, 여기에는 창작방법론에 대한 피상적인 이해가 아울러 포함되어 있었다.

다음으로 근본의식의 문제는 "우리의 갱생을 가능하게 할 정신적 무기로서 우리 스스로 전취할 의무를 지니는 동시에 우리 민족으로 하여금 그러하게 노력함으로 말미암아 한 덩어리로서의 힘에까지 이르게 할 불길로서 작용할 의식이 계급의식이냐, 민족의식이냐"의 문제였다. 그는 그동안 이 논쟁이 다분히 관념적인 색채를 띠고 전개되었다고 보고, 특히 민족주의자들은 사적유물론이나 변증적 방법론에 대한 파악이 없었기 때문에 사적 유물론을 파악한 계급론자들과의 논쟁에서 그 입론의 기초가 미약했다고 평가하였다. 그러나 그는 일본의 사회주의운동노선을 식민지조선에 그대로 이입한 오류에 대해서 더욱 문제를 제기하였는데, 일본과 같은 정복민족 내에는 단순한 계급운동이 유발되는 데 반하여 조선과 같이 민족적 와해의 위협에 직면한 식민지민족에서는 계급적 민족투쟁의 요구가 필연적으로 요청된다고 강조하였다. 따라서 그는 민족의식을 유령적 존재로 거부하는 김기진의 의식을 청산해야 한다고 지적하는 동시에 양주동과 같이 민족의식과 계급의식을 분리된 양개로서 파악하고 그 조화를 운운하는 의식 역시 청산의 대상일 수밖에 없다고 하였다. 그가 결론으로 제시한 계급적 민족의식은 조선의 상황에서 통일될 수밖에 없는 하나의 의식이라는 것이다.

절충론의 주도적 전개가 정노풍에 의해서 이루어지던 시기에 잠시 뜸했던 양주동의 비평활동이 보다 진전된 민족문학론으로 다시 평단에 모습을 드러낸 것은 1931년 초였다. 양주동은 이때 「문단측면관」과 「회고·전망·비판」이라는 두 편의 평론을 통하여 지금까지의 자신의 논의를 모두 정리해 낸다. 이들 글에서 그는 당대에 민족문학론이 성립할 수 있는 정치사상적 배경을 더욱 세밀하게 구명하였으며, 나아가 연합전선적 문예운동의 전망과 근거를 1920년대 후반기의 사회정세적 변화에 조응시켜 밝히고 있다.

「문단측면관」(『조선일보』, 1931.1.1~1.14)에서 그는 '민족문학의 위기'를 먼저 규명하고 나섰다. 그는 이광수와 최남선에 의해서 형성된 초기 민족주의를 '원시적 민족주의' 혹은 '봉건적 민족주의'라 칭하고, 그 시기의 민족주의가 아직 과학적 검토를 받아보지 못한 채 일개의 이상과 신앙으로서 지금까지 계승되어 오기 때문에, 사람들이 민족주의문학이라 하면 즉시 이 봉건적 민족주의문학을 떠올리게 되었으며, 이러한 오해는 무산파에게서도 마찬가지였다고 지적하였다. 그러나 그는 민족주의란 것도 객관적 사회정세의 변천을 따라 내용적 변화를 일으키지 않을

수가 없었는데, 다만 재래 민족문학에 속하는 일군의 문예가들이 이 문
제에 대해서 하등 이론적 성찰을 보이지 못한 것이 가장 큰 문제이자
위기의 근원이었다고 진단하였다.

　　나는 이 기회에 재래의 봉건적 민족주의가 질적으로 내용을 전환치 아니치
　못할 것, 또한 이미 수삼년래로 대중의 민족의식에 현저한 실질적 전환이 있어
　온 사실 등을 특히 재래 민족문학에 속하는 일군의 문예가에게 경고하고 싶다.
　만일 재래의 봉건적 '이데올로기'를 그대로 파지하는 민족주의라 하면 현단계
　에 있어서 그 의의의 태반이 무조건으로 말적(末寂)되지 아니치 못할 것이요,
　나 역시 그 일군으로부터 제외될 영광을 가지고자 하는 자임을 말하여 둔다.
　(…중략…)
　　나는 아직도 민족의식과 및 그것을 토대로 한 문학의 원칙적 존재 가능성과
　시대적 가치, 의의 등을 고조하는 자이다. 다만 우리 민족주의문학을 질적으로
　앙양하여 일보 전진케 하자. 현실의 객관적 정세에 상응할 새로운 민족주의, 나
　는 그것의 이론적 전개를 위하여 내일을 약속하여 둔다. 단언커니와 나는 민족
　주의자이다. 그러나 재래의 소위 민족주의자는 아니다.

　같은 시기에 발표한 「회고・전망・비판」(『동아일보』, 1931.1.1~1.9)은 그
속편이 「민족문학의 현단계적 의의」로 되어 있는 만큼, 그의 민족문학
론을 총결산한 것이다. 그는 이 글에서도 역시 민족문학의 사적 전개를
검토하면서 그것의 질적인 변화를 초래한 제반 상황을 제시하였다. 첫
째는 이광수와 최남선 등의 원시민족주의 혹은 봉건적 민족주의가 그
현단계적 사회적 의의를 너무 결여하였다는 점, 둘째는 기미년 이후 사
회정세의 급격한 변동으로 말미암아 한편으로 무산계급의식의 전진과
함께 민족의식이 대중간에서 점차로 질적인 앙양을 보이게 된 것, 셋째
는 이 민족의식의 질적 앙양을 계기로 하여 재래의 민족주의문학도 거
기에 상의한 내용적 진전을 상반(相伴)치 않고서는 이미 그 존립의 의의
의 태반이 소멸되고야 말 것이라는 사실. 민족주의문학이 이와 같이 일

보 전진의 필연성을 띠게 된 것으로 다시 두 가지의 이유를 들었다. "하나는 외적으로 민족을 ××[말살]하는 ××[제국]주의 자체가 점차 최고도의 단계로 도달하는 것이요, 하나는 그리하여 내적으로 민족 자체 내에 계급분열이 구체화, 의식화함을 보게 된 결과 민족적 의식통일이 점차 붕괴하기 시작하는 사실"이다. 따라서 "무산계급운동의 진전과 함께 최근 수삼 년 내로 대중의 의식은 다분히 의식적으로 계급적 색채를 농후히 가지게 되었기 때문에 전기 민족주의문학의 재래의 표어가 되었던 '민족의식의 무조건적 통일'도 한 개 위기를 직면하지 아니치 못한 것"이라고 진단되었다. 이로써 양주동이 민족의식을 반제(反帝)의 관점에서 파악하고 있는 것과 아울러 당대 사회의 계급변동에도 인식이 닿아 있음을 알 수 있다. 여기에 와서 양주동은 과거의 무원칙한 대동단결론으로부터 일보 전진한 의식을 보여주었다.

양주동은 이어서, 위기에 직면한 '민족의식'이 "이제 그 시대적·사회적 의의로 보아 일보 전진이냐? 혹은 총퇴각? 하는 중대한 선상에 서 있음을 본다"면서 민족의식의 '존재' 및 그 '가치'를 이론적으로 논증하였다. 그는 김기진이 민족의식을 "유령적 현상"이라고 한 것에 대해 존재로부터 출발한 의식을 부정하는 것은 실로 유물변증법적 인식이 아니라고 주장하였다. 그에 의하면 민족의식의 '존재'는 '원칙적 존재'와 '현단계적 존재'로 나누어진다. 그는 민족의식의 원칙적 존재가 현단계적 존재성과 결부될 때 비로소 민족주의문학의 시대적 존재성이 논증된다면서, 예컨대 이광수와 같은 재래의 민족주의적 저작은 "이 원칙적 존재로서의 민족의식 ─ 상언하자면 민족정신, 민족이상, 민족문화 등을 선양하였을 뿐이요, 하등 현단계적 객관적 사회정세에 응하고자 함이 아니"었기 때문에 결국 민족문학의 위기를 초래한 것이라고 진단하였다. 그는 현단계적 민족의식은 "조선민족이 현단계에서 당면하고 있는 사회적 사실을 분석함으로 말미암아 추출될 것"이라고 했는데, 여기서 양주동의 민족문학론이 초시대적 관념론 내지는 복고주의로부터도 뚜렷이 구별되고 있음을 확인할 수 있다.

　민족문학이 만일 현단계적 의의를 충분히 발휘하지 못할진댄 그 내용의 태반
은 의의를 상실할 것이요, 정히 시대성을 잃어버린 일개의 가공적 '유희문학'이
나 진부한 '골동문학'으로 끝나고 말 것이다. 시대의 추이에 반(伴)하여 ××적
진출과 해결의 임무를 보지 못하고 그대로 봉건적 국수주의를 주장하거나 혹은
××으로 ××한 민족 본위만의 사상을 고취하여 대중의식의 성장을 고의로 방해
한다 할진댄 우금의 민족문학은 무산파의 희롱을 감수하여도 좋을 것이다. 이
러한 재래의 민족문학이 그 내용에 있어서 일보를 그릇하면 무산파 평자들이
적극적으로 주장하는, '민족문학은 민족부르조아를 옹호하여 결국은 침략주의
와 연결하는 반동파문학' 운운의 평어가 불행하게도 적중할는지 모를 것이다.

　양주동의 우려는 적중되었는가? 아무튼, 일제시대의 연합전선적 혹은
통일전선적 민족문학의 수립 문제는 끝내 그 성과를 보지 못하였으니,
안타까운 일이다. 카프에 의한 프로문학운동이 그 여실한 오류와 한계
에도 불구하고 일제시대 민족문학운동의 줄기를 이루고 있음은 주지의
사실이지만, 이 대목에서 우리는 일제시대의 민족문학운동이 계급문학
운동으로밖에 전개될 수 없었다는 '사실'의 단순한 확인이 아니라 그 사
실 '평가'에 있어서의 문제점만은 지적하지 않을 수 없다.
　한편, 민족문학이 "민족부르조아 내지 쁘띠부르조아를 계급적 주체로
한다"는 무산파 평자의 지적에 대하여 양주동은 이미 자신이 재래 민족
주의와의 구별을 논한 만큼 "민족문학이 만일 자체가 충분히 밝아 나가
야 할 새로운 여정을 타개하여 나간다면 그러한 위험성은 결국 기우에
불과"할 것이라며, 오히려 문제의 핵심은 "민족문학측에서 무산계급으
로 의식적으로까지 전환되기 이전의 소시민층, 학생층, 지식계급층 등의
의식을 여하히 하겠느냐 하는 문제"일 것이라고 하였다. 이른바 연합전
선의 범위, 중간층을 여하히 바라볼 것이냐 하는 점에서 그의 입장은 다
음과 같이 피력되었다.

우리의 본 바에 의하건댄 현계단의 조선은 아직도 무산계급의 자각한 대중적 조직을 가지지 못하였고 그렇다고 하여서 일조일석에 사회대중을 실질적으로 지도하는 중간층의 존재를 무시하지는 못할 것이요, 미자각의 중간층 대중을 내버리고 가지도 못할 것이다. (독자는 여기서 민족의식과 순수 무산계급의식 및 그 양자를 토대로 하는 두 가지 문학의 내포적 범위가 상이됨을 착안하기 바란다.) 그렇기 때문에 민족문학은 어디까지나 민족적으로, 될수록 광범한 층을 포용하고 나가는 문학이다. 여기에 또다시 무산문학과는 특수한 현계단적 '가치'를 우리는 발견한다. 우리는 될수록 가능한 범위내에서 아직도 민족적 역량의 집중과 민족적 단결을 주장하는 자이다. 조선의 현금에 있어서 대중의 민족의식을 전연히 양기(揚棄)함은 시대적으로 보아 불가능한 일이어니와 아직도 자각한 의식을 가지지 못한 대중이 있음에도 불구하고 그들이 가진 민족의식을 일조에 '무장해제'코자 하거나 그들을 전연히 돌아보지 않고 '오끼자리적' ×× 를 취하는 것은 소위 시기상조이다.

그는 마지막으로, 금후의 민족문학을 위해 약간의 시사를 붙여둔다면서 "민족문학은 재래와 같은 봉건적, 국수적, 보수적 태도를 양기하여야 할 것"이라고 시작되는, 12개 항목에 달하는 민족문학의 지향점을 정리 제시하였다. 그렇지만 이후 그에게서 민족문학에 관한 논의를 이보다 더 깊이 있게 다룬 글은 나타나지 않는다. 정노풍과 양주동의 비평활동은 이 시점에서 그대로 마감이 되고 말았던 것이니, 일제의 탄압에 의해 카프가 실질적인 힘을 발휘하지 못하게 되는 시점에서 절충론도 자신의 이론적 긴장을 잃고 잠적해 버린 것이다. 물론 절충론의 추동력 상실은 신간회의 해소와도 무관하지 않을 터였다.

양주동은 프롤레타리아문학의 독자적 가치를 인정하는 가운데 그것과 구별되는, 그러면서도 특수하게 현단계적 가치를 지닌 민족문학의 의의를 강조하였다. 이점은 그가 정노풍의 계급적 민족문학론과 다르게, 양자의 병립 혹은 교차를 주장하고 있음을 말해준다. 이러한 양주동의 민족문학론은 연합전선적 전망하의 민족문학론을 그 내용으로 하고 있는 것으로 파악할 수 있다. 다만 그것이 프로문학진영 내에서가 아니라 그 밖에서 주장되고 있는 점은 문예통일전선론으로 발전할 조직적 기반이나 전망의 부재를 나타내는 것이기 때문에 한계를 지니는 것인데, 그러함에도 이러한 주장의 존재는 프로문학진영의 민족주의문학에 대한 방침에서의 좌편향적 오류를 증거하는 것이 아닐 수 없다. 이 오류는 해방직후의 인민문학론, 또는 민주주의 민족문학론을 통해서야 일정하게 극복될 수 있었다.

## 6. 절충론의 비평사적 의의

이상에서 살펴보았듯이, 절충론은 1926, 27년경 민족협동전선론에 조응하는 형태로 부상하였고, 이후 신간회운동에 자극받으면서 더욱 커다란 문단적 조류로 자리잡았다. 이는 식민지시대의 민족적 과제를 문예활동에 올바르게 접목시키려 한 이론적 모색이었으며, 따라서 종래 국민문학론의 봉건적·국수주의적 성격을 폭로 비판하는 내용을 아울러 포함하고 있었다. 문학논쟁의 대립구도가 내용면에서 질적인 변화를 수반하게 된 바로 그 지점에 절충론이 자리잡고 있었던 것이다.

절충론의 이론적 특색은 그 어의가 지향하는바, 민족모순과 계급모순이 중첩되어 나타날 수밖에 없었던 식민지조선의 민족 및 계급 문제에 대한 통합 모색을 한 축으로 하고, 사회운동과 문예활동의 결부관계에 대한 통일적 인식 확보를 한 축으로 하여 각각 민족과 계급, 내용과 형식의 문제로 드러난 문학논쟁상의 대립을 지양, 극복하려 했던 노력이었다.

절충론은 좌우파 제휴의 이론적 근거로서 민족적 무산계급론을 내세웠으며, 민족성과 시대성이 함께 고려되는 문학운동, 곧 근대적인 민족문학의 수립을 당대 최상의 과제로 삼고 있었다. 절충론은 민족의식을 반제의식의 관점에서 주목하였고 민족구성 내의 계급 변화에도 인식이 닿아 있었는바, 이로써 1920년대 후반에 이르기까지 문단의 일각에 존재하였던 봉건적·국수주의적 성격의 국민문학론은 당대 문학논쟁에서 절충론과 어깨를 나란히 할 수가 없었다. 그러므로 절충론을 단순히 1920년대 전기 국민문학론의 한 지류로 파악하게 되면, 절충론의 핵심적인 주장을 놓치게 될 뿐만 아니라 당대 문학논쟁의 실상을 올바르게 평가할 수 없음이 뚜렷이 드러난다.

절충론은, 문학이 현실생활의 반영이라는 생활문학론을 통해 식민지 조선의 구체적인 현실에 다가설 것을 요구하였다. 절충론의 주요 내용이라 할 수 있는 민중문학론, 농민문학론, 애국문학론, 계급적 민족문학론 등은 이러한 시대적 요구와 결부된 인식의 당연한 귀결점이었고, 절충론은 이들 내용을 통하여 좌우파 제휴의 공분모를 마련하고자 노력하였다. 따라서 현실을 초월한 자리에서 문학의 순수성을 확보하려 들었던 예술지상주의와 문학의 공리적 가치를 인정하더라도 초시대적·초계급적 관념으로써 그것의 항구성을 보증받으려 했던 민족개량주의, 그리고 프롤레타리아 국제주의의 이름으로 일본 문단에 기계적으로 추수하면서 직역식 관념으로 현실을 재단하려 했던 프로문학의 공식주의 등은 절충론의 주된 비판의 표적이다.

절충론은 그러나 한편으로, 1920년대의 사회 현실을 계급적 대립관계로 파악하고 이를 의식적으로 반영하고자 했던 프로문학론에 강하게 자극받고 견인되어 온 측면을 가지고 있었다. 절충론이 민족문학 수립의 과제를 전면에 내세우고 있으면서도 프로문학론으로부터 결코 자유스럽지 못하고 계속해서 프로문학운동의 이론 전개—내용·형식논쟁, 예술대중화론 및 양식고찰—를 좇아 자신의 존재를 내세우고 있음은 이러한 사정을 충분히 엿보게 해 준다. 절충론은 특히 카프의 실질적인 와

해 이후, 더 이상 자신의 이론을 독자적으로 전개시키지 못하는 한계를 명백히 보여 주었다.

절충론자 가운데 비교적 지속적이고 일관된 이론 전개를 보인 양주동, 염상섭, 정노풍조차 맑스주의에 대한 이해가 높은 수준이 아니었기 때문에 이론구성에 취약점을 안고 있었는데다가, 하나의 시대 조류로서 상호간에 심정적인 교류는 있을지언정 그것을 프로문학운동처럼 조직적으로 표현하려는 의지가 없었기 때문에 이들이 당대 문학논쟁을 주도하기에는 역부족이 아닐 수 없었다. 절충론의 의의는 결국 그들이 제기한 문제의식의 정당함과 그 이론 모색의 시대적 의미에서 찾아진다고 할 것이다. 그 의미란, 신간회운동 시기와 더불어 문학부문에서도 민족개량주의에 반대하는 비타협적 민족주의의 분화가 대두하여 민족협동전선의 실제적 조건을 마련해 주고 있었음이 분명히 확인된다는 사실이다. 그런데 반제문예통일전선의 조직적 기반으로서 카프의 계급적 독자성 확보 문제는 프로문학론의 지도성 부족으로 말미암아 시종 종파적 색채로 표현되었으니, 아무리 운동의 주체 형성이 강조된다고 할지라도 그 내용상의 관념적 일탈에 대해서는 비판을 면할 길이 없다고 판단된다.

이와 관련하여, 해방직후에 문화통일전선을 주도한 프로문학측이 공식적으로 행한 1920년대의 문단 대립 및 프로문학운동에 대한 반성적 평가 부분을 다시 살펴보기로 하자. 당시 민주주의 민족문학의 건설이라는 기치를 내건 조선문학가동맹의 보고연설문은, 일제시대의 프로문학론이 지닌 공식주의와 교조주의에 대해 반성을 하고 있는 자리에서 바로 1920년대의 절충론이 주장했던 바와 거의 동일한 내용을 언급하면서도 정작 보수적 국민문학론과 절충론에 대한 구별이 전혀 없고, 절충론의 존재 자체를 아예 무시하고 있는 점이 발견된다.[25]

보고연설의 기초자 임화는, 1920년대 양파문학의 대립투쟁을 통하여

---

25) 임화, 「조선민족문학건설의 기본과제에 관한 일반보고」, 36~8면.

"종래의 민족문학 가운데 있는 반봉건성과 국수주의의 일면이 노정되었다"고 지적하고, 한편으로 "프로문학은 수입된 사조의 모방으로 기인되는 공식주의적 약점을 드러내었기" 때문에 "종래의 신문학 가운데 들어있는 긍정될 요소와 새로이 대두할 수 있는 예술문학 가운데 들어있는 좋은 의미의 민족성을 부르조아적이라고 하여 부정하는 과오에 빠졌다"고 반성했지만, 이 부분에서 의미가 주어져야 할 절충론의 존재에 대해서는 전혀 주목하지 않았다. 그는 이어서 "만일의 프로문학의 정치적 공식주의와 그 밖의 문학의 국수적 잔재와 예술지상주의를 청산할 수 있었다면, 넓은 의미의 예술적 협동과 높은 의미의 민족문학의 수립이란 과제로 접근할 수 있"었을 것이라고 했는데, 바로 이 내용은 절충론의 핵심적인 주장에 해당하는 것이 아니었던가? 물론 그의 지적처럼 "충분한 이해와 자각"을 두고 말한다면 절충론의 한계도 뚜렷한 것이라 하겠지만, 최소한 절충론의 올바른 문제 제기가 갖는 당대적 의의를 이처럼 희석시키거나 과소평가하는 것은 과거의 역사적 사실에 대한 올바른 평가라 하기 어렵다. 일제시대의 민족문학 수립 문제에 관한 임화의 혼란―현실의 과제인가? 아니면 장래의 과제인가?―은 바로 이 지점에서 발생하였던 것이다.

한편, 일제시대에 계급의 구호를 쓰고 민족의 구호를 쓰지 않은 이유에 대해서 또 다른 평자가 말하기를, "1925년대는 부르조아지로서 조정된 민족이 프롤레타리아트로 반조정되는 프롤레타리아트의 자기조정기"였기 때문에, "이 때에 프롤레타리아트는 부르조아지로 조정되어 있는 '민족'의 이름으로 등장하는 것이 아니라 그 반조정된 '계급'의 이름으로 등장하는 것"이라고 했는데,[26] 이에 대해서도 1920년대의 절충론은 다른 판단 자료를 제공해 주고 있다. 이른바 우파의 국민문학론자들이 명백히 민족문학론을 제창한 예를 우리는 찾아 볼 수 없으며, 해방직후

---

26) 청량산인, 「민족문학론」, 『문학』, 1948.4, 102~103면.

의 시기에서도 우익문학단체가 처음에는 무당파적 민족문학론을 내세
웠다가 곧 그것조차 지탱하지 못하고 순수주의문학론으로 나아갈 수밖
에 없었던 사정에서 우리는 당대 '민족문학'운동의 이념적 진보성을 확
인할 수 있는 것이다.

　지금까지 필자는 1920년대의 절충론을 검토하는 가운데 일제시대의
민족문학운동과 관련한 몇 가지 통설에 대해 의문을 제기해 보았다. 여
기서 최소한 1920년대의 문학논쟁은 그 실상에서부터 재구성되고, 재평
가되어야 한다는 사실을 확인할 수가 있었다. 혹시 계통과 역사적 정통
성을 파악한다는 지나친 의도 때문에, 나름의 역할과 사명을 가지고 나
타난 시대적 산물로서의 문학 유산에 대해 정당히 자리매김하지 못하고
전후 사정을 보아 색안경을 끼고 보는 우를 범하지는 않았는지 냉정히
생각해 볼 일이다.
　이미 확인했듯이, 절충론은 1920년대 중반 이후 민족협동전선이라는
시대적 과제를 입각점으로 하여 프로문학론을 수용하는 가운데 새로운
역사단계에 부응하는 민족문학론의 수립을 당대 최상의 과제로 삼고 있
었다. 따라서 절충론이 단지 "프로문학에 대항하기 위해서" 우파적 국
민문학론으로부터 갈려 나왔다가 다시 원래 지점으로 회귀했다는 식의
단선적인 파악이나, 절충론은 좌우파 대립의 틈바구니에 응당 끼어들게
마련인 중간노선의 한 범주일 뿐이라고 간단히 치부해 버리는 식의 형
식논리적인 파악은 절충론의 당대적 지위에 대한 평가는 물론이고 일제
시대의 민족문학운동에 대한 올바른 평가를 가로막을 것이다.
　어느 의미로는 절충론이, 일제시대의 문학운동을 주도했던 프로문학
론의 오류와 한계를 비추어 볼 수 있는 일종의 거울과도 같은 지위를
지닌다고 할 수 있다. 절충론의 이론적 수준과 그 전개 양상을 검토함으
로써, 민족협동전선의 주요 견인차 역할을 했어야 할 카프 쪽에서 그에
대한 대응을 얼마나 옳게 수행하였느냐의 여부가 밝혀질 수 있었던 것

이다. 그 대답은 일단 부정적이다.

프로문학론은 그 발생기에 미적 개념 자체를 부르조아적 편견 내지 잔존물이라고 생각하여 이것을 타도하고 무시하려 했던 청산주의적 성격을 과도히 포함하고 있었고, 카프 결성 이후 이론의 성장기에도 일본 후쿠모토이즘[福本主義]의 영향 아래 자신을 협애한 배타적 분파로 이끌었으며, 사회운동과 문학운동의 관계를 기계적으로 결부시킴으로 해서 속류사회학주의와 정치주의적 성향을 강하게 띠고 있었다. 당시 프로문학론의 이런 문제점들에 대해선 절충론자들의 지속적인 비판이 있었고 자체 내에서도 김기진 등에 의한 반성적 노력이 없지 않았음에도, 주로 동경에서 활동하던 급진 소장파 — 제1차 방향전환기의 제3전선파와 제2차 방향전환기의 무산자파 — 에 의하여 식민지 조선의 민족적 과제가 더욱 국제프롤레타리아운동의 보편성으로 해소되고 말았던 사정은 민족협동전선의 가능성이 무엇에 의해 제약당하고 있었던가를 짐작게 해준다. 구체적인 현실과 결부됨이 없이 계급의 독자성 문제나 당파성의 문제를 다만 이론적으로만 파악하려 들 경우, 이는 공식주의로 곧장 나아갈 수밖에 없었다. 여기서 현실적인 힘으로 전화되지 못하고 일개 관념에 갇혀 버리고 만 당파성을 우리는 확인할 뿐이다. 이점에서는 프로문예비평가 김기진에 대한 정당한 평가도 다시금 요청된다고 할 것이다.

최근 40여 년에 걸친 사상적 · 이론적 단절을 딛고 일제시대의 문학운동에 대해 보다 활발한 연구가 진행되고 있으며 그 성과 역시 주목되는 바다. 하지만, 자칫 부분적인 연구에서 초래될 수도 있는 일면성의 위험은 경계해야 할 것이다. 또한 민족문학운동의 연속성 파악 문제에 골몰하다가 그만 역사 발전에 따른 합법칙성의 확보를 그르칠 우려도 없지 않다. 일제시대로부터 고도의 자본주의화가 이루어진 지금 시기까지 의연히 변하지 않고 있는 본질과 더불어 그 차별성을 냉철히 인식하지 않고 어느 한쪽을 과도하게 규정함으로써 비롯되는 오류가 만만치 않은 것이다. 통일전선이란 기본적으로 운동에 있어서 각 계급 · 계층의 지위와 역할을 올바르게 규정함으로써 마련되는 일종의 세력배치와 무관하지 않다. 따라서, 일제시대와 해방 이후 그리고 현재에도 급격히 진행되고 있는 한국사회 계급구조의 역사적 변동에 대해서 눈을 감는 태도와 함께 과거를 그 시대적·사회적 조건 속에서 파악하지 못하고 현재의 시점으로 단순 재단하려는 태도는 모두 위험하다.

하나의 역사적 고비로 기록되는 1920년대 후반기의 절충론을 중점적으로 살펴 본 이 글의 경우에도 이러한 문제점들은 충분히 해결되었다고 볼 수 없다. 앞으로 다른 연구와의 대비 속에서 더욱 정확한 자리매김이 이루어져야 할 것이다.

부록

## 현덕의 생애와 작품 연보

### 1. 생애

**1909년** 서울에서 현동철(玄東轍)의 둘째아들로 태어남. 본명은 현경윤(玄敬允). 집안 형편 때문에 인천 가까운 대부도(大阜島)의 당숙 집에서 어린 시절을 보냄.

**1923년** 대부공립보통학교에 들어감.

**1924년** 보통학교를 중퇴하고 중동학교 속성과 1년을 다님.

**1925년** 제일고보에 들어갔으나 어려운 집안형편 때문에 중퇴함.

**1927년** 동화 「달에서 떨어진 토끼」가 『조선일보』 독자공모에 당선됨.

**1932년** 동화 「고무신」이 『동아일보』 신춘문예에서 가작으로 뽑힘.

**1936년** 수원, 발안 근방의 공사장과 일본 오사카[大阪] 등지에서 자유노동자 생활을 해오다가 문학에 뜻을 두고 김유정을 만나 절친한 사이가 됨. 인천 당숙 집과 서울 집을 오가며 생활함.

**1938년** 『조선일보』 신춘문예에 소설 「남생이」가 당선됨. 이후 소설, 동화, 소년소설 등을 발표하며 활발한 작품활동을 벌임.

**1940년** 결핵으로 황해도 각지에서 요양함.

**1941년** 절필하고 와카모도[若素] 제약주식회사의 조선출장소 광고부에서 일함.

**1945년** 해방 직후에 와카모도 제약주식회사의 자치조직 관리위원장이 됨.

**1946년** 조선문학가동맹의 출판부장을 맡음. 소년소설집 『집을 나간 소년』(아문각)과 동화집 『포도와 구슬』(정음사)이 간행됨.

**1947년** 동화집 『토끼 삼형제』(을유문화사)와 소설집 『남생이』(아문각)가 간행됨.

**1948년** 남한 단독정부 수립 후 보도연맹 가입을 피해 잠적함.

**1949년** 장편소년소설 『광명을 찾아서』(동지사아동원)가 간행됨.

**1950년** 인공치하에서 남조선문학가동맹 제2서기장이 됨. 9·28 서울 수복 때 월북함.

**1951년** 작가단에 소속되어 전쟁 소설을 씀.

**1962년** 소설집 『수확의 날』이 간행됨.

## 2. 작품

### 1) 소설

「남생이」, 『조선일보』, 1938.1.8~25.

「경칩(驚蟄)」, 『조선일보』, 1938.4.10~23.

「층(層)」, 『조선일보』, 1938.6.16~19.

「두꺼비가 먹은 돈」, 『조광』, 1938.7.

「이놈이 막내올시다」, 『조광』, 1939.1.

「골목」, 『조광』, 1939.3.

「잣을 까는 집」, 『여성』, 1939.4.

「녹성좌(綠星座)」, 『조선일보』, 1939.6.16~7.26.

「군맹(群盲)」, 『매일신보』, 1940.2.24~3.29.


### 2) 소년소설

「하늘은 맑건만」, 『소년』, 1938.8.

「권구시합(倦球試合)」, 『소년』, 1938.10.

「고구마」, 『소년』, 1938.11.

「군밤장수」, 『소년』, 1939.1.

「집을 나간 소년」, 『소년』, 1939.6.

「잃었던 우정」, 『소년』, 1939.10.

「월사금과 스케이트」, 『소년』, 1940.2.

「나비를 잡는 아버지」(발표지와 연대 미상), 『집을 나간 소년』, 아문각, 1946.

「모자(帽子)」(발표지와 연대 미상), 『집을 나간 소년』, 아문각, 1946.

「행진곡」(연재2회분), 『진학』, 학생사, 1946.3.

「아름다운 새벽」(연재2회분), 『어린이세계』, 신기문화사, 1947.5.


### 3) 동화

「고무신」, 『동아일보』, 1932.2.10~11.

「물딱총」, 『소년조선일보』, 1938.5.22.

「바람은 알건만」, 『소년조선일보』, 1938.5.29.

「옥수수 과자」, 『소년조선일보』, 1938.6.5.

「새끼 전차」, 『소년조선일보』, 1938.6.12.

「싸전 가게」, 『소년조선일보』, 1938.7.10.

「맨발 벗고 갑니다」, 『소년조선일보』, 1938.7.17.

「내가 제일이다」, 『소년조선일보』, 1938.7.31.

「아버지 구두」, 『소년조선일보』, 1938.8.14.

「과자」, 『소년조선일보』, 1938.8.28.

「귀뚜라미」, 『소년조선일보』, 1938.9.11.

「싸움」, 『소년조선일보』, 1938.9.18.

「포도와 구슬」, 『소년조선일보』, 1938.9.25.

「여자 고무신」, 『소년조선일보』, 1938.10.30~11.20.

「대장 얼굴」, 『소년조선일보』, 1938.11.27.

「둘이서만 알고」, 『소년조선일보』, 1938.12.11.

「암만 감아두」, 『소년조선일보』, 1938.12.18.

「토끼와 자동차」, 『소년조선일보』, 1939.1.1.

「조그만 어머니」, 『동아일보』, 1939.1.16.

「바람하고」, 『소년조선일보』, 1939.1.29.

「기차와 돼지」, 『소년조선일보』, 1939.2.5.

「뽐내는 걸음으로」, 『소년조선일보』, 1939.2.12.

「너하고 안 놀아」, 『소년조선일보』, 1939.2.19.

「잃어버린 구슬」, 『소년조선일보』, 1939.2.26.

「의심」, 『소년조선일보』, 1939.3.5.

「강아지」, 『동아일보』, 1939.3.5~12.

「삼형제 토끼」, 『소년』, 1939.3.

「고양이와 쥐」, 『소년조선일보』, 1939.3.12.

「용기」, 『소년조선일보』, 1939.3.19.

「실수」, 『소년조선일보』, 1939.3.26.

「어머니의 힘」, 『소년조선일보』, 1939.4.9.

「땜가게 할아범」, 『소년조선일보』, 1939.4.16.

「조그만 발명가」, 『소년조선일보』, 1939.4.23.

「실망」, 『소년조선일보』, 1939.4.30.

「동정」,『소년조선일보』, 1939.5.7.

「우정」,『소년조선일보』, 1939.5.14.

「큰소리」,『소년조선일보』, 1939.5.28.

「고양이」(발표지와 연대 미상),『조선아동문학집』, 조선일보사, 1938.

「눈사람」(방송극, 발표지와 연대 미상),『집을 나간 소년』, 아문각, 1946.

「꿩과 닭」(방송극, 발표지와 연대 미상),『집을 나간 소년』, 아문각, 1946.


## 4) 수필

「부엉이」,『박문』, 1939.5.

「살구꽃」,『문장』, 1939.6.

「장발기(長髮記)」,『조광』, 1939.9.

「지연(紙鳶)」,『조선일보』, 1939.9.15~16.

「잊을 수 없는 그대여」,『여성』, 1939.12.

「할미꽃」,『신세기』, 1941.6.


## 5) 작품집

『집을 나간 소년』, 아문각, 1946.

『포도와 구슬』, 정음사, 1946.

『토끼 삼형제』, 을유문화사, 1947.

『남생이』, 아문각, 1947.

『광명을 찾아서』, 동지사아동원, 1949.


## 6) 월북 이후

「하늘의 성벽」(소설),『영용한 사람들』, 1951.

「복수」(소설),『문학예술』, 1951.5.

「첫 전투에서」(소설), 1951.

「부싱쿠동무」(소설),『조선문학』, 1959.1.

「수확의 날」(소설), 1960.

「싸우는 부두」(소설),『조선문학』, 1961.9.

『수확의 날』(소설집), 조선문학예술총동맹출판사, 1962.

「잊혀지지 않는 사랑」(수필), 『문학신문』, 1960.3.1.

「새로운 창작적 열의로-소설가 현덕과의 담화」, 『문학신문』, 1960.4.26.

「작가는 금간 사람이 되어서는 안 된다」(평론), 『문학신문』, 1960.7.15.

「생활의 진실과 단편소설」(평론), 『문학신문』, 1960.10.21.

「단편소설에 대한 나의 생각」(평론), 『문학신문』, 1961.10.3.

## 7) 기타

「봄」(시, 독자문단), 『신생』, 1932.4.

「자서소전(自敍小傳)」, 『신인단편걸작집』, 조선일보사, 1938.

「말을 더듬다 쥐어박혀」(시방 생각해도 미안한 일), 『소년』, 1938.10.

「신진작가 좌담회」, 『조광』, 1939.1.

「입병이 나서」(나의 중학입학), 『소년』, 1939.2.

「내가 영향받은 외국작가-도스토예프스키」, 『조광』, 1939.3.

「쓰레기통을 뒤지는 옛동무」(시방 생각해도 미안한 일), 『소년』, 1939.5.

「숨어서 다 들은 할머님의 욕」(나의 중학입학), 『소년』, 1939.2.

「소설 간담회」, 『민성』, 제2권 6호, 1946.

『고요한 동』, M.A. 숄로호프, 이홍종(李洪鍾)・현덕 공동번역, 대학출판사, 1949.

「두포전」, 『소년』, 1939.1~5(김유정이 3회분, 현덕이 2회분을 채워 완성).

### 남조선문학가동맹

1950年 7月 5日

南朝鮮文學家同盟

書記長 安懷南

서울市臨時人民委員會委員長 앞

社會團體登錄에 關한 件

貴委員會 '告示3號'에 依하여 左記와 如히 登錄함

記

1. 名稱 南朝鮮文學家同盟

2. 所在地 서울市 忠武路 2街 3

3. 代表者名義

　　住所 서울市 玉仁洞 135番地

　　姓名 安懷南 42歲 1909年 11月 15日生

4. 委員名簿(別紙)

5. 綱領規約(別紙)


委員名簿

第1書記長 安懷南

第2書記長 玄德

組織部長 羅善榮

部員 趙蘇元 常民 尹壯園 柳道熙

　　　宋完淳 金秉逵 金文煥

宣傳部長 李庸岳

部員 姜亨求 石股 金光現 李明善

　　　尹泰雄 裵皓

事業部長 李秉哲

部員 趙仁行 蔡奎哲 金容○ 朴哲

　　　裵在元 愼鏞泰 姜利弘 ○完杓

田昌植 楊哲 高性源

別紙(2)(이하 강령 규약은 1946년 '조선문학가동맹 강령 규약'의 '조선문학가동맹' 글
　　자 앞에 '남'자 하나를 덧붙인 것임 : 옮긴이)

## 조선문화단체총연맹

1950年 7月 4日
朝鮮文化團體總聯盟
書記長 金南天
서울市臨時人民委員會委員長 앞
社會團體登錄에 關한 件
貴委員會 '告示3號'에 依하여 左記와 如히 登錄함
記
1. 名稱 朝鮮文化團體總聯盟
2. 所在地 서울市 中區 太平路1街 61番地
3. 代表者 住所 서울市 鐘路區 嘉會洞 11의 79番地
　　　　　　　姓名 金南天 年齡 41 1910年 3月 19日生
4. 委員名簿(別紙와 如함)
5. 綱領規約(別紙와 如함)


朝鮮文化團體總聯盟 綱領 及 規約
綱領
民族文化의 民主主義的 發展을 위하여
1. 日本帝國主義 殘滓의 掃蕩
2. 封建的 遺習의 淸算
3. 國粹主義的 傾向의 排除
를 위하여 鬪爭하며 固有文化의 正常的 繼承과 外國文化의 批判的 攝取를 위하여
　　　民族文化의 人民的 基礎를 構築한다.

規約

略

조선문화단체총련맹중앙위원회

위원명부

부위원장 림화

서기장 김남천

조직부장 리근호

선전부장 리상선

예술사업부장 안영일

기술사업부장 최영철

조직부원 리원장 손태민 황영화 김세진

　　　김만선(문학가동맹지도원) 윤용규(영화 〃 )

　　　조영출(연극동맹지도원) 정동원(음악 〃 )

　　　박문원(미술 〃 ) 리창규(사진 〃 )

　　　게수남(가극동맹지도원) 홍구(국악무용 〃 )

　　　김복득(보건 〃 ) 현효섭(체육 〃 )

　　　손종식(공련 〃 ) 조남령(어학회 〃 )

　　　약규봉(법학과학 〃 )

선전부원 현기창 손영기 리정은 허남언 변두갑

　　　림항국 리선을

예술사업부원 리재현 김영석 리건우 윤용규(겸)

　　　서강헌

서기국원 박찬모 김형관 성윤경 김종환

# 참고문헌

## 1. 자료

현 덕, 『남생이』『집을 나간 소년』(영인본, 『한국근대단편소설대계 34 – 현덕편』, 태학사, 1988), 『수확의 날』(조선문학예술총동맹출판사, 1962), 『신인단편걸작집』(조선일보사, 1938), 『조선아동문학집』(조선일보사, 1938), 『너하고 안 놀아』(원종찬 편, 창작과비평사, 1995), 『고요한 동』(M. A. 숄로호프, 이홍종·현덕 역, 제1권, 대학출판사, 1949).

『동아일보』, 『매일신보』, 『문학신문』(북한), 『예술신문』, 『소년조선일보』, 『조선일보』, 『조선중앙일보』, 『현대일보』,

『문장』, 『문학』, 『민성』, 『박문』, 『별나라』, 『비판』, 『소년』, 『신세기』, 『신소년』, 『아동구락부』, 『아동문화』, 『어린이』, 『어린이나라』, 『어린이세계』, 『여성』, 『인문평론』, 『조광』, 『진학』, 『학생』.

『독립운동사자료집』(14집), 국가보훈처, 1978.

『독립유공자공훈록』(제6권, 제7권), 국가보훈처, 1990.

『수자조선연구』, 한국학진흥원, 1986.

『임시재산정리국사무요강』, 조선총독부, 1911.

『한국독립운동사』(제8권, 제10권), 국가보훈처, 1978.

『한국문학대사전』, 문원각, 1973.

『한국현대소설이론자료집』(전41권), 한국학진흥원, 1987.

『한국현대시이론자료집』(전46권), 국학자료원, 1990.

『현대문학비평자료집 – 이북편』(전8권, 이선영·김병민·김재용 편), 태학사, 1993.

## 2. 단행본

강만길, 『일제시대 빈민생활사 연구』, 창작과비평사, 1987.

강상희, 『한국모더니즘소설론』, 문예출판사, 1999.

강운석, 『한국모더니즘소설연구』, 국학자료원, 2000.

강진호, 『한국근대문학작가연구』, 깊은샘, 1996.

경기고등학교70년사편찬회 편, 『경기70년사』, 보진제, 1970.

고은 외, 『남북한문학사연표(1945~1989)』, 한길사, 1990.

고재석 편저, 『일본문학·사상 명저사전』, 깊은샘, 1993.

권영민, 『해방직후의 민족문학운동연구』, 서울대 출판부, 1986.

_____, 『한국근대문인대사전』, 아세아문화사, 1990.

_____, 『한국현대문학사(1945~1990)』, 민음사, 1993.

김근수 편저, 『한국잡지개관 및 호별목차집』, 영신아카데미 한국학연구소, 1973.

김기림, 『시론』, 백양당, 1947.

김낙중, 『한국노동운동사-해방후편』, 청사, 1982.

김만석, 『아동문학개론』, 연변: 동북조선민족교육출판사, 1993.

김병철, 『한국근대번역문학사연구』, 을유문화사, 1975.

김상욱, 『숲에서 어린이에게 길을 묻다』, 창작과비평사, 2002.

김성수 편, 『북한 문학신문 기사 목록』, 한림대 출판부, 1994.

김영기, 『김유정-그 문학과 생애』, 지문사, 1992.

김영민, 『한국문학비평논쟁사』, 한길사, 1992.

김우종, 『한국현대소설사』, 성문각, 1982.

김욱동 편, 『포스트모더니즘의 이해』, 문학과지성사, 1993.

김원모, 『한미수교사』, 철학과현실사, 1999.

김유정전집편찬위원회, 『김유정전집』, 현대문학사, 1968.

김윤식, 『한국근대문예비평사연구』, 일지사, 1976.

김윤식 외, 『해방공간의 문학운동과 문학의 현실인식』, 한울, 1989.

김재용, 『북한 문학의 역사적 이해』, 문학과지성사, 1994.

김재용·이상경·오성호·하정일 공저, 『한국근대민족문학사』, 한길사, 1993.

김한길, 『현대조선역사』(1983년판 북한 사회과학원 역사연구소), 일송정, 1988.

러시아시학연구회 편, 『도스토예프스키소설연구』, 열린책들, 1998.

문일평, 『한미50년사』, 탐구당, 1978.

민족문학사연구소, 『북한의 우리 문학사 인식』, 창작과비평사, 1991.

민충환, 『이태준연구』, 깊은샘, 1988.

박덕은, 『해금작가작품론』, 새문사, 1991.

박수근, 화집 『우리의 화가 박수근』, 시공사, 1995.

박헌호, 『이태준과 한국근대소설의 성격』, 소명출판, 1999.

박현채·김남식 외, 『해방전후사의 인식』 3, 한길사, 1987.

백낙청 편, 『리얼리즘과 모더니즘』, 창작과비평사, 1990.

백  철, 『조선신문학사조사-현대편』, 백양당, 1949.

_____, 『문학자서전-후편』, 박영사, 1975.

상허문학회, 『이태준문학연구』, 깊은샘, 1993

_____, 『근대문학과 구인회』, 깊은샘, 1996.

서준섭, 『한국모더니즘문학연구』, 일지사, 1982.

서중석, 『한국현대민족운동연구』, 역사비평사, 1991.

선우기성, 『한국청년운동사』, 금문사, 1973.

손상익, 『한국만화통사』, 시공사, 1998.

손정목, 『일제강점기 도시화과정연구』, 일지사, 1996.

신용하, 『독립협회연구』, 일조각, 1976.

_____, 『토지조사사업연구』, 지식산업사, 1982.

신형기·오성호, 『북한문학사』, 평민사, 2000.

실천문학 편집위원회 편, 『다시 문제는 리얼리즘이다』, 실천문학사, 1992.

심지연, 『한국민주당연구』, 풀빛, 1982.

_____, 『한국현대정당론』, 창작과비평사, 1984.

오정애, 『조선현대아동소설연구-해방후편』, 평양, 사회과학출판사, 1993.

오제도 편, 『1950.9 서울시임시인민위원회 정당·사회단체등록철』, 한국안보교육협
회, 1990.

원종찬, 『아동문학과 비평정신』, 창작과비평사, 2001.

_____, 『동화와 어린이』, 창비, 2004.

육일회 편, 『4월민주혁명사』, 제3세대출판사, 1992.

윤석중, 『어린이와 한 평생』, 범양사, 1985.

윤치호, 송병기 역, 『국역 윤치호일기』 1, 연세대 출판부, 2001.

이강언, 『1930년대 한국소설의 방향』, 홍익출판사, 2003.

이강열, 『한국사회주의연극운동사』, 동문선, 1992.

이균영, 『신간회연구』, 역사비평사, 1993.

이기봉, 『북의 문학과 예술인』, 사사연, 1986.

이우용, 『해방공간의 민족문학사론』, 태학사, 1991.

이재복, 『우리 동화 바로 읽기』, 한길사, 1995.

이재선, 『한국현대소설사』, 홍성사, 1978.

이재철, 『한국현대아동문학사』, 일지사, 1978.

_____, 『한국아동문학작가론』, 개문사, 1983.

이철주, 『북의 예술인』, 계몽사, 1966.

이화진, 『1930년대 후반기 소설 연구』, 박이정, 2001.

임형택 · 최원식 편, 『한국근대문학사론』, 한길사, 1982.

임  화, 『문학의 논리』, 학예사, 1940.

전상국, 『유정의 사랑』, 고려원, 1993.

전택부, 『한국기독교청년회운동사』, 정음사, 1978.

정현숙, 『박태원문학연구』, 국학자료원, 1993.

조선문학가동맹, 『건설기의 조선문학』, 1946.

조선일보사 편, 『조선일보50년사』, 조선일보사, 1970.

조연현, 『한국현대문학사』, 성문각, 1993.

조용만, 『1930년대의 문화예술인들』, 범양사, 1988.

조정래, 『1930년대 한국모더니즘작가연구』, 평민사, 1999.

채  훈 외, 『월북작가에 대한 재인식』, 깊은샘, 1995.

최동호 편, 『남북한 현대문학사』, 나남출판, 1995.

최문형, 『제국주의시대의 열강과 한국』, 민음사, 1990.

최문형 외, 『명성황후시해사건』, 민음사, 1992.

최  열, 『한국현대미술운동사』, 돌베개, 1991.

최원식, 『생산적 대화를 위하여』, 창작과비평사, 1997.

_____, 『황해에 부는 바람』, 다인아트, 2000.

_____, 『문학의 귀환』, 창작과비평사, 2001.

최유찬, 『문예사조의 이해』, 실천문학사, 1995.

한국비평문학회, 『혁명전통의 부산물―납월북문인 그후』, 신원문화사, 1989.

한국일어일문학과, 『나쓰메 소세키에서 무라카미 하루키까지』, 글로세움, 2003.

한민성 편, 『추적 정지용』, 갑자문화사, 1987.

한철호, 『친미개화파 연구』, 국학자료원, 1998.

현길언, 『한국현대소설론』, 태학사, 2002.

_____, 『소설에서 만나는 한국인의 얼굴』, 태학사, 2003.

홍정선, 『역사적 삶과 비평』, 문학과지성사, 1986.

황종연,『비루한 것의 카니발』, 문학동네, 2001.
황 현, 김준 역,『완역 매천야록』, 교문사, 1994.


가라타니 고진, 박유하 역,『일본 근대문학의 기원』, 민음사, 1999.
구노 오사무・쓰루미 슌스케, 심원섭 역,『일본근대사상사』, 문학과지성사, 1994.
나카무라 미츠오, 유은경 역,『일본의 근대소설』, 영한, 1995.
루나찰스끼 외, 편집부 역,『사회주의 리얼리즘』, 일월서각, 1987.
리몬 케넌, 최상규 역,『소설의 현대시학』, 예림기획, 1999.
미하일 바흐찐, 전승희 외역,『장편소설과 민중언어』, 창작과비평사, 1988.
뮈케, 문상득 역,『아이러니』, 서울대 출판부, 1980.
보리스 우스펜스키, 김경수 역,『소설구성의 시학』, 현대소설사, 1992.
소련과학아카데미편, 신승엽 외역,『마르크스 레닌주의 미학의 기초이론』, 일월서각,
         1988.
스테판 코올, 여균동 편역,『리얼리즘의 역사와 이론』, 한밭출판사, 1982.
유진 런, 김병익 역,『마르크시즘과 모더니즘』, 문학과지성사, 1996.
제러미 호손, 손영도 역,『소설연구의 첫걸음』, 동인, 2001.
찰스 E. 메이, 최상규 역,『단편소설의 이론』, 예림기획, 1997.
테리 이글턴, 김준환 역,『포스트모더니즘의 환상』, 실천문학사, 2000.
프란츠 칼 슈탄젤, 김정신 역,『소설의 이론』, 탑출판사, 1990.


## 3. 논문

강진호,「탈이념과 신세대 소설의 분화 과정」,『민족문학사연구』4호, 1993.
김종필,「현덕 아동문학에 나타난 리얼리즘 연구」, 전주대 석사논문, 1999.
김하철,「박노갑・현덕・현경준 소설의 작중인물연구」, 서울대 석사논문, 1989.
김하철,「현덕소설론」,『한국학보』57집, 1989년 겨울.
김학선,「한국 창작동화・아동소설 연구」, 단국대 석사논문, 1985.
노양환,「춘원평전」,『이광수전집』별권, 삼중당, 1971.
류보선,「환멸과 반성, 혹은 1930년대 후반기문학이 다다른 자리」,『민족문학사연구』
         4호, 1993.
박덕은,「현덕의 작품세계」,『금호문화』47호, 1989.5.

박선애, 「1930년대 후반의 신세대작가 연구」, 숙명여대 박사논문, 1996.

염희경, 「1930년대 후반기 현덕 소설 연구」, 연세대 석사논문, 1996.

유한근, 「현덕의 소설 '남생이'의 동심구조」, 『한국아동문학작가작품론』(이재철 편), 서문당, 1991.

이기훈, 「1920년대 '어린이'의 형성과 동화」, 『역사문제연구』 8호, 2002.

이미림, 「'남생이' 구조분석」, 『강릉어문학』 7집, 1992.

이상화, 「현덕소설연구」, 상명대 석사논문, 1996.

이오덕, 「다시 살려야 할 뛰어난 유년동화의 고전 1~3」, 『삶 사회 그리고 문학』, 1996년 여름~겨울.

이인숙, 「현덕동화의 국어학적 연구」, 숙명여대 석사논문, 2000.

임헌영, 「현덕-서정적 장인의식의 작가」, 『북으로 간 작가선집-현덕·송영 편』, 을 유문화사, 1988.

전명희, 「현덕 소설의 일고찰」, 『국어국문학연구』 제25집, 영남대 국어국문학과, 1997.

정재석, 「한국 소설에서의 유년시점 연구」, 서강대 석사논문, 1994.

정현기, 「김사량·현덕·석인해의 작품세계」, 『한국해금문학전집·13』, 삼성출판사, 1989.

조기철, 「현덕의 '남생이' 연구」, 인하대 석사논문, 1993.

최승은, 「현덕의 동화와 소년소설 연구」, 성균관대 석사논문, 1996.

최원식, 「프로문학과 프로문학 이후」, 『민족문학사연구』 21호, 2002.

황종연, 「한국문학의 근대와 반근대」, 동국대 박사논문, 1992.

홍점숙, 「현덕소설연구」, 경남대 석사논문, 1991.

## 4. 면담 기타

김영수와의 면담, 1995년 2월 19일, 광명시 하안 2동 주공아파트 자택.

서정주와의 전화 면담, 1995년 1월 28일.

어효선과의 면담, 2004년 2월 7일, 서울시 서교동 서현교회 문화관.

윤석중과의 면담, 1995년 2월 2일, 서울시 대우빌딩 새싹회 사무실.

이계희·현영아와의 면담, 1996년 2월 11일, 서울시 압구정동 현대아파트 자택.

전승묵과의 면담, 1995년 1월 28일, 2월 25일, 서울시 불광3동 자택.

최응순과의 면담, 1996. 2. 20일, 서울 여의도동 은하아파트 자택.

한겨레통일문화재단 홈페이지(koreahana.net), 조선미술갤러리-현재덕.